ALÉM DE RIO E SAMPA – CORUMBÁ, IRECÊ E PARINTINS

Jorge Guilherme Francisconi
sôniahelena

ALÉM DE RIO E SAMPA – CORUMBÁ, IRECÊ E PARINTINS

EVOLUÇÃO E DESAFIOS DO PLANEJAMENTO URBANO NO BRASIL

Copyright © 2021 Jorge Guilherme Francisconi
Sônia Helena Taveira de Camargo Cordeiro

EDITOR
José Mario Pereira

EDITORA ASSISTENTE
Christine Ajuz

REVISÃO
Cristina Pereira

PRODUÇÃO
Mariângela Felix

CAPA
Miriam Lerner | Equatorium Design

DIAGRAMAÇÃO
Arte das Letras

DADOS INTERNACIONAIS DE CATALOGAÇÃO NA PUBLICAÇÃO (CIP)
(CÂMARA BRASILEIRA DO LIVRO, SP, BRASIL)

Francisconi, Jorge Guilherme
  Além de Rio e Sampa: Corumbá, Irecê, Parintins: evolução e desafios do planejamento urbano noBrasil / Jorge Guilherme Francisconi, Sônia Helena Taveira de Camargo Cordeiro. – Rio de Janeiro, RJ: Topbooks Editora, 2021.

  ISBN: 978-65-5897-008-8

  1. Arquitetura – Brasil – História 2. Arquitetura e sociedade 3. Cidades – Brasil – História 4. Planejamento urbano 5. Política urbana 6. Urbanização – Brasil – História I. Camargo Cordeiro, Sônia Helena Taveira de. II. Título.

21-87451 CDD-720.103

TODOS OS DIREITOS RESERVADOS POR
Topbooks Editora e Distribuidora de Livros Ltda.
Rua Visconde de Inhaúma, 58 / gr. 203 – Centro
Rio de Janeiro – CEP: 20091-007
Tels.: (21) 2233-8718 e 2283-1039
topbooks@topbooks.com.br/www.topbooks.com.br
Estamos também no Facebook e Instagram.

*A única coisa garantida do planejamento
é que as coisas nunca ocorrem
como foram planejadas.*

*Fico fazendo o que me cabe.
A vida é mais rica, mais
selvagem e mais forte
que os projetos individuais.*

Lúcio Costa

*Nós devemos inventar uma sabedoria
para a nova época.*

John Maynard Keynes

SUMÁRIO

AGRADECIMENTOS 13
PREFÁCIO 15
TEXTOS DE APRESENTAÇÃO
    Longa vida ao novo planejamento brasileiro 23
    Uma avaliação oportuna 26

NOTA DOS AUTORES 31

INTRODUÇÃO 39
    I. Fundamentos Teóricos 39
    II. Conceitos Básicos 44
    III. Marco Conceitual do Planejamento Urbano 48

1 – A OCUPAÇÃO URBANA NO BRASIL 51
    1.1. Origens do Município e o Poder Local Português 52
    1.2. Surgimento e Evolução do Município no Brasil 55
    1.3. As Fases do Processo de Urbanização no Brasil 61
    1.4. A Evolução Demográfica e a Socioeconomia Brasileira 64
    1.5. O Papel do Estado no Surgimento das Cidades Brasileiras ... 72
    1.6. As Primeiras Cidades Planejadas 76
    1.7. Os Planos Urbanos no Início do Século XX 84
    1.8. O Planejamento Urbano a partir dos Anos 1950 89

2 – BRASÍLIA: UM MARCO NO PLANEJAMENTO
DAS CIDADES BRASILEIRAS 99
    2.1. Razões da Criação de Brasília 104
    2.2. O Plano Piloto de Lúcio Costa 106
    2.3. O Planejamento Urbano e os Planos Diretores da Época.... 125

3 – A EXPERIÊNCIA DO BNH E DO SERFHAU 129
    3.1. Surgimento do BNH e do SERFHAU 129
    3.2. A Atuação do BNH 132
    3.3. Ciclos de Atividades do BNH 137
    3.4. A Extinção do BNH 143
    3.5. O SERFHAU 145
    3.6. Evolução Institucional 148
    3.7. A Diversidade de Planos de Desenvolvimento Urbano 151
    3.8. Contribuição para o Planejamento Urbano 159

4 – A INSTITUCIONALIZAÇÃO DO PLANEJAMENTO
URBANO NO BRASIL 161
    4.1. A Política Urbana do II PND e as Regiões Metropolitanas ... 161
    4.2. A Comissão Nacional de Regiões Metropolitanas
        e Política Urbana - CNPU 165
    4.3. O Conselho Nacional de Desenvolvimento
        Urbano - CNDU 187
    4.4. O Ministério do Desenvolvimento Urbano e
        Meio Ambiente - MDU 196
    4.5. O Planejamento Urbano Perde Espaço 198

5 – O ESPAÇO CONSTITUCIONAL DO PLANO DIRETOR 201
    5.1. A Política Urbana na Constituição de 1988 204
    5.2. Plano Diretor: Instrumento Básico de Política Urbana 207
    5.3. O Ministério das Cidades 209

6 – NOVOS MARCOS REGULATÓRIOS
DA POLÍTICA URBANA BRASILEIRA 215
    6.1. O Estatuto da Cidade 216

6.2. Os Resultados Alcançados 229
6.3. O Estatuto da Metrópole 239

7 – NOVOS DESAFIOS PARA O PLANEJAMENTO E GESTÃO URBANA 249

7.1. Crescimento Populacional e Urbanização 249
7.2. Infraestrutura Básica e Serviços Urbanos 252
7.3. A Atual Rede Urbana Brasileira 254
7.4. Novas Práticas de Planejamento e Gestão 258
   7.4.1. Planejamento como processo contínuo 265
   7.4.2. Abordagem estratégica do planejamento 271
   7.4.3. Informações confiáveis e atualizadas para a tomada de decisão 275
   7.4.4. Modernização administrativo-burocrática 276
   7.4.5. Equipes qualificadas 277
   7.4.6. Monitoramento permanente e avaliação de resultados e impactos 278
   7.4.7. Articulação institucional e intergovernamental 280
   7.4.8. Efetiva participação da sociedade 281
7.5. Novos Marcos Regulatórios do Ordenamento Territorial e do Uso e Ocupação do Solo Urbano 283
7.6. Novos Conceitos de Projeto Urbanístico 286

8 - NOVOS TEMPOS, NOVOS DESAFIOS 289

Lista de figuras 293
Lista de tabelas 294
Lista de abreviações e siglas 295

ANEXOS

Anexo 1 - Estatuto da Cidade 301
Anexo 2 - Estatuto da Metrópole 325

OS AUTORES 335

AGRADECIMENTOS

A Mozart V. Serra, pelo generoso prefácio no qual faz uma síntese precisa e acurada da evolução e dos desafios do planejamento urbano, temas deste livro.

A Vicente del Rio e Nestor Goulart Reis Filho, por suas avaliações, comentários e sugestões que nos permitiram ajustes e complementações importantes ao texto. Tão ricas foram as suas apreciações que as transcrevemos integralmente, na certeza de que, juntamente com o prefácio, comporão algumas das melhores páginas deste livro.

A Maria Elisa Costa e Julieta Sobral, filha e neta de Lúcio Costa, por permitirem a reprodução de croquis e desenhos elaborados por ele para o Plano Piloto de Brasília e constantes do livro *Lúcio Costa – Registro de uma vivência*.

A Cláudio Egler por nos autorizar a reproduzir figuras do seu estudo *Geoeconomia e metrópole: Aportes conceituais – Relatório Parcial 1*, para ilustrar considerações sobre as Regiões Metropolitanas e aglomerações urbanas feitas neste livro.

PREFÁCIO

Mozart V. Serra[1]

As cidades brasileiras apresentam dolorosos problemas que não correspondem ao desenvolvimento econômico já alcançado pelo país e à expectativa de seus cidadãos. Como este hiato ocorreu é o tema deste livro voltado para o planejamento urbano e seu contexto, sobretudo desde meados do século passado. Trata-se de um trabalho necessário e oportuno, já que aponta lições importantes e potenciais soluções para os problemas urbanos que vivemos. Por isso, é também um livro obrigatório para os praticantes e os interessados nas questões urbanas.

Difícil encontrar autores mais capacitados para escrever o relato que aqui se apresenta do que os arquitetos-urbanistas Jorge Guilherme Francisconi e Sônia Helena Taveira de Camargo Cordeiro. Ambos participaram intensamente da elaboração de planos para cidades de características mui-

---

[1] Arquiteto, com dois mestrados, em economia e planejamento urbano, e um PHD (incompleto) pela Universidade da Califórnia, Berkeley. Dedicado a temas urbanos, trabalhou em entidades públicas e no setor privado. Foi funcionário do Banco Mundial em Washington, DC (1992-2005), e, de volta ao Brasil, dirigiu o Instituto LIGHT.

to diversas, em diferentes regiões do país, onde aplicaram e colaboraram no desenvolvimento dos *tools of the trade*. Atuaram também no desenho de programas urbanos a nível regional e na concepção e implantação de políticas urbanas no país. É apenas justo singularizar que Francisconi, o autor sênior deste trabalho, teve papel-chave no desenho dessas políticas no Brasil, aliás, nos momentos de seu maior impacto. Francisconi é também historiador, e Sônia Helena, licenciada em letras modernas, o que lhes facilita uma visão plural, o registro preciso e a análise isenta dos temas de que tratam – requisitos imprescindíveis para a feitura de um trabalho deste porte. Assim, é fácil perceber que trazem para este livro o gosto de quem conheceu o calor da luta corpo a corpo, mas retém a serenidade e o equilíbrio que são atributos preferenciais do trabalho intelectual.

* * *

Este livro é ambicioso e completo. Em sua tessitura, faz uso de um conjunto diverso de fios condutores – demografia, administração pública, economia, sociologia, além das variadas tradições do urbanismo – num longo e detalhado relato histórico que nos traz desde nossas origens portuguesas aos dias de hoje. Seu cerne, no entanto, são os acontecimentos das décadas de 1950 a 1970, anos marcados no Brasil por acentuado crescimento demográfico, forte migração urbano-rural, avanço avassalador do automóvel, imensa expansão horizontal e vertical das cidades, sua radical informalização, e comoções de natureza política e social – tendências que ainda repercutem nos dias correntes. No que tange à gestão urbana, a resposta a esses desafios foi dada pela edificação de um sistema de planejamento urbano, cuja base era o "Plano de Desenvolvimento Local Integrado – PDLI". Dotados de uma abordagem de caráter abrangente e lógica, os PDLIs enfatizavam a consulta a populações afetadas, a articulação dos planos locais com planos micro e macrorregionais e a formulação de instrumentos (tais como peças orçamentárias e medidas legislativas) adequados à implementação de suas propostas. Insistia-se (idealmente) que, com o tempo, os PDLIs fossem retroalimentados, dando-se ênfase à continuidade do processo de planejamento.

Construiu-se, em paralelo, um complexo sistema de organizações e instituições federais voltadas para o estímulo à preparação e implementação de PDLIs, um sistema que, igualmente, apoiaria o desenho e o financiamento dos projetos de obras e serviços urbanos de habitação, saneamento e transportes, não deixando de lado a promoção de medidas relativas às reformas da administração municipal.

Essa resposta aos desafios urbanos do Brasil dessas décadas merece uma atenção especial por ter sido a primeira (e única) tentativa de estimular a adoção da prática do planejamento urbano em todo o país (não descurando dos instrumentos para implementar as propostas dos planos, e de suas articulações e seguimento). Propunha, em suma, uma metodologia para a elaboração de planos em consonância com as teorias que melhor explicavam o funcionamento das cidades e as abordagens então visualizadas para atacar seus problemas. Vale a pena ampliar este ponto.

* * *

Evidentemente que as transformações pelas quais passaram as cidades brasileiras e as respostas que suscitaram não foram sempre autóctones:[2] como se sabe, o processo demográfico e as respostas tecnológicas que o acompanharam, ainda que com matiz diferente, primeiro atravessaram a Europa Ocidental e depois seguiram para os Estados Unidos e a América Latina, a caminho da Ásia e da África, criando o mundo majoritariamente urbano de hoje. Compartilhadas foram também as teorias e práticas de planejamento, em cuja concepção as mesmas décadas de 1950 e 1960 foram seminais. Nelas tomou-se emprestado, primeiramente, material da teoria geral dos sistemas, incluindo as noções de ambiente, interação e interdependência, sinergia e entropia, retroalimentação e por aí afora. (Não só o urbanismo sofreu essa influência; basta olhar para os modelos e vocabulário da cibernética, da ecologia, da linguística, da administração, da filosofia etc.)

Outros empréstimos vieram da aplicação da teoria econômica ao estudo do espaço regional e urbano, voltando-se para os custos relativos requeridos para que indivíduos e atividades vençam distâncias em espaços determinados; e, igualmente, examinando as situações em que o espaço é tratado como pontos, em que se examinam as interações, negativas e positivas, das atividades que aí ocorrem, gerando economias de localização, aglomeração etc. Esse corpo teórico permitiu a proposição de políticas públicas voltadas para o crescimento econômico e a eficiência regional e ur-

---

[2] Autóctone: que ou quem é natural da região em que habita e descende das raças que ali viveram, exemplo, negros, índios, aborígene etc.

bana, tendo impacto também nas questões associadas à distribuição de renda e riqueza inter-regional e intraurbana. Nesse tocante, relembrem-se, entre outras, as propostas relativas a polos de desenvolvimento, implantação de cidades novas; os debates sobre o tamanho de cidades e sobre a retenção ou deflexão do sentido de migrações; e os programas de incentivo ao desenvolvimento regional.

Juntas, a teoria geral dos sistemas e a economia urbana, através de modelos matemáticos, contribuíram expressivamente para a análise do espaço intraurbano e da formação de preços da terra, vindo a influenciar a formulação de planos de uso do solo e transporte, as avaliações imobiliárias e, juntamente com os preceitos da economia do bem-estar, o desenho de políticas para os diversos serviços urbanos, permitindo focar não só em questões de eficiência como também nas distributivas e referentes a externalidades ambientais, entre outras.

As visões urbanísticas até então dominantes – a das "cidades-jardim" e o modernismo do Congresso Internacional de Arquitetura Moderna – CIAM (utopia da qual, aliás, Brasília constitui uma das expressões máximas no campo internacional), tendiam a olhar a cidade tradicional como mal resolvida, indesejável e descartável. Tiveram forte influência nos PDLIs, aos quais foram incorporados através de estratégias que buscavam atingir por incrementos, lote a lote, os ideais do CIAM de relação espacial entre edificações, de exclusividade de uso do solo e de atendimento às demandas de transporte individual. Várias cidades, instituições e urbanistas brasileiros, na contramão dos PDLIS, buscaram tanto abordar a questão da cidade informal, como desenvolver metodologias simplificadas voltadas para o planejamento de pequenas cidades (como é indicado pelos autores). Nessas intervenções e metodologias, incorporava-se muito das críticas que começavam a surgir aos ideais do CIAM, propondo a adoção de uma perspectiva empírica, na qual as cidades seriam observadas e analisadas, buscando-se padrões generalizáveis e quantificáveis das relações entre grupos de indivíduos e espaços específicos.

O impacto concreto dessa mudança de perspectiva é imenso, levando, notadamente, à reavaliação que se faz da herança edificada das cidades, que passa a não mais ser objeto de erradicação, mas de reconversão, através de, por exemplo, projetos de urbanização de favelas e de reconversão de áreas portuárias. Outras dessas consequências são a revalorização dos padrões de repartição do uso do solo em quadrículas, a aceitação de usos mistos, a valorização de percursos não motorizáveis etc. Mas tais perspectivas só vieram a influenciar o urbanismo brasileiro após a década de 1980 e em pequena escala, dada a crônica deficiência do mercado imobiliário e da gestão municipal no Brasil.

* * *

O sistema que se erigira na década de 1960 era marcado por traços oriundos do período autoritário vivido pelo país, e foi paulatinamente desarticulado a partir de meados dos anos 1980/1990. Forças políticas e grupos da sociedade clamavam por devolução de poder para os Municípios e Estados e por maior ênfase nos transportes públicos, na produção de habitação popular e na urbanização de favelas. Medidas regulatórias posteriores à promulgação da Constituição de 1988 foram acompanhadas da liquidação de agências de governo que davam sustentação ao modelo descrito, sem que se colocasse no lugar algo com o vigor de enfrentar os problemas urbanos como requerido. Em paralelo, a ênfase na ação do mercado, que surgiu depois dos governos Thatcher, Reagan e da queda das economias centralizadas, criou um clima de desarticulação do planejamento no país, no caso urbano "jogando-se fora o bebê junto com a água do banho".

No entanto, a teoria econômica neoclássica do bem-estar indica a incapacidade do mercado de responder adequadamente à provisão de bens marcados pela presença de externalidades, monopólios, informação imperfeita etc. A cidade é criada e cresce na presença dessas falhas de mercado, exigindo a presença de uma entidade que resolva problemas de interesse coletivo, acentuando consequências positivas e eliminando, mitigando ou compensando as negativas. Não se pode prescindir, portanto, de políticas públicas, ancoradas em alguma forma de planejamento urbano, para equacionar problemas relativos à produção de habitação formal, regularização e urbanização de assentamentos informais, melhoria e expansão das redes de transporte público, introdução de sistemas de saneamento urbano, garantia de segurança pública ao cidadão, e criação de espaços urbanos aprazíveis – carências com as quais o cidadão ainda hoje se debate e que limitam a competitividade das cidades brasileiras no mundo pós-industrial.

* * *

Neste livro, a tarefa mais heroica a que se dedicaram os autores foi a de esquadrinhar o futuro do sistema de cidades brasileiras, tecendo considerações sobre os seus modelos de planejamento. Não apresentam soluções acabadas, mas nos convidam, sim, à reflexão e ao debate quanto a um futuro pouco previsível. Futuro incerto em que vislumbramos o embate (espera-se mais racional e produtivo) entre mercado e governo, na determinação de seus campos de ação; e um igual embate entre níveis de governo, em que já começam a despontar os princípios de federalismo fiscal a guiar a alocação mais efetiva de recursos públicos. Desconhecemos o formato que assumirão as cidades do futuro, dado o impacto das tecnologias de comunicação (por exemplo, na disseminação de *home office* e *home schooling*), do carro elétrico e da provisão de energia e saneamento *in situ* na expansão e adensamento (ou não) das cidades. Os métodos de planejamento urbano poderão beneficiar-se de maneira significativa com avanços tecnológicos, sobretudo na área da informática. Serão facilitados, cada vez mais, por exemplo, a coleta de informações, o mapeamento, a interação com o público e outras atividades inerentes ao processo de planejamento, possibilitando até mesmo, em extremo, que este se dê de maneira contínua, com menos ênfase no plano. Como vemos da amostra acima, apesar do presente clima de perplexidade e paralisação, o futuro tem um enorme potencial para que possamos resolver os problemas da cidade brasileira, e este livro, como dito amplamente, nos convida a contemplar essas possibilidades. Trata-se de uma iniciativa corajosa e meritória.

Videiras, Petrópolis, RJ

LONGA VIDA AO NOVO PLANEJAMENTO BRASILEIRO

Vicente del Rio[3]

Quando resolvi trocar a minha carreira docente e profissional no Brasil por uma nova vida nos E.U.A., confesso que estava otimista quanto aos rumos que o país parecia tomar. Era o início do século XXI, quando a redemocratização, a estabilização da economia, uma nova e progressista constituição e a eleição de um governo à esquerda do espectro político pareciam conduzir o Brasil e nosso sofrido povo, finalmente, ao merecido lugar junto ao sol. Infelizmente, como todos sabemos, a história foi outra. Após um curto período de luz, o país despencou por uma ribanceira e todos os indicadores de qualidade de vida (política, econômica, cultural, ambiental, de saúde e social) encontram-se em níveis baixíssimos. Hoje em dia, a nossa avaliação internacional é trágica e, sinceramente, não tenho palavras quando me perguntam o que está acontecendo... O país parece estar sendo demolido por dentro. Nem o futebol é o mesmo.

---

[3] Arquiteto-urbanista; PhD.
Professor Emérito do City and Regional Planning Department.
California Polytechnic State University, San Luis Obispo.
Autor de *Introdução do Desenho Urbano no Processo de Planejamento* e *Desenho Urbano Contemporâneo no Brasil*.

Ou seja, no Brasil de hoje é difícil ser otimista. Mas são esses momentos de crise que nos levam à reflexão, a avaliar os rumos tomados, a definir possíveis caminhos para o futuro e a identificar os desafios para chegar lá. É isso que o Jorge Guilherme e a Sônia Helena fazem com este livro, que certamente terá destaque nas estantes dos profissionais e docentes do planejamento urbano no Brasil. Com vastas e importantes carreiras na área, tendo participado de escritórios, universidades, agências governamentais e conselhos, nacionais e internacionais, ambos os autores ajudaram a escrever, pessoalmente, a história sobre a qual agora se debruçam e refletem.

Partindo de uma revisão de conceitos e do processo de urbanização do Brasil, com destaque para as cidades planejadas e, em especial, a criação e o papel de Brasília, os autores direcionam sua reflexão para os esforços na institucionalização de um sistema de planejamento urbano e regional a nível nacional. Esforços esses que partem da criação do SERFHAU e do BNH nos anos 1960 e culminam, já em crise com a (progressista) política urbana da Constituição de 1988 e os Estatutos da Cidade e da Metrópole. Mas, talvez, a maior contribuição do livro encontre-se na identificação e discussão dos novos desafios para o planejamento e a gestão urbana no Brasil, desde a definição de um processo institucional a nível municipal até a necessidade de se abraçar um modelo de Plano Diretor como ele deve ser: um instrumento de planejamento compreensivo, resultante de um processo participativo e um pacto social, para o desenvolvimento sustentável, equitativo e justo do território. Com seu livro, Jorge Guilherme e Sônia Helena nos convidam a refletir sobre os caminhos tomados e aqueles ainda a tomar, e alimentam o resto de otimismo que ainda nos sobra. Nas entrelinhas do livro, vejo escrito: o planejamento urbano no Brasil morreu, longa vida ao novo planejamento urbano brasileiro.

UMA AVALIAÇÃO OPORTUNA

Nestor Goulart Reis Filho[4]

Este livro conta a história da criação de instituições no Brasil destinadas à implantação das atividades de planejamento urbano. Um de seus autores, Jorge Guilherme Francisconi, participou ativamente das primeiras iniciativas nesse sentido, como a de criação do programa de mestrado nessa área, na Universidade Federal do Rio Grande do Sul - UFRGS. Participou intensamente de uma grande reunião de âmbito nacional, organizada pelo Instituto de Arquitetos do Brasil - IAB, em 1963, com profissionais de diferentes áreas, o Seminário de Habitação e Reforma Urbana, no qual começavam a ser propostas diretrizes para o setor. Em 1973 foi autor, com Maria Adélia de Souza, de um célebre parecer, que levou à definição da Política Nacional de Desenvolvimento Urbano - PNDU e à criação da Comissão Nacional de Regiões Metropolitanas e Política Urbana - CNPU. E acompanhou, de diferentes formas, todas as iniciativas posteriores. Francisconi e Sônia Helena Taveira de Camargo Cordeiro, coautora e igualmente competente, nos oferecem a oportunidade de

---

[4] Arquiteto, urbanista e cientista social.
Professor catedrático da Universidade de São Paulo.
Atuação destacada nas áreas de patrimônio, urbanização colonial e urbanização contemporânea, com vários livros publicados.

refazer criticamente esse percurso e de pensar com seriedade sobre os caminhos a serem percorridos nas próximas etapas desse campo, cada vez mais relevante para o país.

A leitura do livro, depois de algumas considerações e alguns dados históricos, na parte inicial, nos leva ao exame de uma questão central: a do extraordinário crescimento demográfico ocorrido a partir de 1950 e, mais importante, a nova escala de crescimento da população urbana. De predominantemente rural, em apenas duas décadas, o país se tornava predominantemente urbano. Suas instituições precisavam ser preparadas para enfrentar os problemas que surgiam nas áreas urbanas. Em 1940, tínhamos cerca de 11 milhões de habitantes urbanos. Em 1960, tínhamos cerca de 32 milhões: constatava-se um crescimento de quase 300%. Mais importante: as principais cidades, vivendo a maior parte da concentração, transformavam-se em centros de Regiões Metropolitanas. Fundiam-se aos Municípios vizinhos; tornavam-se centros de sistemas urbanos complexos, de imensas proporções. Simultaneamente, numerosas cidades de porte médio, em todas as regiões do país, passavam por processos semelhantes, dando origem a outras formas de aglomerações urbanas, todas elas superando o quadro institucional existente, exigindo novas formas de articulação, para ações integradas dos diferentes níveis de poder, entre federais, estaduais e municipais. O livro detalha o processo de construção dessas instituições; os autores descrevem as diferentes etapas dessa modernização.

A parte mais substantiva inicia-se com referências às formas de planejamento urbano, a partir de 1950. Os autores mencionam aspectos raramente referidos: de início, dos anos 1930 a 1950, a criação de órgãos competentes para o levantamento e o processamento de dados, indispensáveis para as atividades de planejamento, como o Instituto Brasileiro de Geografia e Estatística – IBGE, responsável pelos estudos de caráter demográfico no meio urbano (o primeiro levantamento específico de população urbana do país foi o do Censo de 1940, realizado pelo IBGE) e como o Instituto de Pesquisa Econômica Aplicada – IPEA. E citam os programas para formação e aperfeiçoamento dos quadros técnicos dos órgãos responsáveis pelas atividades de planejamento, nos três níveis de ação dos poderes públicos, como a Fundação Getúlio Vargas – FGV e o Instituto Brasileiro de Administração Municipal – IBAM. E, à margem das instituições oficiais, citam o Movimento Economia e Humanismo, criado pelo padre Louis Joseph Lebret, engenheiro, além de sacerdote, formando técnicos em planejamento, realizando trabalhos em diferentes Estados, inclusive os planos para geração de energia elétrica da bacia Paraná-Uruguai, bem como a hidrovia Tietê-Paraná.

Na relação de iniciativas de caráter preparatório, os autores citam a formação de quadros técnicos nos cursos de pós-graduação em Urbanismo em algumas universidades, como na FAU-UFRGS, na FAU-USP e na FAU-UFRJ. Também são feitas referências aos planos como o de Attílio Correia Lima para Goiânia (1936-1939) e para a Cidade dos Motores, do mesmo arquiteto, na Baixada Fluminense. E há um capítulo sobre os planos elaborados a partir de 1950, com destaque para o Plano Piloto de Lúcio Costa para Brasília, detalhadamente analisado.

TEXTOS DE APRESENTAÇÃO

A seguir, inicia-se a parte mais densa do livro, com uma análise sobre a experiência do Banco Nacional da Habitação – BNH e do Serviço Federal de Habitação e Urbanismo – SERFHAU. Segue-se uma síntese sobre as condições de atuação de todas as instituições de planejamento, criadas para dar conta das mudanças extraordinárias que ocorreram no processo de urbanização do país naquelas décadas, a partir da institucionalização do planejamento, para a qual a atuação de Jorge Francisconi foi fundamental. Essa parte começa com explicações sobre a definição da Política Urbana do II Plano Nacional de Desenvolvimento e as preocupações com o surgimento das Regiões Metropolitanas, bem como das outras formas de aglomerações urbanas, envolvendo as cidades médias.

Por volta de 1971, já estava claro que a Política Nacional de Desenvolvimento Urbano deveria estar articulada ao II Plano Nacional de Desenvolvimento, a ser elaborado para o período 1975-1979. Para a preparação do documento, com as proposições, foi contratada uma consultoria, coordenada por Jorge Francisconi e Maria Adélia de Souza, com apoio de dezenas de especialistas de diferentes regiões do país. Paralelamente, foram instituídas 8 Regiões Metropolitanas. Depois, foi criada a Comissão Nacional de Regiões Metropolitanas e Política Urbana – CNPU, para a coordenação dessa área no país. A Secretaria da Comissão ficou sob a responsabilidade de Jorge Francisconi. Os autores expõem no livro todas as possibilidades de atuação então examinadas.

As etapas posteriores foram um desdobramento das diretrizes adotadas naquele momento. E são analisadas atentamente no livro. Algumas delas devem ser mencionadas. Na época, em colaboração da CNPU com o IBGE, foi iniciado o Programa de Aglomerados Urbanos; e foi criada a Secretaria Especial do Meio Ambiente - SEMA. Outras iniciativas completaram o quadro do período 1974-1978.

As mudanças introduzidas pelos governos posteriores são analisadas nas partes seguintes do livro. Trata-se de uma descrição minuciosa da importância de cada uma das formas institucionais adotadas e seus resultados práticos. Para os estudiosos do assunto, como para os planejadores, diante dos problemas atuais, o conteúdo crítico do livro pode ser visto como uma avaliação muito oportuna.

NOTA DOS AUTORES

Inicialmente ocupado pelos portugueses que aportaram na Bahia, o Brasil foi, aos poucos, sendo povoado nas faixas litorâneas, voltadas para a metrópole de além-mar. Suas vilas e cidades, durante mais de um século, limitaram-se quase exclusivamente à região costeira, como que a ela agarradas *qual caranguejos*, no dizer de frei Vicente de Salvador. Só aos poucos foram acontecendo as incursões para o interior, na busca do pau-brasil, do ouro e de pedras preciosas para enriquecer a Coroa Portuguesa. Um pouco mais tarde, começaria a exploração agrícola, com forte predomínio da cana-de-açúcar, principalmente no Nordeste e, depois, com o café, no Sudeste. Bem mais tarde, o Brasil foi caminhando para o Sul e de lá para o Centro-Oeste e Norte, na busca de novas fronteiras. País agrário durante quase 400 anos, somente no final do século XIX ou no início do século XX, começou a desenvolver uma indústria incipiente que, afinal, lhe alterou a feição agrícola com bastante rapidez.

Durante todo o tempo, a ação do Estado na estruturação do território confundiu-se com a própria história do país.[5]

---

[5] FARRET, Ricardo L. *O estado, a questão territorial e as bases da implantação de Brasília.* In PAVIANI, Aldo (org.). *Brasília, ideologia e realidade – espaço urbano em questão.* Brasília : CNPq/Projeto, 1985.

Apesar de as cidades brasileiras terem surgido, desde o início, muitas das vezes, mais por decisão da Coroa Portuguesa para consolidar a ocupação do território, que por evolução do processo socioeconômico, as primeiras experiências de planejamento do espaço urbano, como é entendido atualmente, só aconteceram a partir do final do século XIX e começo do século XX, pela construção de capitais de Estados para fomentar a ocupação de novas áreas, ou para embelezamento e qualificação de áreas centrais e expansões ao longo de vias estruturadoras, dotadas de transporte público, ou para atender às preocupações higienistas ou sanitaristas, lembrando as cidades-jardim europeias. Teresina, Belo Horizonte, Goiânia, Rio de Janeiro, Santos, São Paulo e Porto Alegre estão entre os exemplos dessas experiências iniciais.

Aos poucos, contudo, as ideias do funcionalismo modernista foram incorporadas pelos planejadores brasileiros e acabaram culminando no Plano Piloto de Brasília, possivelmente o maior exemplo da corrente defensora dos princípios da *Carta de Atenas*.[6]

Após a criação de Brasília, o planejamento urbano passou a ser considerado com muito mais vigor. A partir de 1964, com a criação do Banco Nacional de Habitação – BNH e do Serviço Federal de Habitação e Urbanismo – SERFHAU, o país assistiu a um período de grande pujança no campo do planejamento urbano e o Plano Diretor passou a ter papel importante no processo de ordenamento das cidades brasileiras, até mesmo para aquelas de menor porte.

---

[6] Manifesto urbanístico resultante do IV Congresso Internacional de Arquitetura Moderna, realizado em Atenas, em 1933.

NOTA DOS AUTORES

Nas três últimas décadas do último século, o planejamento e a política urbana no Brasil viveram altos e baixos. Assistiram à extinção do SERFHAU e do BNH, à criação da Comissão Nacional de Regiões Metropolitanas e Política Urbana – CNPU, depois substituída pelo Conselho Nacional de Desenvolvimento Urbano – CNDU, e da Empresa Brasileira de Transportes Urbanos – EBTU, todos posteriormente extintos. Vivenciaram a criação do Ministério de Desenvolvimento Urbano e Meio Ambiente – MDU, mais tarde transformado em Ministério da Habitação e Urbanismo – MHU, em seguida Ministério da Habitação e do Bem-Estar Social – MBES, e acabaram por ser absorvidos pelo Ministério do Interior – MINTER, onde já haviam estado.

A Constituição Federal – CF de 1988 criou um capítulo voltado à política urbana, com dois artigos, 182 e 183, regulamentados, em julho de 2001, pela Lei nº 10.257, conhecida como Estatuto da Cidade.

Em 2003, foi criado o Ministério das Cidades – MCidades, responsável pela política urbana no país até 2019, quando foi extinto, e essa política passou a ser responsabilidade do Ministério do Desenvolvimento Regional – MDR. Ainda é muito cedo para se avaliar o desempenho do MCidades no tocante à política urbana, mas já é possível verificar que os resultados alcançados por sua atuação ficaram bem aquém dos necessários e desejáveis; muito ainda há por fazer no campo do planejamento e da gestão urbana para garantir ao país uma rede urbana equilibrada e saudável, com cidades funcionalmente adequadas, ambientalmente sustentáveis, socialmente justas, culturalmente diversas e economicamente prósperas.

Este caminhar pela evolução do planejamento das cidades brasileiras apresenta uma análise histórico-interpretativa da experiência brasileira no campo do planejamento urbano e das razões pelas quais o Plano Diretor, ao longo do tempo, oscilou de momentos de destaque a períodos de grande descrédito, até chegar a merecer espaço próprio na Constituição Federal de 1988 que, pelo §1º do Art. 182, posteriormente regulamentado pelo Estatuto da Cidade, o torna *o instrumento básico da política de desenvolvimento e de expansão urbana*. Prossegue comentando a criação e atuação do Ministério das Cidades e os resultados alcançados pela aplicação do Estatuto da Cidade; passa pela criação do Estatuto da Metrópole e faz uma avaliação dos desafios atuais com os quais se deparam planejadores e gestores urbanos, e que terão de ser tratados pelo Ministério do Desenvolvimento Regional, para concluir com algumas sugestões de como os enfrentar, na busca do desenvolvimento sustentável dos Municípios e cidades, com a consequente melhoria da qualidade de vida para os seus habitantes.

Estruturado em 7 seções precedidas por uma Introdução de fundamentos teóricos e conceitos básicos, e com um rápido fecho conclusivo, inicia com um breve histórico sobre a evolução da ocupação do território nacional. Não pretende ser exaustivo nem faz um mergulho profundo na análise ou na descrição de cada etapa do processo da urbanização brasileira; apenas traça uma visão panorâmica da evolução na forma de pensar e planejar as cidades brasileiras, com a esperança de contribuir para a compreensão das questões envolvidas no planejamento urbano em um país que tem mais de 85% de sua população vivendo em cidades.

A primeira seção discute as experiências iniciais de ocupação urbana no Brasil, revendo as fases do processo da urbanização brasileira, o papel do Estado no surgimento das cidades e na hierarquização da rede urbana. Comenta as primeiras experiências de planejamento urbano e termina por apresentar o Plano Diretor como um instrumento fundamental na política de desenvolvimento e ordenamento territorial do Município e na ordenação dos espaços das cidades.

A seção 2 traz uma análise do papel de Brasília na compreensão da importância do planejamento urbano. Apresenta as razões para a criação da nova capital e comenta as principais características da proposta de Lúcio Costa.

A terceira seção faz uma leitura interpretativa da atuação do BNH e do SERFHAU no desenvolvimento das políticas urbana e habitacional, desde o seu surgimento, passando por suas principais ações com destaque para a visão integradora do Plano de Desenvolvimento Local Integrado – PDLI, e termina por apresentar um balanço da contribuição desses dois organismos para o processo de planejamento urbano.

A seção 4 comenta o período seguinte à extinção do SERFHAU e faz um relato do intervalo que vai da criação da Comissão Nacional de Regiões Metropolitanas e Política Urbana – CNPU ao surgimento do Ministério de Desenvolvimento Urbano e Meio Ambiente – MDU. É, talvez, nesse período que o planejamento urbano ganha seu maior espaço institucional na história brasileira, ultrapassando o intraurbano para tratar da formulação de políticas estaduais e federais para a vida urbana. Apresenta, ainda, as alterações ministeriais posteriores ao MDU e analisa o declínio do planejamento urbano que, após um período de esplendor, perde espaço até ver extintos os organismos por ele responsáveis na esfera federal e, em alguns casos, na estadual.

A seção 5 comenta o espaço reservado ao Plano Diretor na Constituição Federal de 1988 com as implicações decorrentes para o planejamento urbano, e analisa, ainda, a atuação do Ministério das Cidades, criado em 2003, como o organismo responsável pela implementação e pelo aprimoramento dessa política.

A sexta seção dedica-se a analisar as implicações decorrentes da aprovação do Estatuto da Cidade – Lei nº 10.257, de 10 de julho de 2001, como o novo marco regulatório da política urbana brasileira. Comenta os resultados observados no planejamento urbano a partir da aplicação do Estatuto da Cidade, as alterações por ele sofridas, e o surgimento do Estatuto da Metrópole – Lei nº 13.089, de 12 de janeiro de 2015, suas alterações e suas consequências.

A sétima seção apresenta os principais desafios atualmente enfrentados pelos planejadores e gestores urbanos, representados pela estrutura da rede urbana atual, as principais práticas contemporâneas de planejamento e gestão urbana, as formas de participação popular no processo de planejamento urbano, e sugere propostas para um novo ordenamento urbano que considere tais desafios e sinalize perspectivas sustentáveis para uma distribuição mais equilibrada da rede urbana nacional que favoreça níveis desejáveis de padrões de vida nas cidades brasileiras.

NOTA DOS AUTORES

O fecho conclusivo faz um *vol d'oiseau* sobre os diversos temas abordados para concluir pela necessidade de decisores, governantes, planejadores, empresários, setores privados e comunitários, e sociedade, juntos, adotarem novas posturas, novos procedimentos na busca do desenvolvimento sustentado para os Municípios e cidades, pois novos desafios exigem novas visões e atitudes.

INTRODUÇÃO

Nas primeiras páginas deste livro, o leitor encontrará alguns fundamentos teóricos ligados a um atributo particular do ser humano: o de poder definir seu futuro. Em seguida, são apresentados conceitos básicos sobre o planejamento urbano, como desdobramentos dessa capacidade própria da raça humana de planejar suas ações futuras.

Os fundamentos teóricos guiam e orientam o texto principal sobre a evolução urbana brasileira, a experiência de planejamento urbano no país, do final do século XIX e início do século XX, as ações implementadas durante o último século, e os principais desafios atualmente enfrentados por todos os responsáveis pelas políticas públicas voltadas para o planejamento urbano promotor da humanização das cidades e da produção de espaços urbanos economicamente viáveis, funcionalmente adequados, vivencialmente saudáveis, ambientalmente sustentáveis e culturalmente diversos, de modo a permitir aos neles residentes vida digna, prazerosa e responsável.

I. Fundamentos Teóricos

Na maior parte dos casos, o cliente de planos de ordenamento territorial e urbano, dos projetos urbanísticos e da gestão de cidades é o poder público. Ainda hoje, empresas privadas raramente promovem grandes projetos urbanos, embora esse pareça ser um mercado em ascensão. Por ora, o poder público é o grande empregador de urbanistas e planejadores urbanos. Um cliente que dá emprego e estabilidade, com prioridades mutantes, correntes ideológicas, filosóficas, técnicas e de crenças diversificadas, cujo discurso e prática político-administrativa adotam roupagens das mais diferentes formas e naturezas. Nesse cenário, cabe aos técnicos do setor público atender a determinações e exigências de dirigentes eleitos para os Poderes Executivo e Legislativo.

Os resultados do planejamento urbano e do urbanismo dependem, portanto, de quem exerce o poder político, mas também do nível de qualificação dos profissionais que prestam esses serviços. O maior ou menor impacto do trabalho dos urbanistas e planejadores urbanos depende tanto de sua capacidade para exercer a ciência e a arte urbanística quanto dos poderes de que dispõem na gestão urbana e das ordens que recebem daqueles que detêm o poder político. Por essa razão, é sempre necessário avaliar a origem do saber e as fontes de poder de que o planejador urbano e o urbanista dispõem, ou necessitam dispor, para promover novas propostas de ordenamento territorial municipal, novos projetos urbanísticos e para a gestão organizada de cidades ou a urbanização de territórios.

Essa é a norma básica do regime democrático, cujos procedimentos muitas vezes envolvem a população e as comunidades, mediante debates, consultas e audiências públicas, além de pesquisas de opinião.

INTRODUÇÃO

As questões apontadas têm sido pouco analisadas por urbanistas e planejadores urbanos. O saber urbanístico tem avançado ao longo das décadas sem uma avaliação criteriosa e consistente das relações entre os resultados obtidos mais recentemente e os métodos, as técnicas, as premissas ideológicas e os fatores maiores que condicionam cada época. Além disso, os urbanistas e planejadores urbanos enfrentam dificuldades decorrentes da fragilidade de saber sociopolítico, econômico e demográfico quando propõem planos urbanos e projetos urbanísticos em territórios que exigem um saber científico atualizado, fora de seu horizonte de entendimento, posto que pertencente ao campo da geografia, da sociologia, da antropologia, da economia e de outras tantas áreas do saber, uma vez que o planejamento urbano é essencialmente multidisciplinar.

Não é por acaso que têm surgido numerosos estudos urbanos, bem como vários trabalhos importantes que tratam da evolução de formas e funções urbanas ao longo do tempo e do impacto de linhas utópicas de pensamento e ideologias no urbanismo, sustentados por teorias criadas em outras áreas do saber.

Como resultado dessa limitação de horizontes e de conhecimento profissional, o impacto dos urbanistas na práxis[7] de territórios organizados é escasso e sua presença no urbanismo informal ou autóctone,[8] quase nula, visto que

---

[7] Práxis – palavra de origem grega para "ação", é aqui entendida segundo o conceito marxista de *conjunto de atividades humanas tendentes a criar as condições indispensáveis à existência da sociedade e, particularmente, à atividade material, à produção prática. Novo Dicionário Aurélio*, 2ª edição.

[8] Autóctone no sentido de que reflete a cultura e as condições da população que ali habita, sem que haja importação de conceitos exóticos.

essas atividades envolvem procedimentos de gestão e planejamento urbano fora de seu campo de visão e de análise. É o que se observa, por exemplo, em projetos de urbanização consorciada ou em áreas de favelas e de periferia.

Entretanto, a evolução do pensamento urbanístico tem sido estudada, como se verifica na obra de Choay[9] e de muitos outros autores importantes. Há também os que adotam ideologias recentes para avaliar a urbanização contemporânea, como Castells,[10] quando aplica o pensamento marxista ao urbanismo, Milton Santos,[11] ao analisar a evolução da cidade de lugar para espaço técnico-científico-informacional, Michel Rochefort,[12] quando trata do impacto do colonialismo e da "mão invisível" do mercado em cidades e metrópoles do Hemisfério Sul, O'Sullivan,[13] ao entender a cidade como o lócus das trocas socioeconômicas, destacando dois tipos de economia: *economia de localização* e *economia de urbanização*, e Bill Hillier,[14] ao examinar a configuração urbana, entre outros. Porém, desses autores, apenas Santos e Rochefort tratam especificamente do gesto de planejar para atender a problemas da práxis urbanística de países latino-americanos, com o que se estabelece um distanciamento

---

[9] Ver CHOAY, Françoise. *Urbanismo: utopias e realidade*. São Paulo : Editora Martins Fontes, 1992.

[10] Ver CASTELLS, M. *La question urbaine*. Paris : F. Maspero, 1972.

[11] Ver a obra de SANTOS, Milton particularmente *Pensando o espaço do homem* (SP, Hucitec, 1982) e *A natureza do homem* (SP : Hucitec, 1982).

[12] Ver ROCHEFORT, Michel. *O desafio urbano nos países do Sul*. Campinas : Edições Territorial, 2007.

[13] Ver O'SULLIVAN, Arthur. *Urban economics,* 2ª ed. Homewood : Irwin, 1993.

[14] Ver HILLIER, Bill et al. *Natural movement or configuration and attraction in urban pedestrian movement in Environment Planning B*: Planning and Design, 1993, vol. 20.

entre as teorias da ciência urbanística adotadas por países do Hemisfério Norte e sua aplicação na realidade latino-americana. Mais especificamente, observa-se que as teorias desses países são pouco compatíveis com a gestão pública e o desenvolvimento urbano nacional.

O Brasil precisa dispor de saber urbanístico que permita atender a urbanizações periféricas e autóctones, cuja dinâmica e características boa parte dos urbanistas desconhece. Além disso, cabe ao urbanista e ao planejador urbano dispor de instrumentos para formular planos urbanos e projetos urbanísticos e avaliar seu impacto sobre a qualidade de vida e as condições urbanas de cada cidade. Para tanto, será necessário identificar *onde* (em que território) e *como* (em que atividades e setores) os planos urbanos e projetos urbanísticos produzem resultados positivos, negativos ou neutros.

Para muitos, essas questões podem parecer inadequadas, mas o objetivo deste livro é a discussão de fatores que afetam o urbanismo brasileiro nos dias de hoje a partir de uma visão panorâmica ao longo do tempo, na busca de novos métodos e práticas que superem os desafios atuais do planejamento urbano. Outro tema importante a ser considerado é o impacto de teorias, ideologias e soluções globais adotadas pelo urbanismo mundial e os resultados que foram ou estão sendo aqui obtidos, uma vez que, com frequência, são transplantados para o Brasil fundamentos teóricos, frutos da racionalidade e da atividade intelectual, que buscam resposta para o crescimento urbano de populações, cujos hábitos, culturas, conhecimentos, formas de governo, expectativas e condições materiais são muito diferentes dos brasileiros.

II. Conceitos Básicos

O ato de planejar é observado no comportamento instintivo, de sobrevivência de muitas espécies animais. Formigas e esquilos armazenam comida para o inverno, pássaros lançam conchas sobre pedras e estradas de ferro. Já a capacidade de utilizar o pensar abstrato para definir e orientar a ação, ou seja, de planejar do ser humano diferencia-se do instinto dos animais, seja quando usada para organizar um fim de semana ou para permitir ao homem caminhar na Lua. O ser humano dispõe da capacidade de pensar sobre o que vai fazer para resolver situações muito simples ou para criar projetos de grande complexidade. Esse poder da mente humana é a base do planejamento urbano, tanto para definir e promover o uso e a ocupação adequados do solo, como para garantir a preservação ambiental, conceber morfologia urbana, malha viária, edificações, infraestrutura, serviços urbanos, criar instrumentos de gestão e outras tantas atividades.

A capacidade para estabelecer alternativas e planejar ações e atividades futuras foi indicada por Aristóteles ao tratar da condição humana. Como lembra Hannah Arendt:

> *Action in the sense of how men want ... needs a deliberate planning ahead, for which Aristotle coins a new term proairest, choice in the sense of preference between alternatives – one*

INTRODUÇÃO

rather than the other. The archai, *beginnings and principles of this choice, are desire and* logos: *logos provides us with the purpose for the sake of which we act; choice becomes the starting point for the actions themselves.*[15]

A capacidade de planejar ações é aquele atributo humano que Alexandre da Macedônia, discípulo de Aristóteles (384-322 a.C), utilizou com genialidade na batalha de Isso (333 a.C), quando concentrou seu ataque pelo flanco das tropas de Dario III para poder, a partir de uma estratégia bem definida, com pequeno grupo de macedônios, atacar diretamente o rei, colocá-lo em fuga, vencer a batalha e conquistar o Império Persa.

O *proairest* é hoje atributo utilizado no planejamento e na gestão de cidades, mas para ser aplicado é necessário estabelecer os princípios e fundamentos (*archai*) a serem adotados para atender às funções e aos objetivos de cada plano. Além disso, o *archai* varia ao longo do tempo para atender a demandas políticas e sociais e a inovações quanto à qualidade de vida, à evolução técnica e tecnológica, bem como a novos conceitos e novas demandas.

O impacto dos componentes do *archai* também explica as diferenças entre áreas urbanas planejadas e áreas periféricas autóctones, construídas a partir de ações desorde-

---

[15] ARENDT, Hannah. *The life of the mind* (one volume edition). San Diego : Harvest HBJ, 1978, p. 60. "Ação no sentido de como os humanos querem algo.... exige que se faça um planejamento deliberado para o futuro, para o que Aristóteles cunha uma palavra nova, *proairest*, escolha no sentido de preferência entre alternativas – uma em lugar de outra. O *archai*, princípios e fundamentos desta seleção, são o desejo e o *logos*; o *logos* nos oferece o objetivo em nome do qual agimos; a escolha constitui o ponto de partida para a execução das ações propriamente ditas" (tradução livre).

nadas e diversas das cidades projetadas. Essa forma desordenada de urbanização, contudo, constitui parte da cidade real, pelas funções e características construídas a partir do *proairest* aristotélico, também presente em cidades da Antiguidade, os primeiros exemplos da ciência e arte do urbanismo, como as cidades da Mesopotâmia e do Egito. Ou Troia, que foi sendo reconstruída ao longo do tempo para atender a sucessivos tipos de demanda e de conhecimento.

A cidade, não importa se planejada ou autóctone, é sempre o produto do *proairest humano,* embora o planejamento do território e o urbanismo adotem procedimentos mais ou menos complexos, a partir do conhecimento científico disponível e da criatividade, associada às técnicas necessárias, para atender às demandas apresentadas. Esses fatores correspondem ao *archai* (princípios e fundamentos) usados no planejamento territorial e no urbanismo, cuja aplicação exige uma definição precisa de (i) território a ser planejado; (ii) competências e saber técnico e científico; e (iii) processo político-administrativo de gestão do território e sua visão funcional-estratégico-programática. Tais fatores são essenciais para o planejamento urbano e envolvem o nível de poder responsável pelo plano, pelas crenças dominantes, características e pelos potenciais da dinâmica territorial e instrumentos disponíveis a cada período histórico.

Os projetos urbanísticos envolvem diferentes tipos de formas e funções e o planejamento interligado do uso e ocupação do solo, da morfologia urbana, da malha viária, da mobilidade, da infraestrutura básica e dos serviços urbanos, entre outras atividades que correspondem aos níveis da ciência e da arte em cada época, seja no tecido urbano planejado como em áreas de ocupação urbana desordenada, em ações sempre vinculadas à cultura local, à qualidade de vida, a interesses econômicos, sociais e/ou empresariais, e à dinâmica da urbanização.

O crescimento desordenado de favelas e da periferia autóctone é mais dramático pela baixa qualidade urbana resultante da inexistência de planejamento. Essas áreas desestruturadas da cidade são construídas a partir do *proairest* de populações pobres e raramente entram no horizonte das políticas públicas e dos planejadores urbanos, bem como dos investidores privados, ainda que os condicionantes políticos, sociais, econômicos e culturais sejam iguais ou semelhantes aos que existem em áreas planejadas e mais bem qualificadas.

O planejamento territorial que atenderá à diversificada demanda do *proairest* humano nunca será uniforme. Cada local terá características próprias e exigirá um tipo específico de planejamento territorial. Em alguns casos, serão exigidos procedimentos bastante simples, como em cidades pequenas e pouco dinâmicas. Em outros, será necessário adotar procedimentos extremamente complexos, como no planejamento e na gestão de metrópoles dinâmicas. Como resultado, tem-se que os padrões de complexidade do planejamento urbano desdobram-se ao longo de um *continuum,* que atende à formulação de planos urbanos e projetos urbanísticos com padrões crescentes de complexidade. Nesse *continuum,* situa-se, de um lado, a cidade desordenada, construída a partir do desejo desordenado, de manifestações dispersas e da desordenada vontade de construir dos habitantes. No outro extremo, estão as cidades planejadas, construídas e administradas segundo complexos padrões de intenções, conhecimento, competência e criatividade.

Entretanto, não adianta buscar soluções apenas para as últimas, ou para metrópoles ou megalópoles, que ultrapassaram, à larga, os limites do razoavelmente administrável porque já perderam, de há muito, a escala da dignidade humana. Nem tampouco o planejamento das pequenas e médias cidades, isoladamente, resolverá a questão. A solução das questões urbanas implica a estruturação de uma rede articulada de cidades, pequenas, médias e grandes, que possibilite uma distribuição adequada da população capaz de provocar e produzir a desconcentração demográfica e de atividades econômicas de forma equilibrada e contemporânea.

III. Marco Conceitual do Planejamento Urbano

A prática do planejamento urbano exige a presença de três dimensões básicas para seu desenvolvimento pleno, no sentido mais amplo (*lato sensu*):

I. **Dimensão territorial** – define o território a ser objeto do planejamento urbano. A partir da dimensão territorial, são estabelecidas políticas de planejamento e gestão urbano-territorial, no nível nacional e em escalas macrorregional e estadual, assim como de planejamento de territórios, do metropolitano ao municipal, e de áreas menores como bairros, favelas e pequenos espaços urbanos;

II. **Dimensão profissional** – corresponde aos campos do saber técnico e científico a ser compartilhado e integrado como instrumento necessário para atender aos objetivos e às metas a serem alcançados, na respectiva escala territorial, cada uma com características próprias de forma e função;

III. **Dimensão funcional-estratégico-programática** – equivale ao processo político-administrativo de gestão do território nas diferentes escalas, nacional, regional, municipal e metropolitana, mediante o qual será possível alcançar objetivos compatíveis com os instrumentos administrativos e recursos disponíveis, muitas vezes vinculados a ideologias e linhas de pensamento determinados. Corresponde às condições de governança ou de implementação do planejamento urbano.[16]

O processo de planejamento urbano envolve as etapas de elaboração (análise da situação existente, considerados os fatores internos e externos condicionantes do desenvolvimento urbano), construção de cenários para a definição estratégica de uma visão de futuro, propostas de diretrizes, estratégias e ações transformadoras, implementação/execução, acompanhamento, monitoramento, revisão e avaliação de resultados e impactos decorrentes, o que corresponderia ao *archai* grego.

---

[16] FRANCISCONI, Jorge G. *A Capacitação do Urbanista*, in GONZALES, Suely F.N., FRANCISCONI, J.G., PAVIANI, Aldo. *Planejamento e urbanismo na atualidade brasileira – objeto, teoria e prática*. São Paulo, Rio de Janeiro : Livre Expressão, 2013, pp. 187-219.

Desse processo deverão participar, forçosamente, todos os atores envolvidos, promotores do desenvolvimento urbano, gestores públicos nas diferentes esferas de poder, empresariado, setor comunitário, terceiro setor e população, para garantir a característica de visão integrada, estratégica e compartilhada de futuro, de um lócus adequado a quantos participam da vida nas cidades.

1. A OCUPAÇÃO URBANA NO BRASIL

O processo de ocupação do território brasileiro adotou o sistema administrativo e o municipalismo português e, durante quase quatro séculos, refletiu os ciclos de economia primária de exportação, com forte intervencionismo do Estado. O esforço de colonização do Novo Mundo esteve diretamente articulado ao processo de formação dos Estados europeus e da expansão do comércio perseguida por cada um deles. O Brasil Colônia significava o alargamento da metrópole, chegando ao final do século XVIII a uma população semelhante à de Portugal, entre 3 e 4 milhões de habitantes. A ocupação e o povoamento do território brasileiro deram-se mediante a criação de vilas e cidades implantadas no litoral, como entrepostos ou portos de onde os produtos eram enviados para Lisboa, para enriquecer a metrópole e sustentar o seu poder no cenário europeu, tais como madeira, ouro, prata, pedras preciosas e produtos agrícolas, em uma economia desenvolvida de forma predatória, com quase nenhum reinvestimento, num crescimento extensivo e itinerante, gerando dispersão populacional ao longo da costa brasileira. A sociedade organizada e permanente voltava-se para fora, em conexão direta com a Corte Portuguesa. Com olhos para dentro do país, restava uma população dedicada à exploração da cana-de-açúcar e da pecuária e outra, migrante e predatória, instável, sem assentamento definitivo, com alto grau de mobilidade e contínuos deslocamentos, em busca das riquezas minerais, do aprisionamento de indígenas e da exploração do território.

1.1. Origens do Município e o Poder Local Português

Em Portugal, cidades, vilas e povoados existiam desde tempos bem remotos, mas foram os legisladores romanos que implantaram um sistema administrativo com várias categorias de administração local, dentre elas a municipal e a castrense. O Município permaneceu ao longo do tempo e se tornou a mais antiga instituição da gestão pública ibérica.

Historicamente, alguns autores sustentam que a *evolução do direito público português se estrutura no fenômeno da criação do município*,[17] o qual teria surgido como *produto natural da sociedade, anterior ao próprio Estado* na medida em que *o Município seria um produto político de formação histórica, com características tradicionais que vinculam parte da população a determinada área*.[18] Tal conceito equivale às práticas de relações sociais adotadas pelos habitantes que moravam fora dos muros das cidades medievais na Europa.

---

[17] OLIVEIRA, Yves de. *Curso de Direito Municipal*, Serviço de Documentação do DASP, 1957, apud AVELLAR, Hélio de Alcântara, Tomo I – *Preliminares europeias*, in AVELLAR, Hélio de Alcântara e TAUNAY, Alfredo D'Escragnolle, *Preliminares europeias, administração manuelina*, ed. rev. e anotada por Vicente Tapajós, 3ª edição. Brasília : Editora Universidade de Brasília/Fundação Centro de Formação do Servidor Público, 1984, p. 53.

[18] MEDEIROS, Odélio. *Problemas fundamentais de municípios brasileiros*, DASP, 1956, in AVELLAR, Hélio de Alcântara, op. cit., p. 53.

Outros estudiosos adotam o entendimento de *o município como o resultado da técnica organizatória do próprio Estado, sem desprezar, entretanto, os fatores sócio-históricos da formação nacional*.[19] Esse entendimento corresponde ao que aconteceu após a conquista da Península Ibérica, quando Roma estabeleceu legislação que reconhecia vilas e cidades até então dominadas pelos godos e as submeteu à condição de *municipium, estatuto legal das cidades do tipo romano*[20] e criou categorias para premiar aquelas que melhor aceitaram a dominação romana.

Ainda que haja importantes divergências sobre os fatores que modelaram sua evolução, ou qualquer que tenha sido sua origem, o Município lusitano ficava fortalecido pelos *Concelhos*[21] que, para muitos, foi criação típica do municipalismo português. Criados por colonos que na retomada cristã da Península Ibérica não quiseram voltar à condição de servos dos senhores feudais e eclesiásticos, os Concelhos serviam ao interesse comum de cada coletividade, cuidando da administração da justiça, da arrecadação dos impostos, do serviço militar, da reparação de fortalezas, além da prestação de diversos serviços de utilidade pública.[22]

Por sua importância, logo tornavam-se aliados aos reis. Nascia, assim, a aliança da Coroa com os Concelhos, espon-

---

[19] AVELLAR, Hélio de Alcântara, *Preliminares europeias*, Tomo I, in AVELLAR, Hélio de Alcântara e TAUNAY, Alfredo D'Escragnolle, *Preliminares europeias, administração manuelina*, ed. rev. e anotada por Vicente Tapajós, 3ª edição, Brasília : Editora Universidade de Brasília/Fundação Centro de Formação do Servidor Público, 1984, p. 53.
[20] Idem. ibidem, p. 55.
[21] Idem, ibidem, p. 56.
[22] Idem, ibidem, p. 57.

taneamente surgidos, nos quais desponta, para reforçar os poderes reais e reduzir o poder da nobreza e do clero, no final do século XII, a figura dos **homens bons**, cidadãos abastados, com raízes na terra. Só eles elegiam e eram eleitos componentes dos Concelhos.

Dessas alianças resultou, ao longo do tempo, o engrandecimento do poder real como proprietário maior do patrimônio imóvel português, urbano e rural. Enquanto a nobreza passava a ser cada vez mais dependente do monarca e o clero enfrentava restrições, crescia a importância dos Concelhos de homens bons e das municipalidades.

A crescente importância de Portugal no comércio marítimo, no século XII, fortaleceu o poder estamental, gerou conhecimentos novos e permitiu o surgimento da burguesia urbana, fatores que promoveram o desenvolvimento econômico, sustentaram o ciclo das navegações e a construção do Império Português.

O poder dos Concelhos no sistema administrativo imposto pelas Cortes Portuguesas foi reduzido na medida em que cresceu a do **Corregedor Régio**. Mais tarde, a partir do século XVII, ao *corregedor régio competia a inspeção geral de tudo que se fazia nas câmaras, bem com os mais importantes aspectos da governança local.*[23]

O desenvolvimento dos burgos e o despovoamento dos campos geraram uma burguesia urbana, cuja importân-

---

[23] AVELLAR, Hélio de Alcântara, *Preliminares europeias*, Tomo I, in AVELLAR, Hélio de Alcântara e TAUNAY, Alfredo D'Escragnolle, *Preliminares europeias, administração manuelina*, ed. rev. e anotada por Vicente Tapajós, 3ª edição, Brasília : Editora Universidade de Brasília/Fundação Centro de Formação do Servidor Público, 1984, p. 61.

cia crescia a partir das concessões reais que recebia e pelo comércio marítimo promovido pela Coroa. Dessa forma, o Estado passava a ser uma empresa patrimonial da casa real e, a partir de medidas adotadas por D. João II, *O Estado absoluto, apoiado no estamento, era realidade. Os municípios estavam jugulados.*[24]

1.2. Surgimento e Evolução do Município no Brasil

O descobrimento do Brasil (1500) coincidiu com a derrocada financeira do Império Português nos tempos de D. Manuel, o Venturoso (1495-1521). Com apenas um milhão de habitantes e "apesar das rendas crescentes a cada ano, (Portugal) nadava em dificuldades, sempre com os cofres vazios."[25] Nessas condições, a Coroa Portuguesa foi em busca de riquezas além-mar e, como para outras potências marítimas da época, a prioridade era o comércio com as Índias, que poderia trazer, de imediato, grande riqueza para a Coroa.

Pouco se sabia do território descoberto por Cabral. A Coroa logo concedeu aos investidores, liderados por Fernando de Noronha, a exploração do pau-brasil no novo território, mediante contrato que exigia o envio anual a Lisboa

---

[24] AVELLAR, Hélio de Alcântara, *Preliminares europeias*, Tomo I, in AVELLAR, Hélio de Alcântara e TAUNAY, Alfredo D'Escragnolle, *Preliminares europeias, administração manuelina*, ed. rev. e anotada por Vicente Tapajós, 3ª edição, Brasília : Editora Universidade de Brasília/Fundação Centro de Formação do Servidor Público, 1984, p. 74.

[25] TAPAJÓS, Vicente da Costa. *A política administrativa de D. João III*, 2ª ed. Brasília : Editora Universidade de Brasília / FUNCEP, coleção História Administrativa do Brasil, p. 13.

de seis navios carregados com essa madeira e o compromisso de explorar o litoral e construir uma fortaleza.[26]

A exploração das riquezas era feita a partir de feitorias instaladas ao longo da costa, onde os nativos depositavam as toras de pau-brasil. Tais feitorias eram *galpões mais ou menos espaçosos, assentes no meio de uma estacada para evitar surpresas, tendo, por mobília, algumas arcas e caixotes contendo gêneros de resgate. A instalação sumária permitia mobilizá-las como simples barracas*[27] se surgisse local melhor para sua instalação, ou por receio ou desconfiança de algum perigo.

Tudo mudou a partir de 1530 quando a Coroa Portuguesa, ao perceber o risco de perder seus domínios, promoveu o povoamento do novo território mediante a criação de Municípios e vilas, como apoio à produção rural. Os primeiros Municípios foram implantados por Martim Afonso de Souza. Após percorrer o litoral, desde Itamaracá, em Pernambuco, até o Rio da Prata, com poder delegado por D. João III, com o objetivo de consolidar a ocupação do território descoberto, Martim Afonso criou, em 1532, a vila de São Vicente, o primeiro Município brasileiro. Alguns anos depois, em 1538, os povoamentos de Iguape e Cananeia, também no litoral paulista, separaram-se, passando a constituir vilas independentes. Em 1554, no altiplano paulista, nascia a vila de Pira-

---

[26] TAUNAY, Alfredo D'Escragnolle. *A administração manuelina*, Tomo II, apud AVELLAR, Hélio de Alcântara, *Preliminares europeias*, Tomo I, in: AVELLAR, Hélio de Alcântara e TAUNAY, Alfredo D'Escragnolle, *Preliminares europeias, administração manuelina*, ed. rev. e anotada por Vicente Tapajós, 3ª edição, Brasília : Editora Universidade de Brasília/Fundação Centro de Formação do Servidor Público, 1984, p. 217.

[27] ABREU, Capistrano de. apud TAUNAY, Alfredo D'Escragnolle, op. cit., p. 220.

tininga, em torno de um colégio fundado por doze jesuítas, entre os quais Manoel da Nóbrega e José de Anchieta.

A vila de São Vicente era habitada, na síntese de Eduardo Bueno, por *náufragos, traficantes e degredados* supridores de bens e escravos para corsários; Piratininga era ocupada por portugueses e tupiniquins, liderados pelo proscrito João Ramalho e seu sogro, o poderoso cacique Tibiriçá.[28]

Ainda que o Novo Mundo fosse totalmente diferente de Portugal, o modelo político-administrativo foi adotado como se a nova terra integrasse o território lusitano. Martin Afonso concedeu sesmarias aos colonos e, para consolidar a produção agrícola, distribuiu os *apetrechos agrícolas, mudas de plantas, sementes (que trouxera). A vinha, o trigo, a cana-de-açúcar logo se plantaram.*[29] Na vila construiu prédios e promoveu a eleição de *Concelho Municipal* e de administradores locais. Em São Vicente, *homens bons* do Município elegeram o Conselho Municipal com *homens bons* que *escreviam as leis,* (...), *comandavam sua aplicação, como* (o atual) *Poder Executivo, e chefiavam a aplicação da justiça, nomeando juízes.*[30] Esta terá sido a primeira das eleições municipais que persistem, sem interrupções, até nossos dias.[31]

---

[28] BUENO, Eduardo, *Capitães do Brasil – A saga dos primeiros colonizadores*. Rio de Janeiro : Estação Brasil, 2016.
[29] TAPAJÓS, Vicente da Costa. *A política administrativa de D. João III*, 2ª ed. Brasília : Editora Universidade de Brasília / FUNCEP, coleção História Administrativa do Brasil, p. 23.
[30] CALDEIRA, Jorge. *Pero Lopes de Souza e a tradição democrática nacional*, in *Nem Céu nem Inferno – ensaios para uma visão renovada da história do Brasil*. São Paulo : Três Estrelas, 2015, p. 41.
[31] Idem, ibidem, pp. 38 a 54.

São Vicente e (depois) Santos prosperaram e se tornaram produtores de açúcar, assim como diversos Municípios nordestinos um pouco mais tarde. Ao longo dos séculos seguintes, a criação de vilas e Municípios, com Concelhos eleitos por *homens bons*, foi outorgada, sem maiores influências, pela Coroa Portuguesa. Vilas e Municípios surgiram, prosperaram ou foram destruídos nos períodos das capitanias hereditárias, governo geral e vice-reino.

Os Municípios reproduziam os procedimentos e a estrutura política municipal da metrópole. Entretanto, com o poder real e os corregedores distantes, eram administrados com muita autonomia. As práticas adotadas correspondiam às características de cada região e aquelas aplicadas em Municípios criados por bandeirantes, em áreas de exploração de riquezas minerais, eram diferentes das observadas em vilas para ocupação e defesa de regiões de fronteira ou das adotadas em áreas de latifúndios agrícolas e/ou de pecuária, nas diferentes regiões do país. A diferença mais marcante era o perfil dos serviços e do comércio urbano em cada região, escassos em áreas de latifúndios agrícolas onde cada sede rural tinha os seus marceneiros, ferreiros, costureiras e a produção de bens de consumo, o que garantia a autossuficiência até mesmo para a defesa da propriedade. Apenas os bens mais valorizados eram comprados nas cidades litorâneas ou na metrópole d'além-mar.

Além disso, a partir de 1504, a Coroa Portuguesa instituiu as Capitanias Hereditárias, por determinado período de tempo, que estão na origem das Províncias e Estados como territórios com gestão política e administração própria. Tal modelo não foi adotado em Portugal até os dias atuais.[32]

Mais tarde, com a chegada da família real, em 1808, e a passagem do Brasil de Colônia a Reino Unido e, posteriormente, Império, observou-se a redução do poder municipal.[33] A transição foi consolidada pela Constituição de 1824, que determinou a criação de Câmaras para exercer o *poder econômico e municipal das cidades e vilas*.[34] Esse poder, entretanto, foi reduzido no Regimento dos Municípios, de 1º de outubro de 1828, que regulamentou a norma constitucional e, segundo Victor Nunes Leal, *dissipou qualquer ilusão que ainda subsistisse quanto ao futuro alargamento das atribuições das Câmaras*.[35] Ao lado das numerosas atribuições do poder local, havia exigências que o colocavam *sob tutela, não só dos conselhos gerais e presidentes das províncias, mas, também, da Assembleia Geral e do Ministério do Império. A tutela castrou as possibilidades de as Câmaras representarem, realmente, o papel que a Constituição lhes reservara*.[36]

O chamado Ato Adicional, de agosto de 1834, alterou a gestão de Províncias e Municípios, ao substituir os Conse-

---

[32] Ver ESCOBAR, Ildefonso. *Síntese histórica da formação dos Estados, Distrito Federal e Territórios da República dos Estados Unidos do Brasil e divisas interestaduais.* Rio de Janeiro : IBGE – Departamento de Documentação e Biblioteca: 1955. O texto original é manuscrito e data de 1940.

[33] AVELLAR, Hélio de Alcântara. *Preliminares europeias – administração manuelina*. Coleção História Administrativa do Brasil. Brasília, Fundação Centro de Formação do Servidor Público FUNCEP, 1984, p. 53.

[34] TAPAJÓS, Vicente – coord. *História administrativa do Brasil: organização política e administrativa do Império*. Brasília : Fundação Centro de Formação do Servidor Público – FUNCEP, 1984, p. 272.

[35] Idem, ibidem, p. 272.

[36] Idem, ibidem, p. 273.

lhos Gerais por Assembleias Legislativas Provinciais. O objetivo do Ato era promover a descentralização e a recomposição dos vetores políticos locais, alterando o viciado sistema observado nos Conselhos Gerais, bem como transferir parte do poder dos Municípios para as Assembleias Provinciais. Segundo Tavares Bastos, a ideia capital consistia em *Conferir à assembleia, não ao presidente, a superintendência sobre as Câmaras*.[37] O resultado foi a redução do poder local em atividades de *desapropriação, polícia e força policial municipal, interesses propriamente econômicos, fontes de receitas e despesas obrigatórias ou facultativas, prestação de contas e empréstimos, funcionários municipais e seus vencimentos*.[38]

Tal decisão, Vitor Nunes Leal entende atender a *uma tendência descentralizadora do ponto de vista das províncias* na medida em que *transferia para as assembleias provinciais, então criadas, a tensa tutela que sobre as câmaras municipais vinham exercendo os presidentes, os conselhos gerais, os ministros do Império e o Parlamento*.[39]

Ainda que sem dispor do poder decisório e de recursos financeiros que sustentassem sua autonomia política, os Municípios tiveram importante papel político no Império e na República, na medida em que o voto para deputados e senadores, não secreto, tinha ali a sua origem ou, melhor dito,

---

[37] TAVARES BASTOS. *A província: estudo sobre a descentralização no Brasil*, p.100-1. in TAPAJÓS, Vicente. *Organização Política e Administrativa no Império*, op. cit., p. 278.
[38] TAPAJÓS, Vicente. *Organização política e administrativa do Império*, op. cit., p. 277.
[39] Apud TAPAJÓS, Vicente, op. cit., pp. 278-279.

nas 1.473 Paróquias de 1872. Tal condição permitia aos Presidentes de Províncias favorecer políticos de suas facções, criar oligarquias a partir de coronéis senhores do poder econômico e, via de consequência, implantar o *coronelismo como sistema político essencialmente governista*,[40] que sustentou *o conservadorismo* das oligarquias do Segundo Império, assentadas nos engenhos nordestinos e fluminenses e, a partir dos anos 1840, no café vale-paraibano, bem como o *novo liberalismo* da Monarquia Parlamentar que, a partir de 1860, defendeu o fim da escravidão e a reforma eleitoral, e se dividia entre a proclamação da República e a manutenção da Monarquia Parlamentar.

Com o advento da República, foi mantido o sistema representativo sustentador da oligarquia conservadora e liberal, à qual se somou a nova oligarquia paulista-mineira que assumiu o poder de 1892 a 1930. Essa estrutura de poder, na qual o coronelismo se sustentava com características regionais diferenciadas, mais forte nas áreas rurais, viu-se enfraquecida pela industrialização, pela urbanização e pela Revolução de 1930.

1.3. As Fases do Processo de Urbanização no Brasil

A ocupação do território brasileiro durante o período colonial, segundo Nestor Goulart Reis Filho,[41] em estudo que cobre o período de 1500 a 1720, pode ser dividido em

---

[40] TAPAJÓS, Vicente – coord. *História administrativa do Brasil: organização política e administrativa do Império*. Brasília : Fundação Centro de Formação do Servidor Publico – FUNCEP, 1984. Capítulos IX e XI.
[41] REIS FILHO, Nestor Goulart. *Quadro da arquitetura no Brasil*. São Paulo : Editora Perspectiva, 1970.

três etapas: uma primeira, de 1530 a 1570, com ênfase no intervalo entre 1530 e 1540, na qual foram criadas as primeiras cidades ao longo da costa; uma segunda etapa, que se estendeu de 1580 a 1640 e correspondeu à dominação espanhola, quando se deu uma sistemática urbanização da costa norte, em direção à Amazônia. Nesse período, fundaram-se 10 vilas e 3 cidades. A terceira etapa de ocupação do território brasileiro estendeu-se de 1650 a 1720, quando foram fundadas 35 vilas e 2 alcançaram a categoria de cidades: Olinda e São Paulo. Em 1720, a rede urbana brasileira possuía 63 vilas e 8 cidades.

Milton Santos[42] destaca que o Recôncavo Baiano e a Zona da Mata no Nordeste significaram os primeiros ensaios de um processo de urbanização brasileira, ressaltando que Salvador, Cachoeira, Santo Amaro e Nazaré constituíram a primeira rede urbana deste país. Salvador, Recife e Olinda foram metrópoles exportadoras da produção agrícola de suas regiões, como algodão, fumo e açúcar, e muito contribuíram para o sustento da Coroa Portuguesa.

Desde os primeiros tempos da Colônia, a história econômica do Brasil foi feita no campo. Daí surgiram as bases para a estabilidade política e administrativa do período colonial, com a geração de cidades subordinadas a uma economia essencialmente de exportação. As relações entre as cidades eram fracas e inconstantes, sem um processo organizado de urbanização. Apenas no século XVIII, a casa da cidade passou a ter mais importância que a moradia do campo, sede

---

[42] SANTOS, Milton. *A urbanização brasileira*. São Paulo : HUCITEC, 1996.

da fazenda de produção agrícola. A agricultura comercial e a exploração mineral formavam, inicialmente, as bases para o povoamento; a geração de riquezas delas resultantes fez com que começassem a se ampliar as relações entre as vilas e cidades que se multiplicavam, principalmente na costa, mas já com algumas incursões para o interior do país. O advento da mecanização da produção trouxe novo impulso a esse processo.

Apesar de as contagens populacionais terem começado a separar a população das cidades e vilas da população rural de um mesmo Município apenas a partir de 1940, o que exige cautela na apreciação de dados anteriores a essa data, diversos estudos indicam que, no final do período imperial, em 1872, ano do primeiro censo brasileiro, as cidades brasileiras abrigavam cerca de 6,0% da população total do país, então composta por 9.930.478 habitantes.[43] Salvador, isolada, na passagem do século XVII para o XVIII, reunia 100 mil moradores. Em 1900, a população urbana já representava 9,4% dos 17,4 milhões de habitantes do Brasil.[44]

A segunda metade do século XIX viu crescer no Brasil o cultivo e a exploração econômica do café, que vieram quebrar a hegemonia da cana-de-açúcar, fazendo com que, como consequência, o polo de desenvolvimento urbano se deslocasse do Nordeste para o Sudeste, com o Estado de São Paulo assumindo a liderança econômica da região. O

---

[43] Fonte: IBGE – 1º Censo Demográfico realizado no Brasil – 1872. Os resultados não incluem 181.583 habitantes, estimados para 32 paróquias, nas quais não foi feito o recenseamento na data determinada.
[44] SANTOS, Milton. *A urbanização brasileira*. São Paulo : HUCITEC, 1996.

advento das estradas de ferro, a melhoria dos portos, a implantação dos primeiros meios de comunicação, a migração europeia e a divisão espacial do trabalho levaram a cidade de São Paulo a se diferenciar do restante da rede urbana do país e a assumir, aos poucos, a posição de metrópole regional e, em seguida, nacional.

O período decorrido dos meados do século XIX ao primeiro terço do século XX assistiu a um aumento acelerado da população brasileira e ao surgimento de uma incipiente indústria resultante da Revolução Industrial que, iniciada na Grã-Bretanha, se espalhava pelo mundo. Esses fatos transformaram a estrutura econômica do país e criaram novos modos de produção, separando definitivamente a residência e o local de trabalho. No âmbito político e social, foram desse período a abolição os escravos, com a Lei Áurea, em 1888, e a proclamação da República, em 1889, surgindo, daí, o regime federativo até hoje vigente.

1.4. A Evolução Demográfica e a Socioeconomia Brasileira

A evolução urbana brasileira sempre esteve relacionada à evolução do processo de desenvolvimento socioeconômico. Assim, como resultado de todas as mudanças ocorridas na virada do século XIX para o XX, o Brasil começou a viver um processo de urbanização que se acentuou de forma intensa na segunda metade do século XX (Tabela 1).

Segundo estimativas do Instituto Brasileiro de Geografia e Estatística – IBGE, em 2018, as 27 capitais brasileiras abrigavam 49.475.310 pessoas, correspondentes a 23,8%

da população total, do país, estimada em 207.660.929 habitantes.[45]

As Regiões Metropolitanas e os aglomerados urbanos são entidades supramunicipais previstas na Constituição Federal de 1988 e institucionalizadas por governos estaduais. Em 2016, pouco menos de 120 milhões de pessoas viviam em 80 desses territórios, sendo que os menores núcleos deles integrantes tinham menos de 35.000 habitantes.

TABELA 1 – POPULAÇÃO TOTAL E URBANA NO BRASIL
(EM MILHÕES DE HABITANTES)

ANO	POPULAÇÃO		TAXA DE URBANIZAÇÃO (%)
	TOTAL	URBANA	
1872	10,1	0,6	5,9
1890	14,3	1,0	6,8
1900	18,8	1,7	9,4
1920	30,6	3,1	10,0
1940	41,3	10,9	26,4
1950	51,9	18,8	36,2
1960	71,0	32,0	45,1
1970	93,1	52,9	56,8
1980	119,1	82,0	68,9
1991	150,4	115,7	75,5
2000	169,6	137,8	77,1
2010	190,8	161,0	84,4

Fonte: SANTOS, Milton. *A urbanização brasileira*. São Paulo: HUCITEC, 1996. Recenseamento do Brazil 1872-1920. Rio de Janeiro : Directoria Geral de Estatística 1872-1930. IBGE Censos Demográficos 1940-2010.

---

[45] Fonte: IBGE/DPE/COPIS – Instituto Brasileiro de Geografia e Estatística – Diretoria de Pesquisas – Coordenação de População e Indicadores Sociais, 2018.

Em 1930, o Brasil experimentava uma nova impulsão da sua indústria, que passou a se interessar pelo mercado interno de bens e serviços, contrastando com a baixa procura externa, ainda por reflexo da Primeira Grande Guerra, da quebra da Bolsa de Valores de Nova York, em 1929, e da crise financeira do governo federal. No plano político, a Revolução de 1930 provocou uma ruptura brusca do regime, inaugurou um período de modernização e de luta contra os estamentos e o coronelismo, cujo resultado, um pouco mais tarde, foi um sistema de centralização política e de poder, quando os governadores foram substituídos por interventores, cuja autoridade emanava do poder central.

Dessas alterações no panorama nacional, resultou uma nova lógica administrativa, econômica e territorial. Tinha início um processo de interiorização da urbanização, com a "Marcha para o Oeste", em 1938, e de hierarquização do sistema urbano. Foram da mesma época o princípio da qualificação do gestor público e a criação de um sistema nacional de informações estatísticas. As transações comerciais urbanas passaram a ter mais importância que a economia rural; consolidou-se uma burguesia industrial/comercial no Sul e no Sudeste e se estabeleceu uma estrutura centralizada de decisões políticas, a partir da qual a participação do setor público no desenvolvimento econômico-social ganhou relevância, levando à metropolização do Rio de Janeiro, onde se concentravam os serviços e as atividades públicas.

Paralelamente a essa acomodação do processo político, a industrialização continuou a se desenvolver, o que acabou resultando numa dualidade metropolitana, cabendo ao Rio de Janeiro o papel de metrópole do sistema político/financeiro enquanto São Paulo passou a atuar como metrópole do complexo econômico e industrial/exportador. Essa dualidade durou até 1960 quando, com a transferência da capital do país para Brasília, deslocou-se o eixo das decisões políticas para o Planalto Central.

O forte desenvolvimento industrial de São Paulo, incentivado pela chegada de imigrantes que aí se instalaram para se estabelecerem no Brasil, bem como pela valorização do café como produto de exportação e pelos investimentos tanto do setor público quanto do privado, conferiu à cidade um *status* de solução para o subdesenvolvimento brasileiro e o papel de metrópole nacional. O acelerado crescimento da população operária, atraída pela evolução do parque industrial do Sudeste, levou ao surgimento dos bairros populares ao longo das vias férreas, junto às indústrias ou em regiões suburbanas, promovendo a urbanização, das áreas periféricas às grandes cidades, antes destinadas à atividade agrícola.[46]

A urbanização do Brasil ganhou contornos bem mais claros na década de 1950, motivada pela força da industrialização do Sudeste e do Sul, acentuando as diferenças regionais (Tabelas 2 e 3). Em 1960, o Sudeste e o Sul, com apenas 17% de superfície, detinham aproximadamente 60% da população e 79% da renda nacional.[47] As cidades pas-

---

[46] REIS FILHO, Nestor Goulart. *Quadro da arquitetura no Brasil*. São Paulo : Editora Perspectiva, 1970.

[47] FARRET, Ricardo L. *O Estado, a questão territorial e as bases da implantação de Brasília*. In PAVIANI, Aldo (org.). *Brasília, ideologia e realidade – espaço urbano em questão*. Brasília : CNPq/Projeto, 1985.

saram a ser cada vez mais foco de atração da população e de oferta de emprego formal. Nessa época, evidenciou-se a preocupação pela questão territorial, e o discurso da integração nacional ganhou força.

Na cerimônia de instalação da Sudeco, no final da década de 1960, o seu superintendente defendia essa integração e destacava as diferenças regionais, ao afirmar:

> *A análise da estruturação econômica e social do Brasil mostra-nos o Centro-Oeste e a Amazônia, áreas que representam 64% do território nacional, com 8% de nossa população, enquanto nos outros 36% da nossa área territorial, vivem 92% da população brasileira. Essa área de 36% é representada pela região hoje coordenada pela Sudene, com quase 30 milhões de habitantes e pela região Leste-Sul, esta com cerca de 50 milhões.*[48]

Entre 1950 e 1980, a questão urbana foi incluída nas políticas públicas locais e nacionais e no currículo de formação universitária de várias profissões. A população aumentou em mais de 60 milhões de pessoas, mais de 2/3 concentrados nas áreas urbanas.

---

[48] Discurso proferido pelo engenheiro agrônomo e advogado Sebastião Dante de Camargo Júnior, superintendente da Superintendência de Desenvolvimento da Região Centro-Oeste – Sudeco, na cerimônia de instalação da Superintendência e publicado pela Sudeco em *Integração Nacional. Discursos e conferências*. Brasília, 1968.

A OCUPAÇÃO URBANA NO BRASIL

TABELA 2 – CRESCIMENTO MÉDIO ANUAL APROXIMADO DA POPULAÇÃO TOTAL E URBANA NO BRASIL

PERÍODO	POPULAÇÃO	
	TOTAL	URBANA
1940-1950	1.070.800	800.000
1950-1960	1.904.800	1.320.000
1960-1970	2.315.600	2.090.000
1970-1980	2.644.200	2.910.900
1980-1991	2.576.700	2.623.900
1991-2000	2.267.300	2.986.600
2000-2010	2.116.500	2.317.000

Fonte: SANTOS, Milton. *A urbanização brasileira*. São Paulo: HUCITEC, 1996.
IBGE. Censos Demográficos 1940-2010.

TABELA 3 – ESTRUTURA OCUPACIONAL DO BRASIL POR SETOR DE ATIVIDADE ECONÔMICA (EM MILHÕES)

Setor	1925	1940	1950	1960	1970
Primário	7.011	9.446	10.253	12.164	13.183
	68,0%	64,0%	59,9%	53,7%	44,6%
Secundário	1.237	1.491	2.431	2.697	5.320
	12,0%	10,1%	14,2%	13,1%	18,0%
Terciário	2.062	3.823	4.433	7.520	11.054
	20,0%	25,9%	25,9%	33,2%	37,4%
Total	10.310	14.759	17.117	22.651	29.557

Fonte: SANTOS, Milton. *A urbanização brasileira*. São Paulo : HUCITEC, 1996. IBGE. Censos Demográficos 1940-2010.

A relação população/emprego formal intensificou-se nas metrópoles da Região Sudeste, particularmente no caso do emprego industrial (Figura 1). Nas cidades menores dessa região, o percentual de emprego era bem mais baixo. No Norte e Nordeste, a porcentagem de população urbana por porte de cidade, nas duas regiões, era superior ao emprego industrial com carteira assinada, enquanto na Região Sul havia uma acentuada semelhança percentual entre população urbana, no total regional e por porte de cidade, e emprego.

FIGURA 1: RELAÇÃO ENTRE OCUPAÇÃO INDUSTRIAL E POPULAÇÃO POR REGIÃO

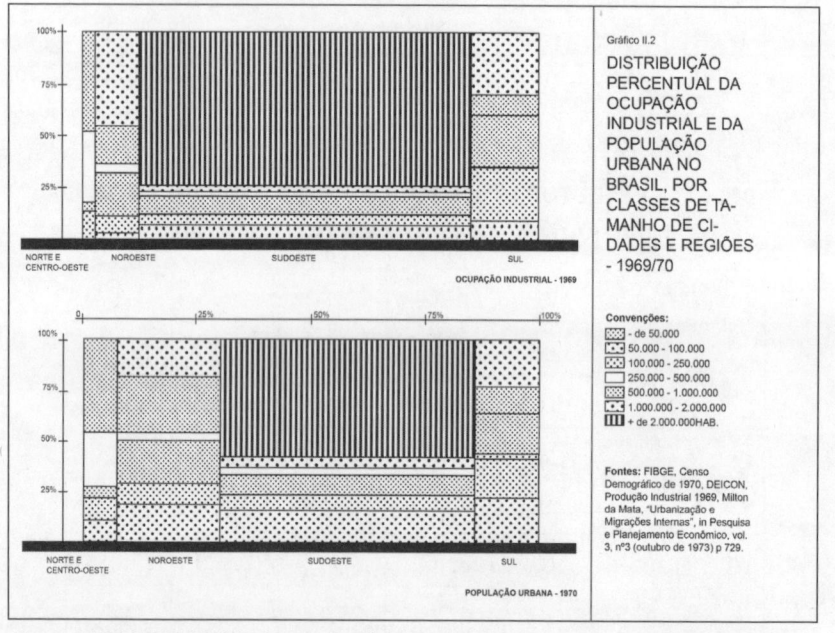

Gráfico II.2
DISTRIBUIÇÃO PERCENTUAL DA OCUPAÇÃO INDUSTRIAL E DA POPULAÇÃO URBANA NO BRASIL, POR CLASSES DE TAMANHO DE CIDADES E REGIÕES - 1969/70

Convenções:
- de 50.000
50.000 - 100.000
100.000 - 250.000
250.000 - 500.000
500.000 - 1.000.000
1.000.000 - 2.000.000
+ de 2.000.000 HAB.

Fontes: FIBGE, Censo Demográfico de 1970, DEICON, Produção Industrial 1969, Milton da Mata, "Urbanização e Migrações Internas", in Pesquisa e Planejamento Econômico, vol. 3, nº3 (outubro de 1973) p 729.

Fonte: FRANCISCONI, Jorge Guilherme e SOUZA, Maria Adélia A. *Política nacional de desenvolvimento urbano: Estudos e proposições alternativas*, Brasília : IPEA – CNPU, SEPLAN/PR, 1976, p. 92.

A modernização agrícola, a nova divisão do trabalho, o aumento das exportações que já não eram apenas de matéria-prima e a internacionalização da economia levaram a uma especialização das cidades que se multiplicaram em número e em diferenças. No Sudeste e Sul, a divisão espacial do trabalho gerou uma rede urbana fluida e bem estruturada. Nas outras regiões do país, entretanto, onde não se verificou essa fluidez do espaço e a acessibilidade e comunicação eram mais difíceis, a divisão do trabalho não se deu com tanta intensidade e metrópoles regionais, a maioria no litoral, concentraram uma acumulação de funções, tornando-se mais distantes e dispersas.

Na década de 1980, as crises do petróleo, a desordem econômica mundial e a divisão internacional do trabalho delas resultantes, assim como os sucessivos saltos tecnológicos e a progressiva globalização da economia, causaram sensíveis alterações no Brasil. A intensa industrialização experimentada desde a segunda metade dos anos 1950 até a década de 1970, passando pela época do *milagre brasileiro*, não se repetiu nos anos 1980. O setor secundário entre 1981 e 1990 não conseguiu absorver 20% do aumento total de pessoas ocupadas, baixando de 23,7% para 21,9% sua participação relativa na distribuição setorial, segundo dados do IBGE. O grande responsável pela geração de novos postos de trabalho nessa década foi o setor terciário, representado especialmente pelos empregos do setor público que, com frequência, desempenha decisivo papel de amortecedor dos impactos das crises que se abatem sobre o nível geral de emprego no país. Começava a se delinear um cenário no qual o comércio e principalmente os serviços passariam a ocupar papel de real destaque entre as atividades econômicas do Brasil. Tal cenário perdurou nas últimas décadas, estendendo-se pela virada do século, e atualmente os serviços continuam em destaque na relação das principais atividades econômicas, fazendo com que a distribuição populacional se inverta e a população urbana cresça vertiginosamente, uma vez que os serviços são atividades predominantemente urbanas.

Entre 1980 e 1990, de acordo com dados do IBGE, a taxa média de crescimento anual da população, que na década anterior a 1980 estivera no patamar de 3,22%, caiu para 2,40%, refletindo a redução das taxas de fecundidade e a influência quase nula da imigração.

Contudo, a concentração urbana saltou de 68,9%, em 1980, para 75,5%, em 1991, chegando, em 2010, a 84,4% (Ver Tabela 1). De 1980 a 2010, a população urbana quase dobrou, registrando um crescimento de 78.912.417 pessoas, o equivalente a 96,21% de habitantes urbanos a mais que em 1980. Atualmente, a taxa de urbanização continua girando em torno de 85,0%.

1.5. O Papel do Estado no Surgimento das Cidades Brasileiras

O Estado sempre exerceu um papel muito efetivo na organização territorial brasileira e na formação de sua rede urbana. Na verdade, as origens da intervenção estatal no processo da urbanização brasileira remontam ao período da colonização. Quando os portugueses chegaram à terra que primeiramente foi chamada de Ilha de Vera Cruz, encontraram povos com culturas muito distintas das que encontrariam na África e na Ásia. Para os seus interesses mercantis, os nativos pouco tinham a oferecer. Era preciso, então, criar feitorias ou entrepostos comerciais, posteriormente apoiados por assentamentos, para que pudessem explorar as riquezas locais a serem transferidas à Metrópole, para onde muitos dos colonos pretendiam voltar tão logo pudessem. Quando o comércio com as Índias se tornou mais difícil e a presença de franceses ameaçou a posse da Colônia, a Coroa Portuguesa deu início ao povoamento, de início com Martim Afonso de Souza (1530), depois com as Capitanias Hereditárias e os Governos Gerais, como já mencionado.

Assim, as vilas foram criadas por delegação ou decreto real, nascendo primeiro politicamente, como base espacial para o funcionalismo civil, antes mesmo de os colonos chegarem ao lugar para fazer surgir as vilas reais.

Na verdade, o Brasil representou durante muito tempo a extensão do Estado português e os assentamentos eram criados por lei. Dessa forma, o Município antecedeu a formação do Estado brasileiro e já nascia tutelado. As cidades não conseguiam, até meados do século XVI, desenvolver atividades econômicas urbanas suficientemente produtivas para lhes dar dinâmica própria. Nasciam como base espacial do funcionalismo civil, surgindo primeiro politicamente para só depois existirem real e socialmente, o que as caracterizava fundamentalmente como centros político-administrativo-militares, diferentemente das nascentes cidades industriais europeias, que se revelavam lugares de produção por excelência.

Dependentes do comércio exportador para a Metrópole, as cidades brasileiras refletiam a cultura administrativa da

Coroa patrimonialista portuguesa, que se opunha à dispersão e à autonomia local e exercia forte controle das relações econômico-sociais. É nítida a correlação entre as políticas de colonização e o processo de urbanização adotados por Portugal em sua maior Colônia.

Com a mesma intenção de explorar novas riquezas, surgiram as *Entradas*, expedições oficiais que, em busca principalmente de ouro e pedras preciosas, do aprisionamento de indígenas para o trabalho na produção de cana-de-açúcar, além de peles e madeira para os reinóis, iniciaram as primeiras incursões e fundaram vilas pelo interior.

Municípios surgiram ao longo das rotas das *Entradas e Bandeiras* (expedições particulares igualmente em busca de riquezas), com razoável autonomia municipal em virtude da distância da Corte. Exemplos desses Municípios são Florianópolis e Rio Grande, vilas com fortaleza para defesa do litoral, Vacaria, Rio Pardo e Laguna, como pontas de lança para a ocupação do território, Vila Rica e Vila Boa, com suas minas de ouro, entre outras.

Apenas em 1808, quando D. Maria I e seu filho, o príncipe regente, decidiram vir para o Brasil, é que a América portuguesa teve instalada, pela primeira vez, toda a complexidade da máquina estatal, trazendo consigo a indústria naval, a siderurgia e outros ramos da atividade econômica até então existentes apenas na Metrópole. Instituições públicas passaram a funcionar regularmente. Jornais, antes inexistentes, começaram a expressar a opinião pública e famílias abastadas da elite social aos poucos passaram a deixar de enviar seus filhos para estudos na Europa. De novo, foi o Estado quem decidiu sobre a ocupação do território e que, em vez de Salvador, escolheu o Rio de Janeiro como local para a instalação da Corte civilizatória. O Brasil foi alçado à categoria de Reino Unido e começou a se configurar o Estado nacional.

Como destaca Rubens Ricúpero, com a chegada da Corte Real não houve ruptura profunda com as estruturas econômicas e sociais da Colônia, nem na exportação da produção agrícola e pecuária e de riquezas minerais. Tampouco houve espaço para a transformação das arcaicas condições de país recém-saído do estatuto colonial para o liberalismo político e econômico que prosperava no Hemisfério Norte. Ressalta ele que os trinta anos iniciais do século XIX assistiram a fatos que alteraram a morfologia e a dinâmica de cidades brasileiras e marcaram o ponto de partida da primeira globalização do Brasil e da América Latina, porque:

> *Juntamente com o príncipe regente e sua Corte, chegam sábios, naturalistas, pintores, músicos, escritores, viajantes curiosos. Um quase continente até então fechado à curiosidade do mundo exterior abre-se aos olhos de Martius e Saint-Hilaire, Debret, Taunay, Rugendas, Grand-Jean de Montigny (...). É a época de ouro do início do estudo científico do Brasil, da documentação iconográfica de tipos humanos, paisagens e costumes...*[49]

Da mesma forma que a capital se transferiu de Salvador para o Rio de Janeiro um pouco antes da chegada da

---

[49] RICÚPERO, Rubens. *A diplomacia na construção do Brasil 1750-2016*, Rio de Janeiro : Versal Editores, 2017, p.118.

família real (1793), por decisão única do poder central, várias Províncias tiveram suas sedes de governo trasladadas para novas cidades por deliberação de seus governantes, sem que a população tivesse participação nessas decisões. Essa prática repetiu-se ao longo da história brasileira e culminou na criação de Brasília por Juscelino Kubitschek de Oliveira – JK, como parte de um programa de governo, com o objetivo de promover o desenvolvimento do interior do país, já buscada com a "Marcha para o Oeste" do final dos anos 1930 e início dos 1940. A construção de uma cidade planejada para ser a capital brasileira, no período de um mandato presidencial, bem como a concepção do plano urbanístico dentro dos princípios do modernismo racionalista, colaborou para o fortalecimento da consciência da necessidade do planejamento das cidades. Durante as décadas de 1960 e 1970, a União exerceu um papel de grande importância no concernente às questões urbanas, culminando com a criação do Ministério do Desenvolvimento Urbano e Meio Ambiente, nos anos 1980. Esses fatos serão comentados mais detalhadamente nas seções seguintes.

1.6. As Primeiras Cidades Planejadas

Na história das cidades brasileiras, sempre esteve presente algum grau de preocupação com a localização de determinadas funções urbanas e administrativas e com a regulamentação sobre seu ordenamento espacial. No período do descobrimento até o século XIX, quase toda a legislação foi transferida de Portugal às suas Colônias. Inicialmente, as Ordenações Afonsinas e posteriormente as Ordenações Manuelinas e Filipinas, no período de dominação espanhola, formularam normas para escolha dos locais onde construir cidades, para instalar suas principais atividades, para a preservação ou conservação urbana e ambiental; definiram pela primeira vez a função social da propriedade; estabeleceram regulamentos sobre a construção de obras públicas de calçadas, fontes e chafarizes, sobre a poluição de rios e lagoas, sobre o lançamento de detritos e sobre o cuidado com o patrimônio público português.

As *Leis dos Reinos das Índias*, estabelecidas pelo reinado em Madri, refletiram-se no desenho de várias cidades brasileiras, particularmente as fundadas durante o período de dominação espanhola. Entre outras determinações, definiam que as cidades fossem desenhadas a partir da "praça maior", da qual deviam sair as ruas e "caminhos" principais, deixando-se um espaço aberto para que a população as ocupasse progressivamente, na medida do seu crescimento, sempre respeitando os princípios do desenho original. As cidades deviam localizar-se próximas a algum curso de água (abastecimento e mobilidade, sempre), em sítio que permitisse o seu melhor aproveitamento. Não deviam ser construídas em locais muito elevados nem muito baixos, os primeiros pelo incômodo dos ventos e dificuldade de acesso, e os segundos por serem mais propícios à proliferação de doenças. O templo devia ser erguido em local mais elevado e um pouco afastado para não se confundir com outros edifícios e de forma a ser visto de todas as partes. Entre o templo e a praça maior deviam ser localizados os edifícios públicos e administrativos.

O traçado urbano do Brasil colonial seguiu as tradições urbanísticas medievo-renascentistas de Portugal, com ruas de aspecto uniforme e residências sobre o alinhamento das vias públicas. O nível tecnológico bastante primitivo existente na Colônia e a abundância de mão de obra escrava fizeram com que aqui fossem desenvolvidos e adaptados às condições locais os modelos de estrutura urbana selecionados como os mais convenientes. Apesar disso, mesmo com as adaptações, as primeiras cidades brasileiras guardam grande semelhança com cidades europeias da época.

As casas eram urbanas ou rurais, não havendo meios-termos. Não havia casas urbanas recuadas e com jardins, que só surgiram bem mais tarde, no século XIX. A economia rural fez com que muitas vezes a casa-grande das fazendas fosse o local efetivo de residência dos senhores de engenho, ficando a casa da cidade como residência secundária. Variação aristocrática da casa da fazenda era a chácara, em terreno menor e próximo à cidade, geralmente com finalidade de recreio e lazer.

As residências urbanas, térreas ou assobradadas, eram assentadas sobre o alinhamento das vias públicas e tinham suas paredes laterais sobre os limites do terreno, ligando-se umas às outras, num cordão contínuo que definia o espaço próprio das ruas, muito semelhantes entre si. Vias sem edificações, definidas por cercas, não eram ruas, mas estradas. Como não existia o conhecimento de equipamentos de precisão em topografia, a marcação das ruas era feita com cordas e estacas, portanto "perecíveis". Era preciso construir rapidamente para que não se perdesse o traçado urbano.

Os passeios ou calçadas eram pouco conhecidos e mesmo os palácios confundiam-se com residências comuns, em termos de implantação no terreno. A ausência de verde, a não ser o dos quintais, pouco perceptível das vias públicas, e a construção geminada davam um aspecto de concentração, mesmo nos núcleos de menor porte.

As construções, assim como o uso das residências, baseavam-se no regime escravagista. Era sempre o escravo que resolvia os problemas de abastecimento de água, com as bilhas, do esgotamento dos barris de esgoto ou de lixo, principalmente dos sobrados mais altos, geralmente localizados nas áreas centrais das cidades.

Nítida também era a segregação espacial nas residências. As salas de frente para a rua costumavam ser o espaço social e masculino. Às mulheres eram reservados os espaços voltados para os pátios ou quintais e destinados às refeições ou aos trabalhos manuais. Aos escravos restavam os porões das residências, caracterizando-se espacialmente, de forma inequívoca, a sua condição subalterna. Acontecia nesse tipo de distribuição do espaço uma segregação semelhante, porém inversa, à das cidades medievais, quando aos mais pobres eram reservados os andares mais altos das edificações.

Esse traçado urbano, apoiado no sistema escravagista, permaneceu praticamente inalterado até a metade do século XIX, quando os modos de produção começaram a se alterar por influência da Revolução Industrial. Entretanto, foi a Missão Cultural Francesa trazida por D. João VI, no início do século XIX, que, apesar de sua contribuição maior para a arquitetura que para o traçado urbano, acabou provocando algumas alterações na relação construção/lote urbano, com novas formas de implantação das casas nos terrenos, daí resultando modificações que iriam refletir-se no espaço final da cidade.[50]

Começava a haver uma diferença no tratamento das fachadas dos prédios públicos, distinguindo-os das residências. Surgiu, como uma espécie de transição entre a casa térrea e o sobrado, a residência de "porão alto", com uma escada seguida à porta de entrada para resolver o problema do desnível em relação à rua.

Começaram a aparecer os primeiros passeios ou calçadas, ruas pavimentadas e praças ajardinadas. A industrialização incipiente fez com que o local de trabalho se transferisse da esfera privada e começaram a se desenhar bairros essencialmente residenciais. Desapareceu, aos poucos, a partir de então, a uniformidade residencial do período colonial. As preocupações sanitaristas levaram a alterações na implantação das residências nos lotes, que se tornaram bem menores. A implantação dos jardins residenciais tentou, de alguma forma, criar a síntese entre o sobrado e a chácara do período anterior.

Ainda no Império, houve concessões para prestação de serviços que incorporavam progressos tecnológicos no que tange às condições higiênicas, como a possibilidade de redes de abastecimento de água, de esgotamento sanitário, a implantação de sistemas de iluminação pública e de transportes coletivos, e para a construção de prédios para habitação social. Tudo isso exigia medidas de planejamento urbano. O traçado das cidades brasileiras foi sendo alterado

---

[50] REIS FILHO, Nestor Goulart. *Quadro da arquitetura no Brasil*. São Paulo : Editora Perspectiva, 1970.

e surgiram as primeiras experiências de planejamento dos espaços urbanos no final do século XIX e no início do século XX, quando já ficava bastante evidente a separação entre a residência e o local de trabalho.

Em 1850, o conselheiro José Antônio Saraiva, nomeado presidente da província do Piauí, decidiu transferir a capital de Oeiras para a Vila do Poti, na confluência do rio de mesmo nome com o rio Parnaíba, coordenando a elaboração do planejamento da nova cidade, com um traçado de vias paralelas, simetricamente dispostas, entre os rios Parnaíba e Poti, principais fontes de água da cidade até hoje. Essa decisão afastava a crescente influência do polo comercial e industrial de Caxias, no vizinho Maranhão.

A transferência efetiva ocorreu em agosto de 1852, tendo a nova capital, a primeira planejada no Brasil, recebido o nome de Teresina, em homenagem à imperatriz Tereza Cristina Maria de Bourbon, que teria mediado a transferência da capital junto ao imperador D. Pedro II.

Teresina foi chamada, mais tarde, por Coelho Neto, escritor maranhense, de Cidade Verde, por ter suas avenidas e ruas bem arborizadas, além de diversas áreas verdes.

Já no período republicano, o Código Civil Brasileiro, em 1916, criou o conceito de "vizinhança" e reprimiu o uso nocivo da propriedade. Posteriormente, em 1923, o Regulamento de Saúde Pública atribuiu à Inspetoria de Higiene Industrial e Profissional competência para concessão de licenciamento de estabelecimentos industriais, oficinas, exceto de produtos alimentícios, e proibiu fábricas e oficinas de prejudicarem a saúde dos moradores de sua vizinhança, além de exigir o isolamento ou o afastamento de indústrias nocivas ou incômodas. Em 1937, o Decreto-Lei n° 25 estabeleceu normas para a proteção dos bens públicos naturais, artificiais e culturais, criando o conceito de patrimônio, corrigindo omissão anterior do Código Civil.[51]

Mais uma vez, o Estado interveio na organização territorial brasileira e na formação de sua rede urbana, planejando e construindo capitais estaduais e a do próprio país para atender a políticas territoriais do setor público, como aconteceu com Teresina, Belo Horizonte, Campo Grande, Goiânia e Brasília. Em outras capitais estaduais, houve melhorias urbanas planejadas e surgiram, ainda, cidades planejadas em estâncias hidrominerais, cidades industriais e de expansão das fronteiras.[52]

Começava a acontecer uma concentração demográfica e de atividades econômicas nas cidades maiores, surgiram os primeiros arranha-céus, foram projetados os bairros-jardins, sob inspiração da cidade-jardim inglesa, e se multiplicavam os conjuntos de casas econômicas para a classe média repetindo, o quanto possível, a aparência das residências mais ricas.

A segregação anterior dos porões passou a ocorrer por bairros, criando as assimetrias que Bill Hillier[53] reputa como

---

[51] GORDO, Zilda L. C. *Meio ambiente – aspectos jurídico-institucionais*. Brasília : 1996 (mimeo.).

[52] TREVISAN, Ricardo, *Cidades novas,* Brasília, Tese de Doutorado, Programa de Pesquisa e Pós-Graduação da Faculdade de Arquitetura e Urbanismo da Universidade de Brasília, PPG/FAU/UnB, 2009. Nesse documento, Trevisan lista 194 cidades construídas a partir de Planos Diretores, no Brasil.

[53] Bill Hillier foi um pioneiro na criação da Teoria da Sintaxe Espacial, que influenciou universidades e estudiosos no mundo todo. Foi chefe do Comitê de Pesquisas da Escola de Arquitetura de Bartlett (Inglaterra) por muitos anos e deixou um legado importante para o Laboratório de Sintaxe Espacial daquela escola.

resultantes da separação entre a residência e o local de trabalho e do trabalhador de seus instrumentos, que passaram a ser do "dono do negócio", ou seja, do capital do qual ele ficou servidor.

As vilas operárias próximas às fábricas e os bairros destinados aos trabalhadores foram implantados, de um modo geral, ao longo das vias férreas, nos subúrbios, distantes das zonas centrais, com serviços públicos e equipamentos urbanos, via de regra, mais precários. Em alguma medida, elas tentavam reproduzir as cidades industriais que surgiam na Europa.

A partir dos anos 1930 e, principalmente, na década de 1950, o processo de urbanização acentuou-se e proliferaram os loteamentos em volta das grandes cidades, numa tentativa de reinterpretação dos antigos padrões, só que com exagerados índices de aproveitamento dos terrenos. Paralelamente a eles, houve a ocupação irregular das áreas periféricas das grandes cidades num processo contínuo de favelização.

A modernização agrícola impeliu os trabalhadores do campo para os núcleos urbanos, a indústria desenvolveu-se com sofisticação tecnológica e pouca geração de empregos, e o setor terciário mesclou formas modernas e práticas primitivas, com baixa remuneração e nenhuma garantia de ocupação permanente. O resultado foi que a cidade, principalmente a grande, passou a ser o lócus da pobreza, retratando as enormes disparidades socioeconômicas da sociedade brasileira.

A distinção entre bairros "ricos" e "pobres" ficava cada vez mais gritante e as tentativas de produção de habitações populares ou de humanização das favelas não foram suficientes para evitar a crescente segregação socioespacial. Milton Santos comenta que

> *a cidade em si, como relação social e como materialidade, torna-se criadora de pobreza, tanto pelo modelo socioeconômico de que é o suporte como por sua estrutura física, que faz dos habitantes das periferias (e dos cortiços) pessoas ainda mais pobres. A pobreza não é apenas o fato do modelo socioeconômico vigente, mas, também, do modelo espacial.*[54]

1.7. Os Planos Urbanos no Início do Século XX

A partir dos planos da primeira metade do último século, foi-se firmando a convicção de que o processo de planejamento deve propiciar a redução ou o equacionamento das incertezas, no sentido da sistematização racional e contínua das decisões de interesse coletivo na busca de melhores condições futuras de vida. Deve representar a *intervenção deliberada no sentido de transformar uma dada realidade.*[55] Planejar deve ser uma atitude política assumida e exercida em benefício da coletividade.

De início, práticas de planejamento urbano foram adotadas na construção de cidades novas ou em áreas específicas de cidades-capital ou associadas a planos de saneamen-

---

[54] SANTOS, Milton. *Manual de geografia urbana*, 3ª ed. São Paulo : Editora da Universidade de São Paulo (EDUSP), 2008, p. 10.
[55] FERRI, Lúcia Maria G.C. e CASTILHO, José Roberto F. *Município – planejamento – Plano Diretor (temas para um debate)* In *Caderno do Depto. de Planejamento* v.1, n.1. Ago/1955. Presidente Prudente, SP : UNESP, 1995, pp. 15-20.

to, cabendo destacar, neste aspecto particular, o nome de Saturnino de Brito.[56]

Em Minas Gerais, na virada do século XIX para o XX, nova capital foi construída em área pouco ocupada do Estado para promover uma nova dinâmica territorial. A partir de um pequeno povoamento preexistente, entre 1894 e 1897, sob a coordenação de Aarão Reis, foi elaborado e implementado o Plano de Belo Horizonte, concebido segundo os princípios da Paris de 1870, com um esquema viário amplo e claro, formado por duas malhas ortogonais em ângulo de 45°, sobrepostas, enfatizando a ordem, a simetria e a harmonia; a previsão de um grande parque central, um jardim zoológico e vários jardins; e a divisão da área em três setores – urbano, suburbano e rural – com atenção especial ao urbano e, particularmente, ao centro administrativo.

No início do século XX, em 1903, Pereira Passos desenvolveu um plano para a estruturação de amplo sistema viário, saneamento e embelezamento da Baixada Fluminense.

No Sul, as primeiras tentativas de planificar Porto Alegre foram de 1914, com o Plano Geral de Melhoramentos, elaborado pelo arquiteto João Moreira Maciel, durante a administração do Dr. José Montauri. Esse plano recomendava a abertura de ruas mais largas no Centro, a execução de obras de saneamento e urbanização, a instalação de redes de água, esgoto e iluminação pública, e o ajardinamento de algumas áreas.

---

[56] Engenheiro sanitarista brasileiro que realizou alguns dos mais importantes estudos de saneamento básico e urbanismo em várias cidades do país, sendo considerado o "pioneiro da engenharia sanitária e ambiental no Brasil".

No final da década de 1930, o prefeito de Porto Alegre, José Loureiro da Silva, encarregou o arquiteto Arnaldo Gladosch de elaborar um Plano Diretor para aquela cidade. Para tanto, foi criada uma Comissão do Plano Diretor que, em dezembro de 1939, já ressaltava a necessidade de um zoneamento das atividades urbanas dentro do espaço territorial da cidade. Apesar dessa recomendação, o plano não conseguiu ir muito além do sistema viário e da proposta de algumas soluções paisagísticas que lhe conferiam um caráter mais urbanístico que de plano de desenvolvimento urbano. Esse plano não chegou a ser concluído e, em 1951, o urbanista Edvaldo Paiva e o arquiteto Demétrio Ribeiro organizaram um anteprojeto de planificação de Porto Alegre, inspirado nos princípios da Carta de Atenas.

Três anos depois, na administração do engenheiro Ildo Meneghetti, o próprio Edvaldo Paiva apresentou novo anteprojeto de Plano Diretor para Porto Alegre, baseado no estudo anterior, do qual resultou o Plano Diretor de Porto Alegre 1954/1964 e a criação da Divisão de Urbanismo e do Conselho do Plano Diretor, que assumiu papel de destaque no processo de planejamento urbano da capital gaúcha.

Posteriormente, foram elaborados o Plano do Rio de Janeiro, pelo arquiteto Agache, o Plano de Avenidas de São Paulo, do prefeito Prestes Maia, todos calcados na busca de soluções do sistema viário.

Entre 1935 e 1939, sob a influência do urbanismo europeu e inspiração da cidade-jardim, foi elaborado o Plano de Goiânia, de autoria do arquiteto Attílio Corrêa Lima. O objetivo era promover nova dinâmica territorial mediante a implantação da nova capital do Estado de Goiás, em uma área desabitada.

Attílio Corrêa Lima propôs para Goiânia uma cidade para 50.000 habitantes, de traçado radioconcêntrico, com ponto de convergência em uma praça semicircular, denominada Praça Cívica, na qual foram localizados os prédios da Administração do Estado. A cidade foi originalmente dividida em três zonas:

a) Uma central, onde ficava o comércio local, com ruas e avenidas convergindo para a Praça Cívica, desenvolvendo-se em círculos concêntricos no lado sul e em diagonal, no lado norte;
b) O setor norte, com traçado mais regular quase sempre ortogonal, com uso residencial e comercial, tendo vizinha a ela a área destinada à indústria;
c) O setor sul, exclusivamente residencial, com amplos espaços ajardinados, praça de esportes e o centro religioso.

O plano estabelecia uma separação entre as zonas residenciais urbanas e suburbanas, que deviam localizar-se em lugares tranquilos e separados dos centros administrativo e comercial. Os lotes eram condicionados por *iluminação, insolação, boa distribuição interna e aspecto agradável*.[57] O Plano de Goiânia foi, talvez, a primeira experiência de planejamento de uma cidade inteira que antecipou atitudes próprias ao planejamento urbano, ao propor a hierarquização e o dimensionamento das vias pelo tratamento paisagístico,

---

[57] KOHLSDORF, Maria Elaine. *Breve histórico do espaço urbano como campo disciplinar.* In FARRET, R (org.). *O espaço da cidade – contribuição à análise urbana.* São Paulo : Projeto, 1985.

ao se preocupar com o meio ambiente e prever áreas próprias para a indústria, próximas a vias de escoamento da produção, ao recomendar o plantio de vegetais e o tratamento das reservas contra endemias e ao sugerir um *sistema de planejamento*, a cargo de um órgão da Prefeitura, com estrutura e atribuições especificadas, para acompanhar a implementação do plano. O plano de Attilio Corrêa Lima foi posteriormente ajustado por Armando de Godoy, tal como iria acontecer mais tarde com o Plano Piloto de Brasília, concebido por Lúcio Costa e ajustado pela Novacap.

Ainda sob a inspiração da cidade-jardim, surgiram os bairros-jardins de São Paulo, com grande aceitação pela possibilidade de conciliação das antigas chácaras ou sítios com as residências urbanas, que se libertavam dos limites dos lotes. A partir de então, ganhou força a ideia de planejamento das cidades, inicialmente nas maiores e mais desenvolvidas. Nas décadas seguintes, como se verá mais adiante, a consciência da necessidade do planejamento urbano difundiu-se pelo Brasil.

Em 1947, começou a construção da Cidade dos Motores, satélite industrial próxima ao Rio de Janeiro, onde seria instalada uma planta da Fábrica Nacional de Motores – FNM.

O plano da Cidade dos Motores, construída segundo parecer técnico de Attílio Corrêa Lima, em 1940, e hoje integrada ao tecido urbano de Duque de Caxias, previa cerca de 25.000 habitantes, distribuídos em apartamentos em edifícios de 3 a 4 andares, construídos em 4 vizinhanças residenciais, cada uma com igreja e escola. O plano previa, ainda, um amplo centro comercial e cívico, com um estádio e piscina próximos. A indústria ficaria na orla da cidade e o sistema viário foi planejado de forma a permitir que o tráfego de automóveis se limitasse à periferia das vizinhanças.

Procedimentos similares de planejamento urbano como instrumento integrado ao sistema administrativo municipal foram adotados em várias cidades do país, como descrito no relato de diversos historiadores urbanos.[58]

1.8. O Planejamento Urbano a partir dos Anos 1950

O crescimento das taxas de urbanização brasileira no decorrer dos anos 1950 e 1960 avivou a preocupação com o planejamento e gestão urbana e incentivou o aprimoramento de práticas de engenheiros positivistas do século XIX, tanto na forma de representação política por áreas profissionais como na educação básica e na qualidade da gestão pública.

Nas universidades, as Faculdades de Arquitetura e Urbanismo consolidaram os saberes das belas-artes e da engenharia e ofereceram programas de pós-graduação em urbanismo, como as Faculdades de Arquitetura e Urbanismo da Universidade de São Paulo – FAU/USP (1948), da Universidade Federal do Rio Grande do Sul FAU/UFRGS (1950) e da Universidade Federal do Rio de Janeiro FAU/UFRJ (1952).

Em outra vertente, a qualificação profissional de servidores públicos federais foi reforçada pelo Departamento

---

[58] Ver livros e artigos produzidos pela rede de pesquisa *urbanismobr.org*. Ou por Sylvia Fischer, Nestor Goulart Reis Filho, Hugo Segawa, Flavio Villaça, Benedito Lima de Toledo, Lauro Cavalcanti, Antônio Bezerra Baltar e Lúcio Costa.

de Administração do Servidor Público - DASP, e depois pela Fundação Getúlio Vargas - FGV e pelo Instituto Brasileiro de Administração Municipal - IBAM, os quais adotaram o saber urbanístico e qualificaram a gestão municipal no país. O papel do IBAM no fortalecimento e na qualificação de gestores e planejadores foi extremamente importante e perdura até os dias atuais, por meio do apoio ao aperfeiçoamento de gestores municipais, inclusive urbanistas.

Nos anos 1950 e ainda na FGV, recém-chegado dos Estados Unidos, Lordello de Melo propunha aperfeiçoar a gestão local profissionalizada com "gerentes executivos" sendo contratados por políticos eleitos para administrar os Municípios. Sua estratégia para qualificar as administrações municipais replicava os *urban managers* dos Estados Unidos à época. A iniciativa não teve sucesso, mas, a partir da adoção de novos rumos, Lordello de Melo tornou-se o mais destacado defensor do municipalismo nas décadas seguintes. O IBAM, graças à sua liderança, tornou-se um importante centro nacional e mundial de pesquisa, estudos e qualificação de gestores e planejadores municipais.

Os anos 1950 corresponderam ao apogeu da Guerra Fria entre Estados Unidos e União Soviética, disputa que levou à criação da Agência dos Estados Unidos para o Desenvolvimento Internacional - USAID, como agência de assistência técnica e financeira para a América Latina. Entre os anos 1950 e 1970, a USAID deu apoio a várias entidades brasileiras na gestão de setores da infraestrutura nacional e na gestão pública. Para tanto, contribuíram estudos e análises das condições observadas no Brasil, com a vinda de especialistas e a oferta de bolsas de estudo para aperfeiçoamento de técnicos brasileiros em universidades americanas. As áreas de especialização oferecidas visavam a melhorias na gestão financeira e administrativa dos Municípios, e no planejamento regional a partir de bacias hidrográficas, sem incluir, de início, profissionais da área do urbanismo e arquitetura. Resultou dessa cooperação o fortalecimento de programas de administração pública em universidades de todo o país, e mais especialmente na FGV e seu braço municipalista – o IBAM.

Ainda na década de 1950, houve a valorização do desenvolvimento humano e da questão social no urbanismo, quando o Grupo Economia e Humanismo, concebido pelo padre Louis-Joseph Lebret, teve forte influência no Brasil e na América Latina. Foi criada em São Paulo a Sociedade para Análise Gráfica e Mecanográfica Aplicada aos Complexos Sociais – SAGMACS que, sob a orientação do padre Lebret, teve uma parcela fundamental de responsabilidade pela evolução do planejamento urbano no Brasil, ao dar início a estudos em áreas pobres e informais, colocando a disparidade e a segregação social como temas centrais de estudos e projetos urbanos. Mais tarde, o Governo do Estado de São Paulo contratou a SAGMACS para projetos de desenvolvimento de bacias hidrográficas. Os fundamentos cristãos e a orientação adotada por Lebret reorientaram o tecnicismo e influenciaram o planejamento urbano da época, tanto em São Paulo como no Recife, no Rio de Janeiro e em outros Estados.[59]

---

[59] PONTUAL, Virginia. *Louis-Joseph Lebret na América Latina: um exitoso laboratório de experiências em Planejamento Humanista.* Rio de Janeiro : Letra Capital, 2016.

Para o amadurecimento do urbanismo nacional também contribuiu a presença de urbanistas de renome internacional, como Doxiadis, que elaborou um Plano Urbano para o Rio de Janeiro, com métodos inovadores e próprios que, entretanto, não prosperaram no Brasil. Já no final dessa mesma década, houve o concurso para o Plano Piloto de Brasília, com a participação de várias correntes do urbanismo nacional.

Na década de 1960, após a experiência de Brasília, a discussão teórica a respeito do planejamento ganhou força e várias cidades, quase todas capitais, cuidaram da elaboração de seus Planos Diretores. Dentre elas, cabe destacar Curitiba, cujo Plano Preliminar de Urbanismo foi elaborado por um consórcio entre a SERETE Engenharia e Jorge Wilheim Arquitetos Associados, em 1965. Desenvolvido e detalhado, sob a coordenação do arquiteto Jaime Lerner, pela equipe do Instituto de Pesquisa e Planejamento Urbano de Curitiba – IPPUC, criado no mesmo ano de 1965, com o objetivo de monitorar e coordenar a implementação desse Plano, deu origem ao Plano Diretor de Curitiba, aprovado em 1966. O Plano Diretor impulsionou Curitiba como o melhor exemplo de trabalho continuado de formulação de novos conceitos urbanístico-ambientais e de mobilidade urbana, implantados mediante um sistema efetivo de planejamento e gestão urbana, por meio do qual os produtos dos técnicos do IPPUC, sob a liderança técnico-administrativa e política de Jaime Lerner, foram absorvidos e incorporados pela população, que se orgulha de sua cidade, e aperfeiçoados pelas Administrações que se seguiram. Curitiba tornou--se uma *referencia internacional, especialmente para aquellas ciudades de países en vias desarollo que necesitan afrontar retos importantes con una clara limitación de recursos*.[60] A partir do Plano Preliminar de Urbanismo, que preconizava uma concepção modernista na estrutura viária e na distribuição das funções residenciais, comerciais e industriais, e privilegiava o uso do transporte coletivo, o Plano Diretor de Curitiba promoveu um urbanismo humanista inovador, dotado de metas físicas, econômicas, culturais e ambientais que elevaram a cidade à condição de capital ecológica do Brasil na Rio 92. Seu sistema de transporte coletivo com corredores exclusivos de ônibus, que está na origem dos *Bus Rapid Transit* (BRTs) do século XXI, tornou-se modelo nacional. Com estações funcionais e redes alimentadoras de uma harmônica morfologia, permitiu a funcional distribuição territorial de áreas residenciais de qualidade, generoso sistema de parques urbanos, rede de bibliotecas comunitárias e áreas para atividades econômicas que atraem multinacionais de setores de ponta do espaço urbano.

Também desenvolvido sob a coordenação de Wilheim e pouco posterior ao de Curitiba, ainda na década de 1960, foi elaborado o primeiro Plano Diretor de Goiânia, feito após o plano original de Attílio Corrêa Lima. Apesar da instalação de um organismo diretamente ligado ao gabinete do prefeito municipal para cuidar da implementação do plano e do fato de essa estrutura continuar funcionando até os dias

---

[60] VEGARA, Alfonso, RIVAS, Juan Luis de las. Territorios inteligengtes. Madrid : Fundación Metrópoli, 2004, p. 241.

atuais, a descontinuidade político-administrativa no entendimento e na condução das questões urbanas acabou por evidenciar resultados bem menos exitosos que os verificados em Curitiba, ainda que visivelmente presentes no desenvolvimento de Goiânia.

Por fim, contratados pelo Governador José Wilson Siqueira Campos, os arquitetos Luís Fernando Cruvinel Teixeira e Walfredo Antunes de Oliveira Filho encarregaram-se do projeto urbanístico e arquitetônico de Palmas, fundada em 20 de maio de 1989, para ser a capital do Estado do Tocantins, que nasceu com a Constituição Federal de 1988 e teve seu primeiro governo alocado em Miracema do Tocantins. Palmas, cujo projeto seguiu os princípios do racionalismo modernista, passou a ser, efetivamente, a capital tocantinense em 1º de janeiro de 1990 e é a última capital brasileira planejada no século XX.

Planos Diretores, que já eram adotados no país e orientaram a construção das primeiras capitais estaduais planejadas desde o final do século XIX, foram aprimorados nas décadas seguintes, a partir de novos conhecimentos que surgiam e de acordo com a cultura e as demandas de cada região do país.

Bezerra Baltar[61] defendia que o Plano Diretor era um instrumento de grande importância para o planejamento municipal e, portanto, deveria ter bem explícitos **objetivos**, **princípios** e **normas**. Os **objetivos** devem referir-se à localização, ao dimensionamento e à quantificação dos equipa-

---

[61] BALTAR, Antônio Bezerra. *Planos diretores para as cidades pequenas e médias do Brasil*. In IBAM. *Leituras de planejamento e urbanismo*. Rio de Janeiro : Instituto Brasileiro de Administração Municipal, 1965.

mentos para as funções urbanas, dentro de uma perspectiva dinâmica da cidade. Os *princípios*, ele os dividia em:

- *básicos*, que visem à equidade ou igual direito a todos;
- *normativos*, com vistas à progressividade (caráter probabilístico das previsões); e
- *técnicos*, para controle de densidades, zoneamento, restrições de uso do solo, hierarquização de vias etc.

As *normas* devem regulamentar a ocupação e a utilização do solo, além das construções a serem nele erigidas.

A elaboração e a gestão de planos diretores foram conduzidas pelas Prefeituras Municipais, muitas vezes com o apoio de empresas de consultoria ou de entidades estaduais que, em São Paulo e no Rio Grande do Sul, por exemplo, davam apoio permanente às Prefeituras a partir de escritórios técnicos regionais.

Com a criação do Serviço Federal de Habitação e Urbanismo – SERFHAU, em 1964, o Governo Federal consolidou conceitos e introduziu procedimentos inovadores para a elaboração e a implantação de Planos Diretores Urbanos Municipais. O SERFHAU difundiu o uso de cadastros urbanos e do planejamento territorial interdisciplinar na gestão urbana municipal. Vários modelos metodológicos foram definidos para atender ao heterogêneo cenário urbano brasileiro, segundo objetivos e complexidade urbanística distintos.

Na mesma época, foram feitos também planos de urbanização ou reurbanização, múltiplos e setoriais, destinados à construção de novos núcleos urbanos ou à renovação de áreas ocupadas, como complemento aos Planos Diretores.

No Estado de São Paulo, a Lei Orgânica dos Municípios, de 1967, criou a obrigatoriedade de elaboração do Plano Diretor de Desenvolvimento Integrado – PDDI (denominação adotada pelos paulistas para o Plano Diretor Local Integrado – PDLI do restante do país) para todos os Municípios, sob pena de não obtenção de auxílios financeiros do estado.

Apesar disso, em 1975, um estudo de avaliação do planejamento municipal em São Paulo, realizado pela Escola de Engenharia de São Carlos da Universidade de São Paulo – USP, investigou 107 Municípios e revelou que apenas 28,0% deles tinham PDDI disponível. Os demais já o haviam abandonado, total ou parcialmente, o estavam elaborando ou não o tinham, simplesmente. A imposição legal havia sido o motivo pelo qual 56,5% dos Municípios haviam elaborado o PDDI e sua feitura, em 42,2% dos casos, fora por empresas privadas, sendo em 10,0% desses casos, por consultores individuais. Apenas 13,3% das Prefeituras Municipais tiveram competência técnica e administrativa para fazer seus Planos Diretores; dos 107 Municípios pesquisados, somente 31,7% tinham a nítida compreensão da sua importância (23,5% o fizeram para racionalizar a Administração Municipal e 8,2%, para ordenar o crescimento urbano).

O conceito de Hely Lopes Meirelles para o PDDI retrata bem a sua complexidade:

> *complexo de normas legais e diretrizes técnicas para o desenvolvimento global e constante do município, sob os aspectos físico, social, econômico e administrativo, desejado pela comunidade local. Deve ser a expressão das aspirações*

dos munícipes quanto ao progresso do território municipal no seu conjunto cidade-campo. O Plano Diretor é uno e único, embora sucessivamente adaptado às novas exigências da comunidade e do progresso local, num processo perene de planejamento que realize sua adequação às necessidades da população, dentro das modernas técnicas de administração e dos recursos de cada Prefeitura. O Plano Diretor não é estático, é dinâmico e evolutivo.[62]

Entre as razões do fracasso dos PDDIs, destacaram-se a não conscientização dos agentes públicos municipais quanto à sua importância para a gestão municipal e a elaboração por equipes externas, que resultava em planos, com frequência:

(I) tecnicamente interessantes, mas política e financeiramente inviáveis;
(II) ruins técnica e politicamente, pelo desconhecimento da realidade local;
(III) instrumento alheio à administração, que não o legitimava.

A inserção do urbanismo e do planejamento urbano na gestão municipal, porém, foi diferente de Estado para Estado, sendo mais presente e efetiva em Estados mais avançados, onde o urbanismo está integrado à gestão municipal e/ou metropolitana. Na verdade, pouco se sabe a respeito da elaboração, da aprovação ou da efetiva implementação dos Planos Diretores nos diferentes Estados, pelo menos até o surgimento do Estatuto da Cidade, que o tornou obrigatório

---

[62] MEIRELLES, Hely Lopes. *Direito de construir*, 3ª edição. São Paulo : Ed. Revista dos Tribunais, 1979, pp. 101-102.

para uma boa quantidade de Municípios, como será visto mais adiante.

É entendimento comumente aceito nos tempos atuais que o Plano Diretor deve ser o instrumento básico de uma política urbana que consiga promover a melhoria da qualidade de vida dos cidadãos, ordenando o pleno desenvolvimento das funções sociais da cidade e garantindo o bem-estar de seus habitantes. Deve permitir o ordenamento do espaço urbano, o planejamento e o controle da expansão urbana e, juntamente com o Plano Plurianual - PPA, a Lei de Diretrizes Orçamentárias - LDO e a Lei do Orçamento Anual - LOA, possibilitar o planejamento e a gestão municipal.

Braga[63] destaca como características do Plano Diretor, o seu *caráter **político***, ressaltando que planejar é fazer política, a **transparência**, que o transforma em um livro de regras no jogo da cidadania, permitindo a crítica e a avaliação dos agentes sociais, e a **democratização**, pela participação das entidades representativas da sociedade, no processo de planejamento, desde a elaboração do Plano Diretor. Essas características devem ser, necessariamente, sustentadas por conhecimentos técnicos qualificados de planejamento urbano e de gestão municipal, e compatíveis com as condições de cada municipalidade.

---

[63] BRAGA, Roberto. *Plano Diretor Municipal: três questões para discussão*. In *Caderno do Depto. de Planejamento*. v. 1, nº 1, ago/1995. Presidente Prudente, SP : UNESP, 1995, pp.15-20.

2. BRASÍLIA: UM MARCO NO PLANEJAMENTO DAS CIDADES BRASILEIRAS

Brasília[61] foi idealizada na década de 1950 segundo os princípios do racionalismo modernista e teve como uma de suas características a separação clara entre as funções urbanas.[62] No Relatório do Plano Piloto de Brasília, Lúcio Costa, ao apresentar sua concepção das áreas residenciais, afirma que

---

[61] Existe uma polêmica em relação à denominação BRASÍLIA. Para algumas correntes, é o nome do espaço originalmente considerado por Lúcio Costa no seu plano-piloto, ou seja, uma das cidades do Distrito Federal, que teria várias outras, constituídas pelos diferentes núcleos urbanos que se implantaram depois. Outros estudiosos, entretanto, argumentam com fundamentação jurídica que o Distrito Federal é uma unidade da federação única e indivisível. Assim como os 26 Estados têm, cada um, o seu nome, esta 27ª unidade da federação, **que é o Distrito Federal**, é denominada BRASÍLIA. Como, legalmente, **cidades** no Brasil são sedes de **Municípios**, as cidades-satélites do Distrito Federal não podem ser consideradas nessa categoria, ainda que integrem a rede de núcleos urbanos de uma metrópole polinucleada, tal como acontece na Região Metropolitana de Florianópolis, por exemplo, cuja cidade-núcleo é também polinucleada. No Distrito Federal, o **núcleo central**, objeto do projeto de Lúcio Costa conhecido como **plano piloto**, é cercado por "cidades-satélites". A análise feita nesta seção assume a segunda interpretação e examina com detalhes o plano urbanístico para o núcleo central, **plano piloto**, projetado por Lúcio Costa; os demais núcleos urbanos do Distrito Federal são denominados cidades-satélites, expressão consagrada pela população desde o surgimento da nova capital e constituem Regiões Administrativas, com gestão descentralizada e administradores próprios, subordinados ao governo do DF.

[62] Ver CAMARGO CORDEIRO, Sônia Helena Taveira de. *Corredor moradia-trabalho - eixo ordenador do espaço urbano (o caso do Distrito Federal)* - Dissertação de Mestrado. Brasília : Universidade de Brasília, 1999.

> ... as quadras contíguas à rodovia serão naturalmente mais valorizadas que as quadras internas, o que permitirá as gradações próprias do regime vigente; contudo, o agrupamento delas, de quatro em quatro, propicia num certo grau a coexistência social, evitando-se assim uma indevida e indesejável estratificação.
> E seja como for, as diferenças de padrão de uma quadra a outra serão neutralizadas pelo próprio agenciamento urbanístico proposto, e não serão de natureza a afetar o conforto social a que todos têm direito.[63]

O que a vida, sempre mais forte que os planos, no dizer do próprio Lúcio Costa, reservou para Brasília foi um resultado bem distinto do imaginado por seu urbanista. As populações distribuíram-se no núcleo central (plano piloto) e nas cidades-satélites, que começaram a ser construídas antes mesmo da inauguração da cidade, seja porque o Presidente Juscelino destinara o Plano Piloto aos funcionários públicos, seja pela lógica do capital e da divisão social do trabalho, como ocorre em qualquer cidade. Machado e Magalhães[64] argumentam que o debate intelectual sobre Brasília está equivocado ao centrar a discussão na nova organização espacial e que em qualquer cidade existe uma valorização diferenciada dos espaços, o que resulta na distribuição espacial hierarquizada das classes sociais. A diferença é que, em Brasília, elas estão muito mais separadas espacialmente, uma vez que o Distrito Federal

---
[63] COSTA, Lúcio. *Brasília, cidade que inventei. Relatório do plano piloto de Brasília*. Brasília : GDF, 1991, p. 30.
[64] MACHADO, L. Z. e MAGALHAES, T. Q. de. *Imagens do espaço: imagens de vida*. In PAVIANI, Aldo (org.). *Brasília, ideologia e realidade – espaço urbano em questão*. Brasília : CNPq/Projeto, 1985, pp.191-214.

é polinucleado, com significativas diferenças sociais entre os diferentes núcleos urbanos.

Brasília, que nasceu como a mais completa aplicação dos princípios da Carta de Atenas e se tornou o produto maior do urbanismo racionalista, teve seu processo de desenvolvimento definido em três fases: implantação, consolidação e expansão.[65] Na fase inicial, a própria construção da cidade trouxe para o DF numerosas correntes de trabalhadores da construção civil, seguidas por contingentes que vinham exercer atividades complementares a ela e oferecer serviços à população que começava a se radicar no Planalto Central. Nos primeiros anos, o Distrito Federal registrou uma taxa média de crescimento anual acima dos 100%, passando de perto de 500 habitantes, em 1956, para 12.700, em 1957, 64.314, em 1959 e 127.000, em 1960.[66] Instalado de início na Cidade Livre, hoje Núcleo Bandeirante,[67] e nos acampamentos das construtoras, esse contingente humano necessitava de espaço para se assentar definitivamente, o que resultou na construção de Taguatinga, em 1958, e de Sobradinho e Gama, em 1960, antes mesmo da conclusão do plano piloto, cujo projeto não se alterou pelo surgimento das cidades-satélites.

A segunda fase da história de Brasília foi palco de graves crises políticas, com a renúncia de Jânio Quadros, em

---

[65] FERREIRA, Ignez Costa Bastos. *O processo de urbanização e a produção do espaço metropolitano de Brasília*. In PAVIANI, Aldo. *Brasília, ideologia e realidade – espaço urbano em questão*. Brasília : CNPq/Projeto, 1985.
[66] IBGE – Estimativas da população para 1957, 1959 e 1960.
[67] Núcleo Bandeirante, Taguatinga, Sobradinho e Gama são cidades-satélites do Distrito Federal.

1961, a deposição de João Goulart, em 1964, o fechamento do Congresso Nacional, em 1968. A cidade, em que pesem os graves problemas que teve de enfrentar e as sucessivas dificuldades a que sua população foi submetida, seja no plano econômico, afetado em cada uma das crises, seja no político e social, que se viram comprometidos em todas elas, consolidou-se em definitivo como capital do país e continuou a atrair fortes contingentes populacionais, registrando em 1970, 537.492 habitantes e em 1980, 1.176.935.[68] E o Distrito Federal seguiu crescendo de forma contínua, abrigando, em 2018, uma população de 3.039.444 habitantes, de acordo com dados do Instituto Brasileiro de Geografia e Estatística – Diretoria de Pesquisas – Coordenação de População e Indicadores Sociais – IBGE-DPE-COPIS.

Na década de 1960, foram construídas as cidades-satélites do Guará e Ceilândia para erradicação das invasões que se formavam próximas ao plano piloto. Além disso, as cidades preexistentes à construção de Brasília (plano piloto) – Planaltina e Brazlândia – receberam áreas de ampliação e foram incorporadas como cidades-satélites da capital. Todos esses núcleos urbanos resultaram de projetos locais isolados, independentes do plano piloto. Nas décadas seguintes, surgiriam várias outras cidades-satélites.

A terceira fase do desenvolvimento de Brasília atravessou os limites do Distrito Federal. As populações menos favorecidas, seduzidas por melhores condições de vida e não encontrando formas de se estabelecerem no Distrito Fede-

---

[68] IBGE – Censos Demográficos de 1970 e 1980.

ral, instalavam-se nos Municípios vizinhos. Mesmo morando fora do quadrilátero de Brasília, passaram a demandar do DF todos os serviços públicos, além de concorrer, presumivelmente em igualdade de condições, às vagas no mercado de trabalho com as populações aí residentes, já que as oportunidades de emprego nos seus locais de moradia resumiam-se praticamente ao pequeno comércio varejista e a alguns serviços pessoais ou de reparação/manutenção.

Atualmente com mais de 3.000.000 de habitantes, o Distrito Federal forma, com os Municípios circunvizinhos, uma conurbação com características metropolitanas, reconhecida como uma Região Integrada de Desenvolvimento Econômico - RIDE, conforme previsto no Art. 43 da Constituição Federal. São objetivos da RIDE a articulação e a harmonização das ações administrativas da União, dos Estados e dos Municípios que a compõem para a promoção de projetos com vistas à dinamização econômica e a provisão de infraestrutura necessárias ao desenvolvimento em escala regional.

Reconhecendo essa realidade, em 19 de fevereiro de 1998, foi criada a RIDE do Distrito Federal e Entorno - Região Integrada de Desenvolvimento do Distrito Federal e Entorno, pela Lei Complementar nº 94, regulamentada pelo Decreto nº 2.710, de 4 de agosto de 1998, alterado pelos Decretos nº 3.445, de 4 de maio de 2000, e nº 4.700, de 20 de maio de 2003. O Decreto nº 7.469, de 4 de maio de 2011, revogou os anteriores e deu novas interpretações legais à RIDE do Distrito Federal e Entorno. A Lei Complementar nº 163, de 14 de junho de 2018, incluiu mais 12 Municípios a essa RIDE.

Apesar da criação da RIDE do Distrito Federal e Entorno, pouca coisa foi feita no sentido de promover o desenvolvimento integrado e sustentado da região. O que se observa atualmente é uma conurbação anárquica, sem articulação ou integração político-administrativa, com Municípios menores pressionando os mais estruturados em busca de serviços públicos, emprego, escola e lazer.

2.1. Razões da Criação de Brasília

Brasília representa a concretização de uma ideia originária do Império quando, em 1823, José Bonifácio de Andrada e Silva, o Patriarca da Independência, a apresentou formalmente à Assembleia Geral do Império, sob as alegações de que a transferência traria mais segurança à capital, que poderia absorver os excedentes populacionais da costa brasileira, e que um novo mercado se estruturaria ao longo das estradas radiais a ligar a nova capital às diversas províncias, além de eliminar a rivalidade entre as províncias que não reconheciam o direito do Rio de Janeiro à Corte, com o fortalecimento do poder central pela maior possibilidade de controle que a nova localização proporcionaria.

A ideia da mudança da capital apareceu nas várias Constituições nacionais desde 1891 que, em seu artigo 3°, reservou para a União uma área de 14.400 km² para a nova localidade.[69]

---

[69] SCHMIDT, Benício. *Brasília como centro político*. In PAVIANI, Aldo (org.). *Brasília, ideologia e realidade-espaço urbano em questão*. Brasília : CNPq/Projeto, 1985.

Antes disso, Varnhagen[70] defendia a ideia da transferência da capital para o interior do país como forma de protegê-la das invasões estrangeiras. Entre os critérios para a construção da nova cidade, destacava:

- o fácil acesso aos portos costeiros por ferrovias;
- a intensificação das transações comerciais entre as várias regiões, com centralização na capital que, para isso, deveria, para além das funções administrativas, comportar também atividades industriais;
- a localização no interior, longe do clima tropical do Rio de Janeiro, equidistante deste, da Bahia, Oeiras e Cuiabá, portanto no Planalto Central;
- estar livre do trabalho escravo e próxima de fontes hídricas, com condições de ligar os vales do Amazonas, do Rio da Prata e do São Francisco.[71]

No início do período republicano, em 1892, uma comissão técnica – a Missão Cruls – após estudar condições de clima, solo, geologia, entre outros aspectos físico-ambientais, demarcou um amplo retângulo para a implantação da nova capital. Em 1922, ano do Centenário da Independência, foi lançada a pedra fundamental perto da vila de Planaltina, em Goiás, que se tornaria, posteriormente, uma das cidades-satélites de Brasília.

A Constituição Federal de 1946 determinou que o Presidente da República nomeasse uma comissão de especialistas para estudar a localização definitiva da nova capital.

---

[70] Francisco Adolfo de Varnhagen, Visconde de Porto Seguro, militar, diplomata historiador brasileiro.
[71] SCHMIDT, Benício. *Brasília como centro político*. In PAVIANI, Aldo (org.). *Brasília, ideologia e realidade – espaço urbano em questão*. Brasília : CNPq/Projeto, 1985.

Em paralelo, lideranças políticas e militares também apontavam para a importância estratégica de se ocupar o Centro-Oeste[72] e coube ao presidente Getúlio Vargas, em 1953, criar a Comissão de Localização da Nova Capital Federal – CLNCF para cumprir a Constituição.[73]

Em 1955, a CLNCF contratou as firmas Geofoto Ltda. e Donald J. Belcher and Associates Incorporated para realizar os estudos de fotoanálise e fotointerpretação necessários à escolha do sítio para a localização da capital. O relatório final apresentado, conhecido como Relatório Belcher, definiu cinco áreas alternativas para a transferência da capital, classificando-as por cores. Dentre elas, a subcomissão criada na CLNCF indicou o Sítio Castanho como o local mais apropriado para a construção de Brasília, em função de condições consideradas tecnicamente mais adequadas.

2.2. O Plano Piloto de Lúcio Costa

Juscelino Kubitschek de Oliveira, eleito em 1955 e empossado em janeiro de 1956, tomou a si a construção da nova capital, como cumprimento de uma das plataformas de sua campanha política, dentro de um programa com a visão desenvolvimentista que dominava o cenário brasileiro na década de 1950 e se estendeu aos anos 1960.

A razão que levou JK a construir a nova capital foi o fato de que:

---

[72] VIDAL, Laurent, *De Nova Lisboa a Brasília: a invenção de uma capital (séculos XIX-XX)*. Brasília : Editora UnB, 2009, pp. 168-170.
[73] ALBUQUERQUE, José. *Preâmbulo*. In *Nova Metrópole do Brasil (Relatório Geral de sua Localização)*. Rio de Janeiro : SMG, Imprensa do Exército, 1958.

> *Dois terços do território nacional ainda estavam virgens... O grande desafio da nossa História estava ali: seria forçar-se o deslocamento do eixo do desenvolvimento nacional. Em vez de [sic] do litoral, povoar-se o Planalto Central.*[74]

A partir dessa observação, JK incluiu a construção da nova capital como meta síntese que complementaria os 30 itens de seu Plano de Metas, e entregou a Oscar Niemeyer a condução do projeto para a nova capital. Encerrava-se, então, a forte participação da CLNCF no planejamento regional do DF e ficava decidida a realização de um concurso para o projeto urbanístico da nova capital.

O local escolhido pelos organizadores do concurso para o plano piloto de Brasília foi o Sítio Castanho, a mais recomendada das áreas identificadas pelo Relatório Belcher. A prática de trabalho interdisciplinar da CLNCF foi abandonada, bem como o projeto elaborado por sua equipe e a proposta de concurso internacional para o projeto da nova capital, que vinha sendo conduzida pelo marechal José Pessoa.

Em setembro de 1956, a Comissão de Planejamento da Construção e da Mudança da Capital Federal, com sede no Rio de Janeiro, publicou o Edital para o Concurso Nacional do Plano Piloto da Nova Capital do Brasil e, em março de 1957, dentre 26 inscritos, Lúcio Costa ganhou a oportunidade de planejar a nova capital brasileira.

---

[74] OLIVEIRA, Juscelino Kubitschek de. *Por que construí Brasília, Manchete*, Edição Especial, nº 2.523, 2001, p. 50.

O Edital do concurso para o projeto da nova cidade limitava a participação aos profissionais brasileiros e exigia apenas dois documentos de cada participante: um traçado básico da cidade e um relatório justificativo.[75]

Não só pela forma de sua apresentação, mas também pela concepção e conteúdo, os projetos apresentados poderiam ser divididos em dois grupos. Mesmo que, de alguma maneira, todos eles se fundamentassem nas novas ideias do funcionalismo racionalista resultante do movimento modernista na arquitetura e no urbanismo, percebiam-se duas linhas de prioridade diferentes: funcional – *vilas*, com maior atenção aos detalhes de organização da cidade, melhor representada pela proposta de M.M.M. Roberto, no primeiro caso, e de capital – *urbs e civitas*, no segundo, que se destacava pela *ideologia do projeto*, com realce para a proposta vencedora de Lúcio Costa, por sua unidade de concepção artística, clareza, elegância e simplicidade para uma capital do país.

A dubiedade do texto do Edital levou muitos concorrentes a aceitar a provocação do seu item 4[76] e apresentar es-

---

[75] Ver GDF. *Relatório do Plano Piloto*. Brasília : Arquivo Público do DF – CODEPLAN – DePHA/DF, 1991.

[76] Os concorrentes poderão apresentar, dentro de suas possibilidades, os elementos que serviram de base ou que comprovem razões fundamentais de seus planos, como sejam:
a) esquema cartográfico da utilização prevista para a área do Distrito Federal, com a localização aproximada das zonas de produção agrícola, urbana, industrial, de preservação dos recursos naturais – inclusive florestas, caça e pesca, controle de erosão e proteção de mananciais – e das redes de comunicação (escala 1:50.000);
b) cálculo do abastecimento de energia elétrica, de água e de transporte, necessários à vida da população urbana;
c) esquema do programa de desenvolvimento da cidade, indicando a progressão por etapas e a duração provável de cada uma;
d) elementos técnicos para serem utilizados na elaboração de uma lei regula-

tudos sobre zonas de produção agrícola, ou sobre a *preservação de recursos naturais – inclusive florestas, caça e pesca, controle de erosão e proteção de mananciais – e das redes de comunicação* (item 4, alínea a), assim como sobre abastecimento de energia elétrica, de água e transporte, áreas de expansão urbana e muito mais.

Houve proponentes cujos planos pilotos assemelhavam-se aos planos diretores urbanos da época, pois na década de 1950 o planejamento urbano municipal estava presente em grande número de cidades brasileiras, principalmente nas maiores. Propostas de métodos para o planejamento eram criadas e aplicadas em todo o país, segundo modelos bem mais complexos do que aqueles indicados, por exemplo, pelo IBAM ou pelo já mencionado Bezerra Baltar.

Lúcio Costa seguiu rigorosamente o Edital e ganhou o concurso com um esboço apresentado em cinco cartões contendo quinze croquis à mão livre e um texto de 23 itens, ignorando as possibilidades e induções do item 4 do Edital, que mencionava temas próprios de planos regionais e de planos diretores urbanos, os quais poderiam, ou não, ser

---

dora da utilização da terra e dos recursos naturais da região;
e) previsão do abastecimento de energia elétrica, de água, de transporte e dos demais elementos essenciais à vida da população urbana;
f) equilíbrio e estabilidade econômica da região, sendo previstas oportunidades de trabalho para toda a população e remuneração para os investimentos planejados;
g) previsão de um desenvolvimento progressivo equilibrado, assegurando a aplicação dos investimentos no mais breve espaço de tempo e a existência dos abastecimentos e serviços necessários à população em cada etapa do programa;
h) distribuição conveniente da população nas aglomerações urbanas e nas zonas de produção agrícola, de modo a criar condições adequadas de convivência social.

abordados por cada proponente. O projeto de Lúcio Costa representava a *síntese* de *civitas nacional,* que seria o *umbigo*[77] do Plano Viário Nacional de JK e polo estratégico da "interiorização" nacional.

Parece que, aliada à concepção arrojada do projeto, a qualidade literária do texto de Lúcio Costa contribuiu para persuadir o júri, como se depreende da avaliação de Holford:

> *Na primeira leitura daquele relatório, percebia-se a presença de um pensador, de um urbanista de primeira ordem. Numa leitura mais acurada, via-se que não havia ali uma só palavra supérflua, e tampouco uma só linha supérflua no esboço do plano ou nos diagramas; tudo o que era essencial, todavia tinha sido dito.*[78]

O concurso para o projeto urbano da nova capital consolidou o conhecimento urbanístico brasileiro nas 26 propostas entregues pelos concorrentes. Dele participaram os grandes nomes nacionais da arquitetura e do urbanismo, a maioria do Rio de Janeiro e de São Paulo, os quais expuseram conceitos, tendências e linhas do pensamento urbanístico em voga no Brasil dos anos 1950. Entretanto, o projeto vencedor, de Lúcio Costa, escolhido por ser o único que atendia às exigências de monumentalidade e ao espírito, funções e formas inerentes a uma capital nacional, adotou conceitos de planejamento e implicava a utilização de mé-

---

[77] A construção de "umbigo" irradiador da rede viária é tradição que remonta ao Império Romano. O original pode ser visto ao lado da Coluna de Trajano, em Roma.
[78] HOLSTON, James. *A cidade modernista - uma crítica de Brasília e sua utopia.* São Paulo : Companhia das Letras, 1993.

todos de gestão que não correspondiam àqueles adotados no Brasil à época.[79]

"Plano Piloto" era um conceito novo e não fazia parte – nem então, nem depois – do vocabulário e da cultura urbanística nacional, mas fora adotado pela comissão presidida por Ernesto Silva, que tinha em Oscar Niemeyer, que recebera de JK a tarefa de construir a nova capital, seu mais importante formulador de conceitos e proposições.

O conceito de plano piloto fora proposto por Le Corbusier desde 1929, quando buscava oportunidades para participar do projeto para a nova capital brasileira. Em abril de 1955, ao ser convidado pelo diplomata Hugo Gouthier para enviar ao marechal Pessoa proposta para orientar o concurso internacional a ser feito para o projeto da nova capital, Le Corbusier, insatisfeito por não ter sido escolhido, respondeu que *"todo concurso é uma falsidade ideológica,"*[80] indicou honorários e sugeriu ao marechal Pessoa os procedimentos que caberia adotar, em carta enviada em junho de 1955:

> *Ser-lhe-ia infinitamente grato se o senhor quisesse perceber que meu desejo não é de estabelecer os planos da capital brasileira, mas de ser encarregado da realização do que se chama de "plano piloto". O "plano piloto" significa a expressão pelos desenhos e pelos textos da ideia de ordem geral e particular que minha experiência me permite submeter por ocasião desse problema. Não há dúvidas de que a obra de urbanismo será obra dos arquitetos brasileiros. ...É nesse "plano piloto" que os arquitetos brasileiros, acompanhados de todos*

---

[79] Ata da Comissão Julgadora do Plano Piloto in *Revista Módulo*, nº 8, 1957.
[80] VIDAL, Laurent. *De Nova Lisboa a Brasília: a invenção de uma capital (séculos XIX-XX)*. Brasília : Editora UnB, 2009, p. 180.

> *os técnicos necessários, farão os estudos definitivos, qualificados como elementos úteis à realização mesma da cidade (viabilidade, transportes, condições de habitação, de trabalho, de lazer etc.).* [81]

O conceito proposto por Le Corbusier foi adotado e seu conteúdo indicado no item 3 do Edital do Concurso,[82] que exigia o *traçado básico da cidade* (Figuras 2 e 3) e um *relatório justificativo* do plano piloto.

No Relatório do seu projeto, Lúcio Costa descreveu como *nasceu, se definiu e resolveu a solução para a nova capital*:

> 1) *nasceu do gesto primário de quem assinala um lugar ou dele toma posse: dois eixos cruzando-se em ângulo reto, ou seja, o próprio sinal da cruz (Fig. 2);*
> 2) *procurou-se depois a adaptação à topografia local, ao escoamento natural das águas, à melhor orientação, arqueando-se um dos eixos a fim de contê-lo no triângulo equilátero que define a área urbanizada (Fig. 3);*
> 3) *e houve o propósito de aplicar os princípios francos da técnica rodoviária – inclusive a eliminação dos cruzamentos – à técnica urbanística, conferindo-se ao eixo arqueado, correspondente às vias naturais de acesso, a função circulatória tronco, com pistas centrais de velocidade e pistas laterais para o tráfego local, e dispondo-se ao longo desse eixo o grosso dos setores residenciais (Fig. 4).*[83]

---

[81] VIDAL, Laurent. *De Nova Lisboa a Brasília: a invenção de uma capital (séculos XIX-XX)*. Brasília : Editora UnB, 2009, p. 181.
[82] Edital para o Concurso Nacional do Plano Piloto da Nova Capital do Brasil, setembro de 1956.
[83] *Os desenhos* indicados no texto em itálico estão aqui representados como figuras 6 e 7, que incluem os três croquis mencionados.

FIGURA 2 – CROQUIS DA CONCEPÇÃO DO PLANO
PILOTO DE BRASÍLIA – LÚCIO COSTA[84]

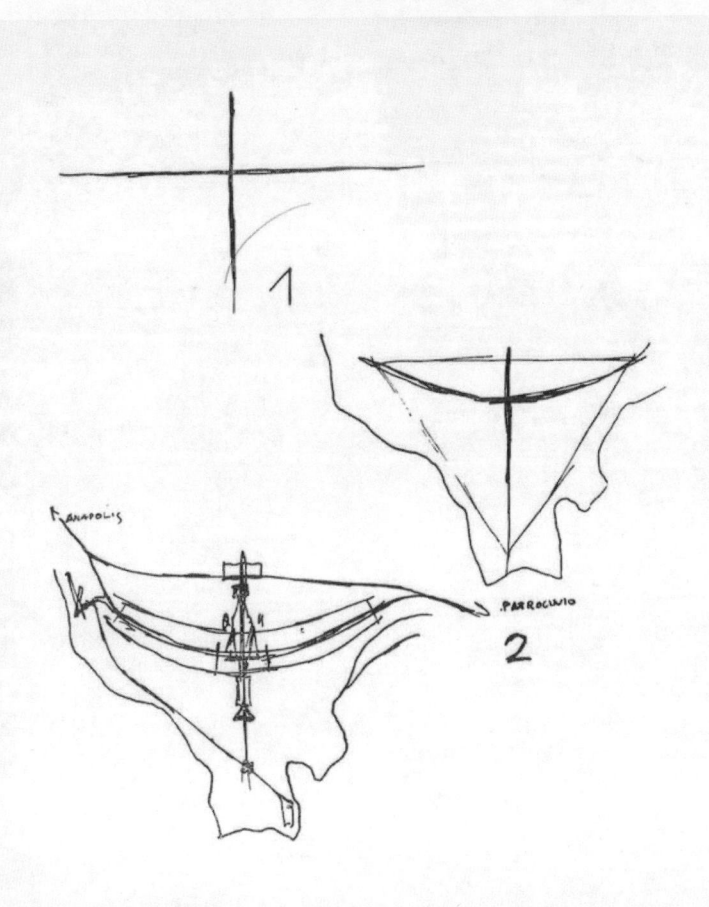

Fonte: COSTA, Lúcio. *Lúcio Costa - Registro de uma vivência*, p. 284.

---

[84] COSTA, Lúcio. *Brasília a cidade que inventei. Relatório do Plano Piloto de Brasília*. Brasília : ArPDF, CODEPLAN, DePHA, 1991, p.19.

FIGURA 3 – CROQUIS DA CONCEPÇÃO DO PLANO PILOTO DE BRASÍLIA – EIXOS VIÁRIOS SEM CRUZAMENTOS – LÚCIO COSTA[85]

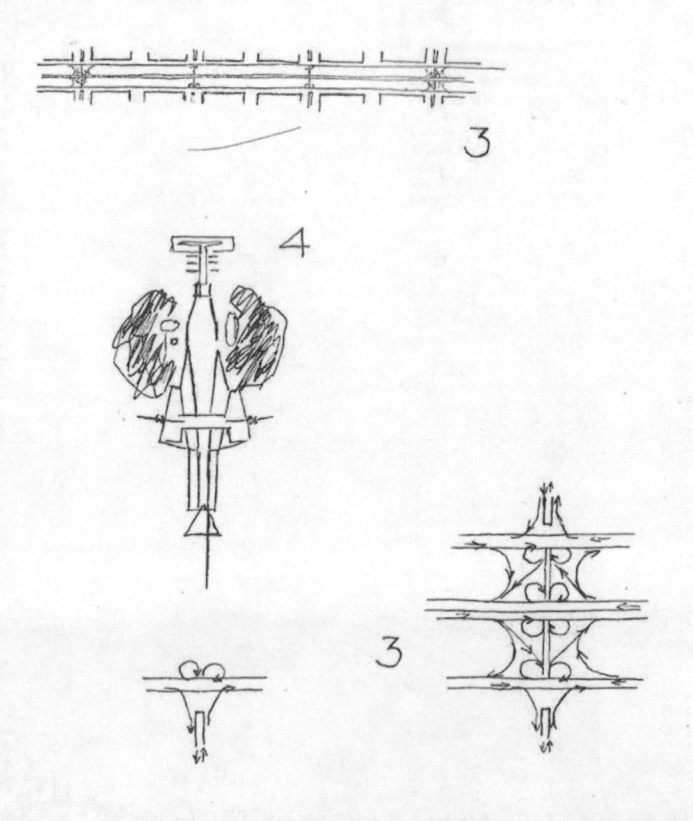

Fonte: COSTA, Lúcio. *Lúcio Costa – Registro de uma vivência*, p. 285.

Por mais 20 itens, prosseguiu Lúcio Costa descrevendo a sua proposta, na qual ficavam bem evidenciadas a zonificação funcional, com definição clara dos setores institucional federal (Figuras 4 e 5), institucional local, funções hoteleira, comercial, bancária e residencial, principalmente; a incorpo-

---
[85] COSTA, Lúcio. *Brasília a cidade que inventei. Relatório do Plano Piloto de Brasília*. Brasília : ArPDF, CODEPLAN, DePHA, 1991, p.19.

ração do conceito de *unidade de vizinhança* formada por quatro quadras, um comércio local e equipamentos como escola, quadras esportivas, templo, clube, posto de abastecimento e cinema; a intenção de criar uma *cidade verde*, pelo menos nas áreas residenciais (Figura 6). Qualificando-a como *ao mesmo tempo derramada e concisa, bucólica e urbana, lírica e funcional*, terminou o seu relatório com uma frase-exaltação: *Brasília, capital aérea e rodoviária; cidade parque. Sonho arquissecular do patriarca.*

FIGURA 4 – ESQUEMA PARA O EIXO MONUMENTAL – LÚCIO COSTA[86]

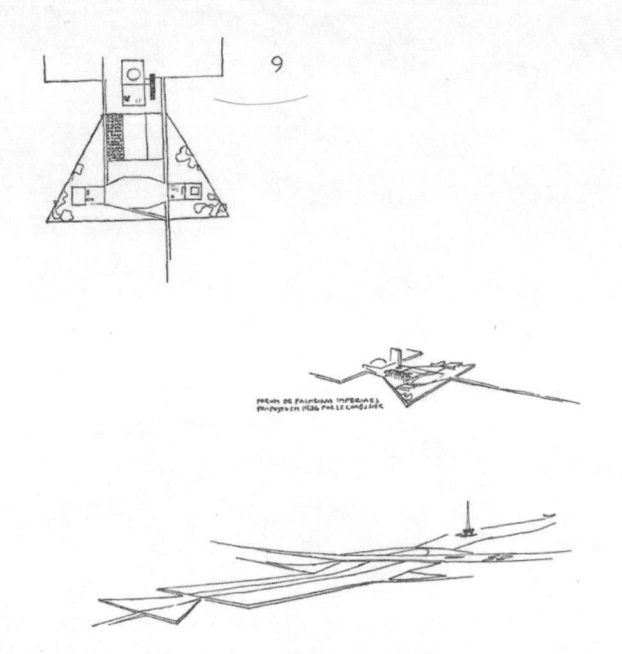

Fonte: COSTA, Lúcio. *Lúcio Costa - Registro de uma vivência*, p. 288.

---

[86] COSTA, Lúcio. *Brasília a cidade que inventei. Relatório do Plano Piloto de Brasília*. Brasília : ArPDF, CODEPLAN, DePHA, 1991, p. 27.

FIGURA 5 – ESQUEMA PARA A PRAÇA DOS TRÊS PODERES, PRAÇA CONSTRUÍDA – LÚCIO COSTA[87]

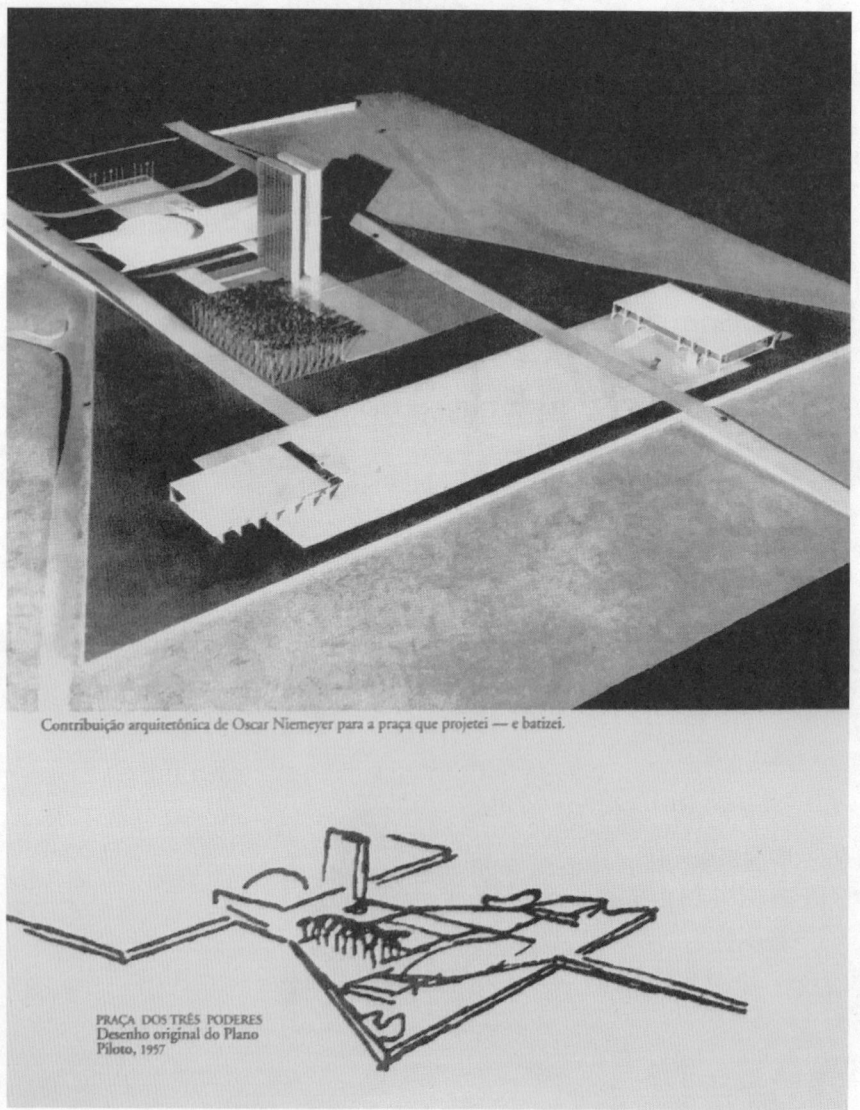

Contribuição arquitetônica de Oscar Niemeyer para a praça que projetei — e batizei.

PRAÇA DOS TRÊS PODERES
Desenho original do Plano
Piloto, 1957

Fonte: COSTA, Lúcio. *Lúcio Costa – Registro de uma vivência*, p. 306.

---

[87] COSTA, Lúcio. *Lúcio Costa – Registro de uma vivência*. São Paulo : Empresa das Artes, 1995, p. 306.

FIGURA 6 – CROQUI DO PLANO PILOTO DE BRASÍLIA – LÚCIO COSTA[88]

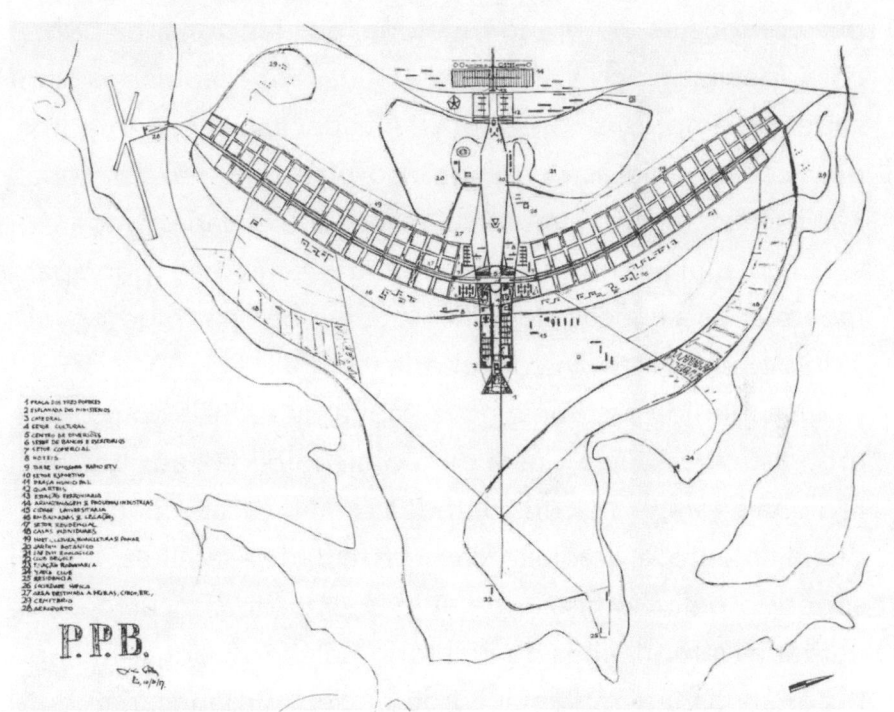

Fonte: COSTA, Lúcio. *Lúcio Costa – Registro de uma vivência*, p. 295.

Não é de se admirar que tal eloquência lírica e tamanha ousadia de concepção tenham fascinado o júri e provoquem até hoje ardorosas discussões sobre os acertos ou desacertos da proposta. Tão audacioso foi o projeto de Lúcio Costa que, a partir de então, a visão do planejamento urbano se alterou no país.

A ruptura na gestão da mudança para a nova capital, com a substituição das práticas de trabalho da CLNCF e a decisão de se realizar um concurso nacional, implicou o

---

[88] COSTA, Lúcio. *Brasília a cidade que inventei. Relatório do Plano Piloto de Brasília*. Brasília : ArPDF, CODEPLAN, DePHA, 1991. p. 33.

abandono do planejamento territorial da região por equipes compostas, na grande maioria, por funcionários públicos capacitados, civis e militares, muitas vezes apoiados pelo saber de empresas consultoras. A capacitação dos quadros públicos atendia às demandas do planejamento territorial nas escalas macroestratégica, regional e urbana. Ainda assim, o planejamento urbano seguiu o seu curso, principalmente após a criação do SERFHAU, em boa parte desenvolvido por empresas de consultoria.

Na medida em que a nova capital se reduzia ao projeto urbanístico de Lúcio Costa para o plano piloto, as questões regionais foram desconsideradas e a Novacap conduziu o planejamento e a construção das cidades-satélites, como sugerido pela Comissão de Julgamento do concurso, sem utilizar as informações do Relatório Belcher sobre as melhores áreas para a implantação de núcleos urbanos. Em tempos mais recentes, têm surgido algumas manifestações de reconhecimento ao trabalho de planejamento territorial realizado a partir de 1953, mas sem maiores aprofundamentos quanto aos métodos e resultados alcançados.

Nos anos seguintes, Lúcio Costa enfrentou críticos nacionais e internacionais que qualificavam Brasília como uma "cidade em que o homem foi esquecido." A resposta veio em 1961, quando ele explicitou a *teoria das escalas urbanas*, que passou a orientar o planejamento e foi fundamental para a inclusão do Plano Piloto como Patrimônio Cultural da Humanidade na lista da UNESCO. Segundo o Relatório à UNESCO, até o final dos anos 1980 não havia *qualquer plano regulador* ou *código urbanístico* enquanto as *normas definidas por Lúcio Costa e Oscar Niemeyer foram transgredidas na maior desordem; (... as quais) alteraram muito seriamente uma paisagem monumental possuidora de uma grande qualidade inicial*. Mas só seria possível incluir o plano piloto como Patrimônio Mundial depois que o Governo do Distrito Federal adotasse *medidas mínimas (que) garantam a salvaguarda da criação urbana de Costa e Niemeyer*.[89]

Em 1987, as quatro escalas funcionais[90] foram adotadas em lei distrital. Segundo Lúcio Costa, a escala residencial correspondia às áreas de vizinhança com superquadras, o que permitiria *às pessoas conversar, conviver, compreender-se; a escala monumental seria onde o homem adquire expressão coletiva; a expressão urbanística deste novo conceito de nobreza; a escala gregária teria espaços reduzidos e concentrados, propícios ao agrupamento, tanto no sentido exterior da tradição mediterrânea como no sentido nórdico de convívio interior*. Por último, a escala bucólica, *das áreas cobertas, destinadas a fins de semana lacustres e campestres*.[91]

---

[89] PRESSOUYRE, Léon, *Parecer sobre Conjunto Representativo do Patrimônio Histórico, Cultural, Natural e Urbano de Brasília*, Paris, Parecer junto ao Conselho do Patrimônio Mundial, ICOMOS, maio de 1987. In Brasilia : nº 82, *Nova Fase/ Ano I*, abril, maio, junho /1988. p. 33.

[90] As quatro escalas correspondem ao "Trabalhar, Habitar, Circular, Recrear", que eram as funções básicas para zoneamento de cidades segundo a Carta de Atenas de 1933; a escala monumental atende ao ideário modernista de 1943, quando Giedeon, Sert e Leger, os primeiros lideres do CIAM, integram a monumentalidade ao modernismo. Em 1956, foi realizado, em Dubrovnick, o último encontro internacional de arquitetura moderna pelo CIAM.

[91] COSTA, Lúcio. *Sobre a Construção de Brasilia*, Rio de Janeiro, *Jornal do Brasil*, Seção Arquitetura, em 8.11.1961, Entrevista ao jornalista Cláudius Ceccon, in CEUA – Centro dos Estudantes Universitários de Arquitetura. *Lúcio Costa: Sobre Arquitetura*, Porto Alegre : CEUA/FAU/UFRGS, 1962, pp. 342-347.

A proposta de Lúcio Costa seguiu princípios do movimento modernista no Brasil, mas os *ingredientes da concepção urbanística de Brasília* adotados foram, como escreveria décadas depois seu autor, a *ordonnance*, de origem francesa, e a inconsciente *lembrança amorosa de Paris*; os *lawns – imensos gramados ingleses*; *a pureza de Diamantina*; fotos de *terraplenos da China* por volta de 1904; as *autoestradas e vias americanas* e *estar desarmado de preconceitos e tabus urbanísticos e imbuído de dignidade implícita do programa: inventar a capital definitiva do país.*[92]

FIGURA 7 – CROQUI PARA A ÁREA MONUMENTAL SOBRE TERRAPLENO – LÚCIO COSTA

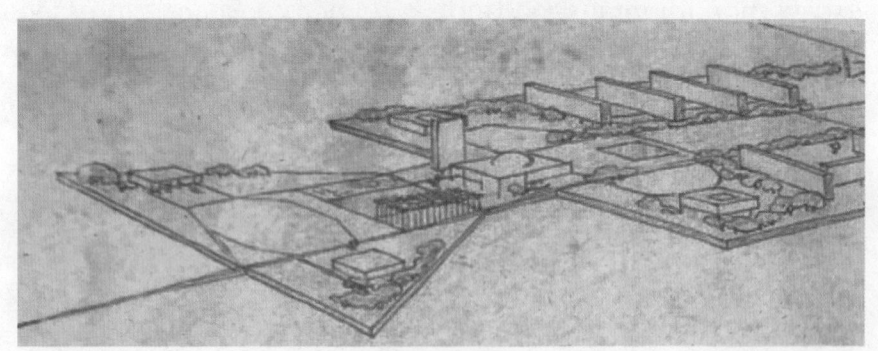

Fonte: Revista *Veja Brasília* – entrevista de Maria Elisa Costa em 9/5/2010.

Os "ingredientes" e croquis de 1957 (Figuras 4 a 6) retratam uma concepção de *civitas* construída sobre terrapleno (Figura 7), no seio do Planalto Central e cercada pela natureza do cerrado, sem extensões urbanas.

Para atender a recomendações e aprimorar o plano piloto escolhido pela Comissão de Julgamento, equipe

---

[92] COSTA, Lúcio. *Lúcio Costa – Registro de uma vivência*. São Paulo : Empresa das Artes, 1995, p. 282.

da Novacap, ainda em 1957, no Rio de Janeiro, ajustou o projeto original de Lúcio Costa e o plano piloto resultante (Figura 8) foi adotado na construção da *civitas*. As alterações atenderam às críticas da "Apreciação do Júri," como a *aproximação do centro governamental e o lago, afastamento do* aeroporto e definição de uso para habitações de áreas mais longínquas e penínsulas do lago. Também houve a supressão das funções *Horticultura, Floricultura e Pomar, e Jardim Botânico*; a relocação de *Quartéis, Armazenagem e Pequenas Indústrias, Zoológico, Casas Individuais e Sociedade Hípica* no território.

No Relatório do seu plano, Lúcio Costa afirmava que *aquilo que de fato importa é a concepção urbanística da cidade* e que *sua fundação é que dará ensejo ao ulterior desenvolvimento planejado da região*. Mas, na medida em que esse processo de planejamento não aconteceu, a ocupação do DF foi pontual e aleatória, com cidades-satélites sendo criadas e cidades antigas ampliadas e fortalecidas.

FIGURA 8 – PLANO PILOTO DE BRASÍLIA AJUSTADO PELA NOVACAP

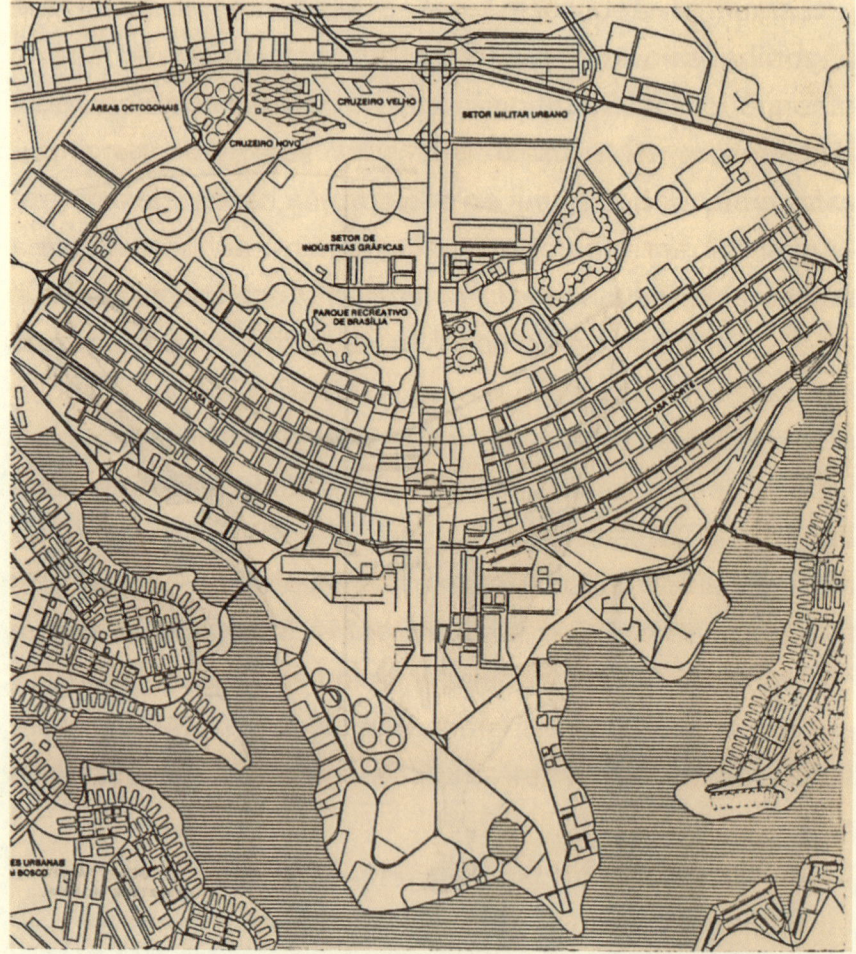

Fonte: COSTA, Lúcio. Do plano-piloto ao Plano Piloto. Brasília : TERRACAP/GDF, 1985.

A Novacap promoveu a ocupação do território distrital sem levar em conta proposições de participantes do concurso e a crítica do júri, que havia sugerido cidades-satélites nos moldes saxônicos, ou seja, a Novacap promoveu e consolidou planos intraurbanos e ignorou o planejamento interurbano e regional.

O primeiro documento formal a fazer referência à formulação de um Plano Diretor para o DF é o Decreto n° 2.739, de 16 de outubro de 1974, que atribuiu à Secretaria de Viação e Obras – SVO – o trato das questões urbanas e à Fundação Zoobotânica do Distrito Federal – FZDF, o das rurais.[93] Apesar da determinação legal, o plano não chegou a ser elaborado.

Mais tarde, a Lei n° 6.151/74, de 4 de dezembro de 1974, que instituiu o Segundo Plano Nacional de Desenvolvimento (II PND 1975-1979), determinava *o estabelecimento de mecanismos operacionais para a promoção da urbanização nas áreas de ocupação recente ou não consolidadas das regiões Norte e Centro-Oeste e a organização do desenvolvimento das metrópoles regionais em formação e da região geoeconômica (sic) de Brasília.*[94] Para tanto, foi elaborada a Exposição de Motivos n° 15, de 13/6/77, assinada conjuntamente pelos ministros chefe da Secretaria de Planejamento, da Agricultura e do Interior, que propunha a atualização e a caracterização mais precípua das funções urbanas de Brasília. Nesse período, foi firmado um convênio entre a Secretaria de Planejamento da Presidência da República e o Governo do Distrito Federal (Convênio SEPLAN-PR/GDF) com o objetivo de ordenar a ocupação do Distrito Federal e estabelecer o seu *Sistema de Planejamento*. Foi, então, elabora-

---

[93] MALAGUTTI, Cecília Juno. *Loteamentos clandestinos no DF: legalização ou exclusão?* Dissertação de mestrado. Brasília : Universidade de Brasília/Departamento de Urbanismo, 1996.
[94] Ver II PND 1975-1979. Parte II: *Grandes Temas de Hoje e de Amanhã*; Capítulo IX: – *Desenvolvimento Urbano. Controle da Poluição e Preservação do Meio Ambiente*, I – *Definição de orientação e estabelecimento de mecanismos.*

do o *Plano Estrutural de Ordenamento Territorial do Distrito Federal - PEOT*, homologado pelo Decreto n.º 4.049, de 10 de janeiro de 1978, que tinha como principais objetivos:

- *classificar e definir áreas para a expansão urbana do DF;*
- *propor alternativas de ocupação territorial, englobando transportes, sistemas viários, abastecimento de água e coleta de esgotos;*
- *fornecer diretrizes de zoneamento para a área de expansão urbana, definido em relação a trabalho, habitação, transportes e lazer.*

Além de definir as áreas de expansão urbana, o PEOT recomendava a elaboração de *Planos de Ação Local* para todos os núcleos urbanos do DF e *Planos de Ação Setorial* para a ocupação racional dos núcleos futuros (PEOT, 1978). Como decorrência do PEOT, foram desenvolvidos os projetos da cidade-satélite de Samambaia, próxima a Ceilândia, e do bairro de Águas Claras, entre o Guará e Taguatinga.

Depois do PEOT, foram sucessivamente elaborados para o Distrito Federal os seguintes planos: *Plano de Ocupação Territorial do DF - POT, BRASÍLIA REVISITADA*; *Plano de Ocupação e Uso do Solo - POUSO*; *Plano Diretor de Ordenamento Territorial do DF - PDOT/92* e o *PDOT/96*, que atualizava o anterior. O *PDOT/92* criou um *Sistema de Planejamento Territorial e Urbano do DF - SISPLAN* e um *Sistema de Informação Territorial e Urbana do DF - SITURB*. O SISPLAN tinha como órgão superior consultivo o *Conselho de Planejamento Territorial e Urbano DO DF - CONPLAN*; como órgão executivo, o *Instituto de Planejamento Territorial e Urbano do DF - IPDF*; e como órgãos setoriais, as instituições administrativas do GDF que estivessem associadas ao ordenamento territorial e urbano do DF.

O PDOT DF passou por algumas atualizações ao longo do tempo e atualmente o PDOT vigente é o da Lei Complementar nº 803, de 25 de abril de 2009, com alterações decorrentes da Lei Complementar nº 854, de 15 de outubro de 2012.

2. 3. O Planejamento Urbano e os Planos Diretores da Época

O projeto de Lúcio Costa não correspondia aos planos diretores urbanos da época; era fruto de seu entendimento e experiência pessoal. Seu plano piloto, como disse em 1988:[95]

> ... foi, na realidade, uma concepção já traduzida em termos de projeto urbano, e não apenas uma definição preliminar de partido e diretrizes gerais relativas ao uso e ocupação do solo; e isto porque o objetivo era a transferência da capital – e não a elaboração do projeto – em três anos.

Seu inusitado método de planejamento, entretanto, foi o que mais adequadamente respondeu ao desafio da construção em prazo curto da nova capital, em área desapropriada pelo Governo de Goiás[96] e repassada à União, o que per-

---

[95] COSTA, Lucio. *A invenção de Brasília*. Brasília, nº 82, abril/maio/junho, 1988, pp. 10-19.
[96] Altamiro de Moura Pacheco, médico, farmacêutico, empresário e escritor, presidiu, em Goiás, a Comissão de Cooperação para Mudança da Capital Federal, entre 1955 e 1958, e coordenou o levantamento e a desapropriação das fazendas compradas pelo governo de Goiás e repassadas à União para a

mitiu liberdade total frente às normas urbanísticas vigentes à época.

O método de trabalho adotado por Lúcio Costa conflitava com o de urbanistas e arquitetos da época. Seu solitário procedimento de artista criador lembrava o de Le Corbusier e serviu de contraponto ao trabalho multidisciplinar em equipe com arquitetos-urbanistas.

A concepção de Lúcio Costa era produto de sua genialidade e consolidava a importância do Estado na defesa da cultura e da identidade do país, de "ingredientes" e valores da cultura nacional e de fundamentos corbusianos já absorvidos pela hegemonia do que Mário de Andrade chamou de "escola carioca" do modernismo nacional. Como bem destaca Buzzar,[97] Brasília surgia como projeto síntese de nova etapa da cultura, da identidade e do desenvolvimento nacional.

No Relatório que sustentou o plano piloto, Lúcio Costa declarou que participava para se desvencilhar de possível solução, tendo tudo exposto de forma genialmente singela, com o esclarecimento de que não iria participar no desenvolvimento do projeto para a construção da nova capital, o que de fato ocorreu. Ele esteve apenas cinco vezes no DF e pouco participou da construção do plano piloto,

---

transferência da capital federal. Em carta a ele dirigida, em 10 de dezembro de 1974, JK afirmou: *A você tocou a parte mais trabalhosa, aquela que não se vê, que se desenrola no silêncio dos gabinetes: a da desapropriação de terras, sem o que Brasília não se faria jamais*. Maiores detalhes em documentos do Arquivo Público do DF.

[97] Análise aprofundada desses temas está em BUZZAR, Miguel Antônio. *João Batista Vilanova Artigas – Elementos para a compreensão de um caminho da arquitetura brasileira, 1938-1967*, São Paulo : SENAC, Editora UNESP, 2014.

cujo projeto foi desenvolvido e detalhado por equipe da Novacap, preservando os valores fundamentais do projeto de Lúcio Costa.

Nos anos seguintes, Lúcio Costa participou de projetos do plano piloto em construção como um *maquisard* que evita envolver-se no detalhamento de seu projeto, tal como se propusera a fazer Le Corbusier, para finalmente retornar nos anos 1980, realizar o *check-up* de seu projeto[98] e escrever *Brasília 57-85 Do plano-piloto ao Plano Piloto* e, posteriormente, *Brasília revisitada*.

Os procedimentos adotados no plano piloto de Brasília, como já dito, não seguiam a linha de pensamento adotada pelas equipes multidisciplinares atuantes em planos diretores urbanos e regionais. O conflito conceitual e metodológico do plano piloto de Lúcio Costa com os planos diretores urbanos foi lembrado por Jorge Wilheim,[99] ainda em 1960, quando observou que:

> *A agitação política, causada pela ideia da mudança da capital, trouxe em seu bojo a divulgação da expressão "Plano Diretor" e uma ainda hesitante noção de planejamento urbano. Havia então pouca clareza nos meios não especializados sobre o significado da palavra "urbanismo". Muitos o limitavam ao provinciano embelezamento da cidade, admitindo tratar-se de atribuição do arquiteto; outros confundiam-no com saneamento e melhor tráfego, atribuindo-os a uma especialização de engenharia. A realização do concurso e a participação*

---

[98] COSTA, Lúcio, *Brasília 57-85 - Do plano-piloto ao Plano Piloto*. TERRACAP, GDF, 1985.
[99] WILHEIM, Jorge. *Brasília 1960. Uma Interpretação*. Brasília : Publicação Acrópole 1960, p. 32.

quase exclusiva de arquitetos, assessorados por engenheiros, sociólogos, agrônomos, sanitaristas, economistas etc. deram à expressão "Plano Diretor" uma conceituação mais clara: tratava-se de planejamento integral, previsão de todas as facetas da vida urbana, criação de espaços, zoneamento, utilização diversificada do solo etc.

Com a construção do plano piloto de Brasília, a partir de 1957, cresceu o debate sobre a presença de geógrafos, engenheiros, advogados, sociólogos, economistas, estatísticos e cartógrafos, administradores e outros profissionais na elaboração de planos e projetos urbanos.

O componente multidisciplinar aumentava na medida em que surgiam melhores condições administrativas para planejar e gerir o território regional e urbano, e novas experiências chegavam ao Brasil. Com a descentralização das atividades industriais e de serviços para fora das metrópoles, fortaleceram-se cidades como polos de crescimento.

3. A EXPERIÊNCIA DO BNH E DO SERFHAU

A institucionalização do planejamento urbano em nível federal só ocorreu, contudo, a partir da criação do Banco Nacional de Habitação – BNH e do Serviço Federal de Habitação e Urbanismo – SERFHAU. Qualquer análise um pouco mais criteriosa das experiências de planejamento urbano no Brasil, após 1964, quando se instaurou um regime militar que iria prevalecer por 21 anos, perceberá a conveniência de dividir os tempos modernos em três períodos: o primeiro, de 1964, com a criação do BNH e do SERFHAU, a 1974, quando foi aprovada a Política Nacional de Desenvolvimento Urbano – PNDU do Segundo Plano Nacional de Desenvolvimento – II PND 1975/1979; o segundo, iniciado com a implementação desse plano até o fim do regime militar (1985); e um terceiro período que cobre a fase de redemocratização do país.

3.1. Surgimento do BNH e do SERFHAU

Em 1964, foram criados o Banco Nacional de Habitação e o Serviço Federal de Habitação e Urbanismo, o primeiro com a preocupação de resolver as questões do déficit habitacional e de saneamento, e o segundo, com o objetivo de organizar o espaço habitacional urbano, uma vez que à época os problemas de habitação, em decorrência da crescente urbanização do país e da lei do inquilinato, ocupavam posição de destaque, ficando as questões mais gerais do planejamento urbano subordinadas às preocupações e proposições para a redução dos déficits da infraestrutura habitacional.

Surgiram, financiados pelo BNH e coordenados por Cooperativas Habitacionais de operários sindicalizados, orientadas pelo Instituto de Orientação às Cooperativas Habitacionais – INOCOOPs e empresas estaduais e municipais – COHABs, os primeiros conjuntos habitacionais para a população de menor renda, com amplas dimensões e número elevado de unidades residenciais, boa parte das vezes na periferia das grandes cidades, distantes das áreas centrais de comércio e serviços, dos espaços de trabalho e de lazer, com sistema de transporte público precário. A localização dos conjuntos habitacionais, além de provocar um distanciamento social das populações atendidas, acabava por gerar segregação espacial que, pela distância das áreas centrais, agravava problemas urbanos de provimento de infraestrutura básica e serviços urbanos a essas populações.

O Sistema Financeiro de Habitação – SFH[100] foi projeto prioritário da política econômica adotada a partir de 1964.[101] Sob o comando do BNH, o SFH atendia à urgência da mesma crise habitacional e social que antes levara o de-

---

[100] Lei nº 4.380, de agosto de 1964, que criava o BNH, SERFHAU e adotava outras medidas.
[101] CAMPOS, Roberto. *A lanterna na popa – Memórias*. Rio de Janeiro : Topbooks, 1994, p. 654.

posto presidente João Goulart a incluir a Reforma Urbana como uma das Reformas de Base de seu governo. O BNH liderava o SFH e administrava a captação de recursos para investimentos habitacionais, sem depender de subsídios com recursos públicos, buscando ficar imune aos interesses políticos que antes haviam prejudicado a Fundação da Casa Popular, criada em 1946, e os Institutos de Pensões e Aposentadorias para categorias específicas de funcionários e de trabalhadores, instituições que, no período 1930/1964, financiaram 120 mil unidades habitacionais.

Como mecanismo para compensar os altos índices inflacionários da época, permitindo reajustar automaticamente os débitos e as prestações por índices correspondentes às taxas de inflação e dispensar qualquer tipo de subsídio para investimentos em habitação, foi adotada a correção monetária, acreditando-se que ela seria eficiente *para vencer a inflação crônica que desencoraja investimentos de longo prazo.*[102] A correção monetária era calculada a partir de Unidades Padrão de Capital – UPCs, e foi usada para evitar possíveis distorções conjunturais; o seu descumprimento colaborou para a extinção do SFH.

Outros marcos regulatórios criados para sustentar o SFH foram responsáveis pela criação de Sociedades de Crédito Imobiliário – SCIs e do SERFHAU, assim como da Lei do Inquilinato (Lei n° 4.494, de novembro de 1964), que estimulava o aluguel e a ocupação de imóveis e incentivava a construção civil. Mais tarde, o SFH foi fortalecido por legislação

---
[102] CAMPOS, Roberto, *A lanterna na popa - Memórias,* Rio de Janeiro : Topbooks, 1994, p. 650.

sobre condomínios em edificações e incorporações imobiliárias (Lei n° 4.591, de dezembro de 1964); por lei para a criação de medidas de estímulo à indústria da construção civil (Lei n° 4.380, de agosto de 1964) e, finalmente, pela criação do Fundo de Garantia do Tempo de Serviço – FGTS (Lei n° 5.107, de setembro de 1966).

Esse complexo arcabouço jurídico foi redigido por juristas, economistas, políticos e empresários, em atendimento a exigências surgidas em decorrência da transição política, às tensões sociais do inchamento urbano e à política econômica adotada pelos ministros Otávio Gouveia de Bulhões e Roberto Campos sem, contudo, ter o objetivo de apoio às políticas urbanas. Isso só aconteceria mais tarde, quando o SERFHAU recebeu novas atribuições e o BNH passou a ser, de fato, o eixo de uma política mais abrangente de desenvolvimento urbano.

3.2. A Atuação do BNH

O BNH foi criado, portanto, para conduzir o Sistema Financeiro de Habitação que integrava a política econômica do Governo Federal e correspondia à implantação de gestão urbana modernizadora, nos moldes que vinham sendo adotados pelo IBAM e FGV a partir dos anos 1950. Além disso, os resultados da política habitacional do SFH eram politicamente fundamentais para compensar os incômodos da contenção econômica e obter o apoio da população. Coube ao BNH atuar como gestor do SFH, responsável por financiamentos destinados a promover a construção e a aquisição da casa própria, especialmente pelas classes de menor renda, ampliar as oportunidades de emprego e dinamizar o setor da construção civil. O conjunto de instituições que integrava o sistema BNH estabeleceu mecanismos inovadores de articulação entre os setores público e privado, que respondia pela produção, distribuição e controle das habitações, enquanto o BNH arrecadava recursos financeiros para transferi-los a diferentes agentes públicos, privados e outros, como as cooperativas habitacionais.

Os instrumentos criados para sustentar o SFH eram depósitos em cadernetas de poupança e letras imobiliárias, além da não utilizada *subscrição compulsória de letras imobiliárias,* cuja operacionalização dependia das Prefeituras Municipais.[103] A correção monetária protegia os valores depositados da corrosão inflacionária, o que fortaleceu os depósitos em cadernetas de poupança sem, contudo, chegar a níveis suficientes para possibilitar tanto ao BNH como ao SERFHAU coordenar e financiar uma política habitacional orientada para as classes menos favorecidas, e eliminar favelas ou reduzir o preço da habitação, estimular a poupança privada e aumentar a oferta de emprego para mão de obra não especializada,

Esses instrumentos financeiros consolidaram-se em 1967, quando o BNH assumiu a gestão financeira do Fun-

---

[103] Criada no *propósito um pouco ingênuo de sublinhar a função social do BNH,* a subscrição compulsória de letras imobiliárias do BNH deveria ser feita por *proprietários ou construtores de prédios residenciais cujo custo excedesse de 850 vezes o maior salário-mínimo vigente no país,* cabendo às Prefeituras Municipais operacionalizar esse financiamento de habitação popular com tributos pela construção de imóveis de luxo, o que não aconteceu. Ver CAMPOS, R., op. cit., p. 655.

do de Garantia do Tempo de Serviço, constituído por 8% dos salários pagos mensalmente pelo empregador e depositados em nome de cada empregado em conta bancária vinculada, com remuneração de juros e correção monetária, como alternativa ao antigo regime de estabilidade após 10 anos no emprego, estabelecido pela Consolidação das Leis do Trabalho – CLT.

Como gestor do FGTS e responsável pela aplicação e devolução de depósitos de empregados, o BNH tornou-se, em 1969, o segundo banco do país, com recursos oriundos de dois mecanismos de poupança: a compulsória, via FGTS, e a voluntária, via Sistema Brasileiro de Poupança e Empréstimo – SBPE, que atuava através das cadernetas de poupança e das letras imobiliárias.

Ao longo de 22 anos de atividade, o BNH criou ou modificou procedimentos para responder a diferentes desafios, tais como a alteração de normas de captação e a aplicação de recursos do SFH, a criação de programas para famílias de baixo poder aquisitivo, sem acesso aos financiamentos do SFH, ou a ampliação das atividades para a urbanização do país.

O maior legado do BNH foram os mais de 4.500.000 financiamentos imobiliários, dos quais mais da metade destinados a mutuários de baixa renda. Além disso, o BNH foi fundamental para a implantação de políticas setoriais urbanas e pelo fortalecimento da integração intergovernamental dos três níveis do poder público com o setor privado e com instituições universitárias.

No campo das disparidades sociais, adotou procedimentos compensatórios nas políticas habitacional e de saneamento, que atenuaram os custos dos financiamentos para famílias de menor renda. Os investimentos do BNH permitiram, também, a redução de disparidades regionais, uma vez que os recursos aplicados em Estados mais pobres foram inversamente proporcionais à sua arrecadação do FGTS. No período 1968/1973, São Paulo abrigava 27,41% da população urbana nacional, recolhia 44,94 % dos depósitos líquidos do FGTS e recebia 26,09% das aplicações do BNH. Esses percentuais eram, respectivamente, de 5,40%, 2,44% e 4,81%, em Pernambuco, de 1,42%, 0,31% e 0,88%, no Rio Grande do Norte e de 0,78%, 0,48% e 1,76%, no Amazonas (Figura 9). Diferentemente do que ocorria em São Paulo, os percentuais aplicados em Estados do Norte e Nordeste eram o dobro ou mais que isso do valor arrecadado naquelas unidades da federação. As proporções são mais próximas em outros Estados, exceto no da Guanabara, com 8,16% da população, 18,55% do FGTS arrecadado e 21,36% das aplicações totais do BNH no país.

FIGURA 9 – DISTRIBUIÇÃO PERCENTUAL DA POPULAÇÃO URBANA, ARRECADAÇÃO DO FGTS E APLICAÇÕES DO BNH, POR ESTADO – 1968/1970

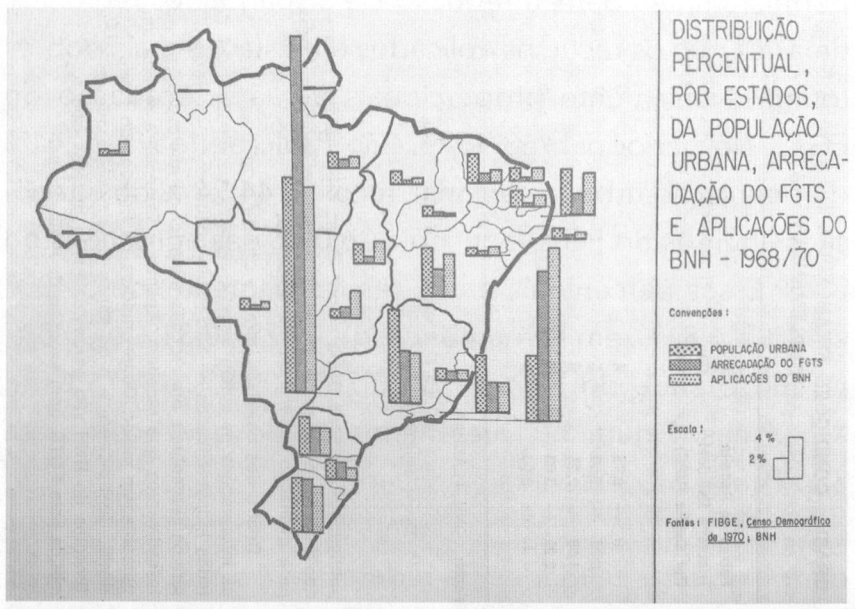

Fonte: FRANCISCONI, Jorge Guilherme e SOUZA, Maria Adélia A *Política Nacional de Desenvolvimento – Estudo e proposições alternativas*. Brasília : IPEA, série Estudos para o Planejamento, 15,1976, p. 87.

O BNH também influenciou a qualificação profissional e o mercado de trabalho, os hábitos e padrões de poupança familiar, os procedimentos para financiar e gerir habitações e a infraestrutura básica urbana.

Vale lembrar, por fim, que o BNH foi o único banco brasileiro a reunir equipes qualificadas para tratar os numerosos aspectos presentes em sistemas de financiamento para a implantação de políticas, planejamento e gestão urbana. Sua extinção deixou o poder público brasileiro sem instrumentos para enfrentar a desigualdade social de cidades e metrópoles, bem como dispersou e destruiu o saber diferenciado que fez do BNH o núcleo qualificado de um sistema financeiro, técnico e administrativo de políticas e projetos setoriais e territoriais urbanos.

3.3. Ciclos de Atividades do BNH

Em seus primeiros anos (1964 a 1967), o BNH atuou nos moldes das Caixas Econômicas existentes na época, limitado, entretanto, à habitação popular e com poucos recursos. Sua estrutura administrava um capital de um bilhão de cruzeiros, cujo crescimento estava previsto pela arrecadação compulsória de 1% da folha dos salários dos trabalhadores sujeitos à CLT no país.

O cenário mudou a partir de 1967, quando graças à criação de dois mecanismos de poupança, a compulsória via FGTS e a voluntária via SBPE, o BNH entrou efetivamente na área dos financiamentos habitacionais atuando, até 1971, como banco de primeira linha. Esse período coincidiu com o Plano Decenal de Desenvolvimento Econômico e Social – 1967-1976, que definiu a habitação como prioridade da área social, cujos motivos e objetivo foram:

> ... construção em grande escala de residências populares se recomenda duplamente, pelo impacto social e pelo efeito de absorção de mão de obra pouco qualificada na indústria de construção. O Plano deverá basear-se (... em) o realismo dos aluguéis e, sobretudo, o realismo dos financiamentos imobiliários através da correção monetária, e poderá contar com o vultoso apoio de recursos do Fundo de Garantia do Tempo de Serviço. Espera-se, em tal base, construir cerca de 1,4 milhões

de unidades residenciais no período 1967/1971, e um total de 3,6 milhões no decênio 1967/1976.[104]

Em 1971, o BNH foi reestruturado e deixou de ser autarquia para se tornar empresa pública que passava a financiar a infraestrutura urbana. Dessa forma, ampliou seu papel de agente do desenvolvimento urbano do país, em resposta a críticas que sofria, e resolveu problemas que enfrentava com adquirentes da casa própria (atraso de pagamentos, abandono ou depredação dos imóveis). Deixou de ter qualquer relação direta com os mutuários do sistema e passou a fazer o repasse dos seus recursos diretamente aos agentes, que também receberam o direito de processar os mutuários inadimplentes e recalcular a dívida para a revenda de imóveis.

Atuando em dois diferentes níveis de renda, o BNH emprestava para agentes financeiros, como as COHABs, no atendimento a famílias de baixa renda, e refinanciava agentes privados (cooperativas, institutos, caixas hipotecárias de clubes militares e agentes do mercado de hipotecas) para atender aos estratos de média e baixa rendas. Outro mecanismo de financiamento era o SBPE, cujos agentes foram as Sociedades de Crédito Imobiliário, as Associações de Poupança e Empréstimo – APEs e as Caixas Econômicas,

---

[104] Ministério Extraordinário para o Planejamento e Coordenação Econômica. *Plano Decenal de Desenvolvimento Econômico e Social 1967/1976 – Estrutura Geral e Estratégia de* Desenvolvimento no item 5 do Tomo VI (Desenvolvimento Social). O Tomo VII tratou do Desenvolvimento Regional e Urbano, com *Diretrizes para a Formulação de uma Política de Desenvolvimento Regional do Governo Federal; Regionalização dos Programas Industriais; Centro-Sul como Região*; Desenvolvimento do Nordeste; Desenvolvimento da Amazônia; e Política do *Desenvolvimento Urbano*. Em anexo, havia estudo sobre a delimitação de "... REGIÕES HOMOGÊNEAS" e de "REGIÕES POLARIZADAS".

com uma clientela situada nos estratos de média e alta renda. Dispunha, ainda, do Refinanciamento ou Financiamento do Consumidor de Materiais de Construção – RECON, voltado para esta última clientela, mediante o financiamento para materiais de construção em lugar de unidades prontas, como acontecia nos outros programas.

O equilíbrio entre concessões de financiamento do BNH para habitação social e habitações de classe média e alta sofreu várias alterações. Até 1969, o Banco concentrou investimentos na chamada área de interesse social, com as Cooperativas Habitacionais (COS) e por meio da Carteira de Programas Habitacionais – CPH, mas, a partir de 1970, as unidades financiadas estiveram concentradas, em sua maioria, nas áreas do SBPE e RECON. Em 1974, no auge do período crítico para a atuação do BNH, enquanto o SBPE e o RECON financiavam 80 mil unidades habitacionais, a área social registrava apena 17 mil unidades financiadas, o que gerou severas críticas em relação ao distanciamento do Banco dos seus objetivos sociais.

No ano seguinte, o BNH priorizou o mercado popular de habitações e, em 1976, os financiamentos para a área social voltaram a representar mais de 50% do total dos financiamentos concedidos. O Decreto-Lei nº 1.358/74, que proporcionava a restituição de 10% do valor das prestações pagas no ano anterior aos mutuários adimplentes, posto em prática em 1975, também ajudou na recuperação da imagem positiva do BNH.

Oscilações e reduções percentuais na receita do FGTS afetaram o BNH, uma vez que esse Fundo foi a principal fonte de arrecadação de recursos do Banco até 1971. A partir de 1972, entretanto, os recursos oriundos dos mecanismos de captação de poupança voluntária começaram a superar os arrecadados pelo FGTS. Até 1975, o volume de saques do FGTS não chegou a comprometer a metade do total arrecadado; mas, de 1976 em diante, corresponderam a mais de 50% da arrecadação. No intervalo de tempo entre 1966 e 1988, a poupança compulsória representou 42,62% e a voluntária, 57,38% do total de recursos do BNH.

Quanto à aplicação dos recursos até 1976, o BNH elegeu três grandes áreas de atuação: o setor de habitação, com cerca de 71,0% do total das aplicações realizadas; a área de desenvolvimento urbano, com 22,5% dos recursos aplicados; e os programas de estímulo à produção, transporte, armazenamento e comercialização de materiais de construção (RECON), reunindo 6,5% das aplicações.

O BNH tornou-se Banco de Desenvolvimento Urbano ao conceber e implantar o *Programa de Financiamento para Saneamento - FINASA*, que foi o embrião do *Plano Nacional de Saneamento - PLANASA*, instituído em 1970. Depois disso, frente à disponibilidade de recursos financeiros e a novas demandas, o BNH expandiu seu leque de atividades e de financiamento para Estados e Municípios.

Para melhor atender às crescentes demandas por recursos, o BNH ampliou sua linha de financiamentos, dando prioridade aos investimentos sociais, e descentralizou os procedimentos de financiamentos para projetos urbanos, mediante a criação, no início dos anos 1970, de *Fundos de Desenvolvimento Urbano - FDUs* no Banco do Brasil, no

Banco do Nordeste e no Banco da Amazônia. Dessa forma, transferia recursos para que esses bancos concedessem empréstimos aos Estados e Municípios.

Para atender às famílias de pouco poder aquisitivo e sem condições de receber financiamentos concebidos via SFH, o BNH criou três programas que receberam o aporte de organismos internacionais (Banco Internacional para Reconstrução e Desenvolvimento – BIRD [Grupo Banco Mundial] e Banco Interamericano de Desenvolvimento – BID). Esses programas representaram cerca de 7% da produção de lotes urbanizados do BNH (285 mil unidades) e foram os seguintes:

(i) *PROFILURB – Programa de Financiamento de Lotes Urbanizados*, que financiava a aquisição de lotes dotados de infraestrutura básica para famílias de renda mais baixa. O Programa foi utilizado em áreas de subabitação bem como na construção de vilas operárias, como na construção da Represa de Itaipu, em Foz do Iguaçu. Cerca de 70.000 unidades foram criadas no período 1975/1984;

(II) *PROMORAR – Programa de Erradicação da Subabitação*, criado em 1979, para erradicar ou urbanizar ocupações, buscando não mais remover, mas fixar os moradores nas áreas que ocupavam, mesmo que a partir de invasão de terra;

(III) *Programa João de Barro* – criado em plena crise econômica (1982) e destinado a financiar o terreno e cesta de material para construção por mutirão em cidades de pequeno porte.

Outros projetos criados pelo BNH para apoiar o desenvolvimento urbano foram:

- *CURA - Comunidade Urbana para Recuperação Acelerada*, que financiava a recuperação da infraestrutura de bairros e áreas urbanas. O objetivo era racionalizar e qualificar o uso do solo urbano, melhorar as condições de serviços e de infraestrutura das cidades e corrigir as distorções causadas pela especulação imobiliária. Em uma segunda fase, o projeto CURA expandiu suas atividades para as áreas de transporte, comunicação, educação e de cultura;
- *PRODEPO - Programa de Apoio ao Desenvolvimento de Polos Econômicos*, que foi utilizado para financiar projetos urbanos associados à implantação de polos e distritos industriais;
- *PROHEMP - Programa Habitacional Empresa* para financiar habitações para funcionários de empresas;
- *PROGRESS* - para financiar a construção de vias de conexão de sedes de Municípios com rodovias federais e estaduais.

As normas criadas pelo BNH para orientar a implantação de projetos de cada um desses programas tinham como objetivo uma adequada inserção do projeto no tecido urbano da cidade na qual o projeto era desenvolvido, preocupação não dominante na grande maioria dos projetos habitacionais e de saneamento. O BNH promoveu, ainda, soluções inovadoras para a questão fundiária, como o programa-piloto de bancos de terra para os Municípios estocarem glebas urbanas destinadas à implantação de projetos sociais.

3.4. A Extinção do BNH

No transcorrer dos anos 1970, o BNH passou a enfrentar um conjunto de fatores adversos que levaram à sua extinção, tais como inflação acelerada, desemprego, baixa credibilidade do SFH e do próprio Banco, municipalização da gestão urbana e suspensão de políticas urbanas intergovernamentais, além de fortes suspeitas de corrupção no sistema. O descrédito enfrentado pelo SFH foi reforçado por pedidos de intervenção em empresas privadas, que indicavam um considerável crescimento nas perdas do sistema, e dificuldades com o saneamento financeiro das empresas captadoras de recursos das cadernetas de poupança.

As dificuldades financeiras enfrentadas pelo BNH cresceram devido à crise econômica da década de 1980, que reduziu as condições de investimento do poder público e acelerou o desequilíbrio do mercado imobiliário pela maciça evasão dos depósitos nas cadernetas de poupança e saques crescentes do FGTS. Em paralelo, as liquidações extrajudiciais no SFH geravam um significativo rombo financeiro que, em 1985, somou cerca de 13 trilhões de cruzeiros.

Vale lembrar que, para Roberto Campos,[105] o economista que liderou a criação do SFH e seus instrumentos, o principal motivo para a extinção do BNH foi a "lei da entropia burocrá-

---

[105] CAMPOS, Roberto. *A lanterna na popa – Memórias*. Rio de Janeiro : Topbooks, 1994, p. 657.

tica", que começou quando a prioridade passou das habitações de baixa renda para operações mais rentáveis, seguida de forte politização na contratação de funcionários e no posterior "descasamento entre a correção monetária das prestações da casa própria e a das cadernetas de poupança." Os subsídios, contra os quais havia sido criado o SFH, passaram a ser cada vez maiores e destinados aos "mutuários de classe média, em vez de apoiar a habitação popular".

A pá de cal no BNH e a desestabilização do SFH foram decididas no Governo Sarney quando, em 1985, reduziu pela metade a correção monetária cobrada dos usuários. O desmonte do sistema exigiu valores cada vez maiores de subsídios; as SCIs preferiram aplicar seus recursos em Obrigações do Tesouro em vez de os investir em habitação; e o fundo de compensação das variações salariais acabou gerando um enorme passivo financeiro. A confluência dos novos ventos políticos, escândalos e notícias de corrupção, a crescente inflação e as dificuldades econômicas e financeiras enfrentadas pelo país levaram, em 1986, à dissolução do SFH e à extinção do BNH. A gestão do SFH passou à Caixa Econômica Federal. Os programas anteriormente mantidos pelo BNH foram gradualmente extintos e as atribuições normativas de fiscalização foram distribuídas entre várias entidades do Governo Federal.

No período 1964/1986, o BNH teve *atuação marcante no campo social sem ser uma "instituição social",*[106] com fi-

---

[106] ARAGÃO, José Maria. *Sistema Financeiro da Habitação – uma análise sociojurídica da gênese, desenvolvimento e crise do sistema*. Curitiba : Editora Juruá, 1999, p. 46.

nanciamento para fins habitacionais, saneamento básico e urbanização em milhares de Municípios brasileiros.

3.5. O SERFHAU

O SERFHAU foi a mais importante instituição do Governo Federal na área do planejamento urbano no período entre 1964 e 1975. Criado para apoiar tecnicamente as atividades do BNH, em 1967 tornou-se responsável pelo planejamento local e por políticas urbanas integradas às de desenvolvimento econômico e social. Em seus 11 anos de existência, o SERFHAU qualificou recursos humanos, aperfeiçoou práticas de gestão municipal, promoveu a modernização de métodos de planejamento e gestão de cidades e metrópoles e gerenciou recursos do Fundo de Financiamento de Planos de Desenvolvimento Local Integrado – FIPLAN, tornando-se, assim, celeiro de inovações e de difusão nacional de métodos de planejamento urbano/municipal e de gestão técnica para os Municípios e Metrópoles.

O SERFHAU herdou as atribuições de órgãos anteriores voltados para o problema habitacional e de apoio aos Municípios, passando a ter a responsabilidade de dar apoio técnico à implementação de programas habitacionais do governo (que a financiaria através do BNH) e atender a Estados e Municípios nas questões da gestão urbana. Com a sua regulamentação em 1966, ficou o SERFHAU com a responsabilidade de elaborar e coordenar a Política Nacional de Desenvolvimento Local Integrado – PNDLI, inserida nas diretrizes da política de desenvolvimento regional.

O cenário nacional do planejamento urbano nos anos 1950 não fora muito animador. Pesquisas do IBAM, em 1958, indicaram que apenas 271 Municípios, ou seja, 11,6% dos 2.423 Municípios brasileiros à época, contavam com algum "órgão de urbanismo", enquanto pesquisa do IPEA, da mesma época, concluía que "somente 120 ou 130 possuíam planos urbanísticos razoáveis e destes, somente 10 ou 20 contavam com órgãos capazes de controlar o desenvolvimento urbano respectivo".[107] Ainda que com exceções, a dominância do patrimonialismo nas Prefeituras Municipais impedia a gestão e o planejamento urbano qualificado. Essa dura realidade frustrava expectativas de grupos modernizantes e dimensionava o desafio que o SERFHAU precisava enfrentar.

O SERFHAU promoveu um leque de programas e teve impacto com características e condições sem similares na administração pública brasileira. Para isso, valeu-se da experiência nacional já acumulada em políticas e programas orientados para o planejamento e para a gestão urbana, tanto municipal como metropolitana, resultado da integração do urbanismo à administração de cidades e metrópoles no transcorrer dos anos 1950 e 1960. Muitas Prefeituras Municipais adotavam Planos Diretores e havia núcleos de estudo, planejamento e gestão em várias metrópoles nacionais. Em suas atividades, o SERFHAU valeu-se muito

---

[107] Ver SEGAWA, Hugo. *Arquiteturas no Brasil 1900-1990*. São Paulo : EDUSP, 2002 e BUZZAR, Miguel Antônio. *João Vilanova Artigas: elementos para compreensão de um caminho da arquitetura brasileira, 1938-1967*. São Paulo : Editora UNESP, Editora Senac, 2014.

da experiência do IBAM e do apoio do IBGE e do Instituto de Pesquisa Econômica Aplicada – IPEA, para depois promover novas metodologias e apoiar atividades de qualificação profissional no Programa de Pós-Graduação em Planejamento Urbano e Regional – PUR, criado na Coordenação dos Programas de Pós-Graduação em Engenharia do Instituto Alberto Luiz Coimbra, de Pós-Graduação e Pesquisa de Engenharia da Universidade Federal do Rio de Janeiro – COPPE/UFRJ, em 1971, e nos Centros Regionais de Treinamento em Administração Municipal – CERTAMs, distribuídos pelo país.

A década de 1960 evidenciou a preocupação com o desenvolvimento regional. Por essa época, criaram-se as Superintendências de Desenvolvimento das Regiões Sul e Centro Oeste – SUDESUL e SUDECO. Em 1967, o IBGE fez uma divisão do Brasil em regiões homogêneas e polarizadas. O Plano Decenal 1967/1976 trouxe, ainda que de forma embrionária e abrangente, a preocupação com uma política nacional de desenvolvimento urbano. Nesse cenário é que tocou ao SERFHAU atuar no campo municipal e intermunicipal ou microrregional, embora sua ação tenha se desenvolvido muito mais no primeiro. Para financiar os planos de desenvolvimento dos Municípios, foi criado o FIPLAN, com a maioria de seus recursos oriundos do FGTS, segundo diretrizes do BNH.

Até ser extinto, em 1975, o SERFHAU foi sinônimo de planejamento urbano local para cidades e metrópoles, praticado de forma interdisciplinar e intergovernamental.

3.6. Evolução Institucional

O SERFHAU foi uma autarquia[108] criada em 1964 para cumprir objetivos e funções sugeridos por Sandra Cavalcanti e definidos na Lei nº 4.380/64, que criou o SFH e o BNH. As sugestões de Sandra Cavalcanti partiam da necessidade de uma atuação vigorosa junto às camadas menos favorecidas e de fortes investimentos em moradia para devolver a alegria a uma população sofrida. Suas ideias orientaram a política intraurbana nas décadas seguintes.

Ao SERFHAU cabia tratar apenas da habitação com a responsabilidade de "promover investigações e estudos relativos ao déficit habitacional, aspectos de planejamento físico, técnico e socioeconômico da habitação".[109] Em paralelo, surgiam os Setores de Desenvolvimento Regional e Desenvolvimento Urbano no Escritório de Planejamento Econômico – EPEA, depois IPEA, do Ministério do Planejamento e Coordenação Econômica.[110] No ano seguinte, era criada a Coordenação de Planejamento Regional e Municipal, no gabinete do ministro, para instituir "um sistema de planejamento integrado, de âmbito nacional, regional, estadual e local."

Os limitados poderes e a capacidade operacional do Sistema BNH e SERFHAU foram fortalecidos em 1966,

---

[108] O SERFHAU foi criado pela Lei 4.380/64 e regulamentado pelo Decreto nº 59.917, de 30/12/1966.
[109] Art. 55 da Lei nº 4.380, de 21 de agosto de 1964.
[110] A partir do Governo João Goulart, houve uma sequência de ministérios, além da Secretaria da Presidência da República, cuja atribuição maior foi o planejamento federal. O Ministério de Planejamento e Coordenação Econômica foi o segundo deles. Tais entidades recebem aqui a denominação oficial de cada época.

quando o Governo Federal sancionou a criação do FGTS.[111] O decreto federal que regulamentou a Lei do FGTS instituiu o Sistema Nacional de Planejamento Local Integrado – SNPLI, criou o FIPLAN, com recursos do FGTS, e atribuiu ao SERFHAU a gestão e a coordenação geral do sistema nacional de Planos de Desenvolvimento Local Integrados – PDLIs.

Com a atuação regulamentada pelo Decreto nº 59.917, de 30 de dezembro de 1966, o SERFHAU viu reduzidas (ou extintas) suas atribuições correspondentes à programação habitacional e passou a ter duas linhas de atuação bem caracterizadas:

> a) *planejamento local integrado, em nível municipal;*
> b) *planejamento microrregional de desenvolvimento integrado, envolvendo vários Municípios vizinhos, de uma mesma unidade federativa e com problemas comuns.*

Ainda que tenha elaborado manuais de orientação e normas para elaboração dos planos microrregionais de desenvolvimento integrado, a ação efetiva do SERFHAU ocorreu fundamentalmente no âmbito local. Desenvolveu-se o conceito de Planejamento Local Integrado, proposto por Harry Cole,[112] diretor do SERFHAU, como método do Sistema Nacional de Planejamento Integrado de apoio aos planos diretores municipais. O método fora usado pela equipe técnica (arquiteto, sociólogo, agrônomo, economista, advogado e consultor do IBAM) da COPLAN, empresa de consul-

---

[111] Lei nº 5.107, de 13 de setembro de 1966.
[112] Ver COLE, Harry J. Desenvolvimento urbano no Brasil. In *Revista de Administração Municipal*, nº 104. Rio de Janeiro, jan.-fev./1971.

toria contratada para elaborar o PDLI de Feira de Santana/BA, e envolvia:

- *Aspectos Programáticos (Setores Primário, Secundário e Terciário);*
- *Plano Físico – generalidades, localização, evolução urbana, diretriz de ocupação urbana, zoneamento, sistema viário, transportes e comunicações, programas específicos, turismo, programas de obras;*
- *Plano Social;*
- *Instrumentos Institucionais para Execução do Plano de Desenvolvimento;*
- *Reforma Administrativa e Tributária;*
- *Legislação Específica do Plano;*
- *Recursos para Execução do Plano: Fontes e Usos dos Recursos;*
- *Planejamento e Controle do Plano: Metodologia, Relação Etapa – Atividade, Tabela de Etapas e Folgas, Gráfico Rede PERT.*

Mais abrangentes que os Planos Diretores Urbanos – PDUs, destinados ao ordenamento de atividades nas cidades, os PDLIs eram planos de qualificação e modernização dos métodos de gestão das Prefeituras Municipais.

O conteúdo dos PDLIS era flexível, visto que deveria atender às exigências e características de cada centro urbano segundo métodos e procedimentos de cada consultoria, mas havia um roteiro básico para os planos, de autoria do urbanista Peter José Schweizer, que era distribuído para orientar as empresas consultoras cadastradas no SERFHAU.

Para consultores da Organização dos Estados Americanos – OEA atuando no SERFHAU, o PDLI era instrumento, meio ou recurso essencial para o estabelecimento de um processo de planejamento, sendo igualmente essencial dispor-se de recursos humanos para implementar um plano que

> *establece objetivos a ser alcanzados, fija plazos de su cumplimiento, determina actividades a ejecutar en ese plazo y quién debe ejecutarlas. Contiene líneas directrices del desarollo municipal para orientar la iniciativa privada y la acción estatal. Se dice que es de desenvolvimiento porque busca el desarollo social y económico, así como la ordenada organización territorial del município.*[113]

3.7. A Diversidade de Planos de Desenvolvimento Urbano

Multiplicaram-se os planos de desenvolvimento local integrado, criou-se a consciência da importância do planejamento urbano, mas o Sistema Nacional de Planejamento Local Integrado, proposto pelo SERFHAU em combinação com o IPEA, não chegou a se efetivar.

O planejamento local integrado coordenado pelo SERFHAU previa a elaboração de planos e projetos compatibilizados entre si, cobrindo os aspectos físicos, econômicos, sociais e institucionais, de modo a promover o desenvolvimento municipal. Deveriam ser, portanto, multidisciplinares.

---

[113] POSADA, Reynaldo, ECHEGARAY, Francisco. *Conceptuación de programas y proyectos* in SERFHAU, MINTER, BNH, OEA *Conceituação e operacionalização de projetos integrados – Anais do V Curso Intensivo de Planejamento Urbano e Local*. Forlaleza, 1974, pp.22 e 23.

Compreendiam duas fases: na primeira, era feito um Estudo Preliminar – EP, que verificava a conveniência da elaboração do Plano de Desenvolvimento Local Integrado. Na grande maioria dos casos, esses estudos concluíam pela necessidade do plano, até porque foi dada atenção maior às cidades médias ou grandes. Embora não houvesse critérios para a seleção dos Municípios a serem estimulados a participar do Sistema Nacional de Planejamento Local Integrado, foi dada ênfase àqueles com mais de 50 mil habitantes. Na verdade, as avaliações feitas quanto à efetividade dos resultados obtidos pelo planejamento local e integrado deixavam (e ainda deixam) claro que são os Municípios maiores os que têm competência técnica, administrativa e financeira para implementar planos diretores.[114]

Os PDLIs já defendiam, no final da década de 1960, a participação popular no processo de planejamento, tanto quanto a formação de equipes locais que pudessem implementá-lo. Os planos, em sua maioria, eram elaborados, com forte apoio do SERFHAU, por empresas contratadas ou consultores independentes e, no caso das cidades maiores, eram discutidos com as entidades representativas da sociedade, em assembleias, durante as etapas de elaboração. Uma equipe local de acompanhamento participava de todo o trabalho, desde as atividades iniciais de elaboração dos estudos. Essa equipe viria a constituir o escritório ou a agência municipal encarregada da implementação e monitoramento do PDLI.

---

[114] FONSECA, Marília S. R. da. *Avaliação dos resultados obtidos em planejamento urbano e local*. In FRANCISCONI, J. G. (coord.) *Diretrizes gerais para a política nacional de desenvolvimento urbano*. Brasília : MINIPLAN/PNDU, 1974.

A EXPERIÊNCIA DO BNH E DO SERFHAU

Nasceu, também nessa época, um esforço sistematizado de preparação de especialistas, como o arquiteto planejador, que seguia padrões definidos pelo SERFHAU e pelo IAB, e foi estruturado o programa de pós-graduação em planejamento urbano, na COPPE/UFRJ. Além disso, a concessão de bolsas de estudo para especialização no exterior aumentou razoavelmente.

Em 1969, o Ministério do Interior – MINTER, a quem o SERFHAU era subordinado, criou o *Programa de Ação Concentrada – PAC,* visando a promover, por etapas, o desenvolvimento urbano em todo o país, por meio da execução de projetos setoriais prioritários nas áreas de habitação, saneamento básico e organização institucional das Prefeituras Municipais, indicados pelos planos locais.

Com isso, os investimentos do MINTER obedeceriam às prioridades definidas no PDLI e tornariam o "planejamento urbano local uma função governamental destinada a dar melhor uso aos escassos recursos disponíveis no país".[115]

O PAC estabeleceu uma estratégia de atuação para cerca de 450 Municípios brasileiros, selecionados a partir das microrregiões homogêneas definidas pelo IBGE. As primeiras cidades a participar do PAC foram selecionadas pelos seguintes critérios:

---

[115] O PAC fortalecia a função do Estado como "produtor do espaço urbano" a partir de investimentos intraurbanos feitos para melhorar as condições de vida e atenuar contradições da rede urbana, mediante investimentos vinculados a políticas setoriais sociais e econômicas do Governo Federal e de cada unidade da federação.

- as mais populosas de cada microrregião;
- as de 20 mil habitantes ou mais em São Paulo, Minas Gerais, Rio Grande do Sul, Bahia e Pernambuco;
- as 50 primeiras pela ordem dos itens anteriores para cada Estado;
- O Distrito Federal e o Estado da Guanabara.

Apoiadas pelo PAC, as Superintendências de Desenvolvimento poderiam compatibilizar investimentos federais com planos regionais, como ocorreu na Região Sul, e estaduais de desenvolvimento urbano (RS, SC, PR, MG, BA).[116] Em contrapartida, o PAC não influenciava a organização intraurbana de núcleos habitacionais e de projetos de saneamento, mas avaliava, juntamente com as Prefeituras Municipais, investimentos federais e estaduais de apoio ao desenvolvimento econômico, como distritos, polos e áreas industriais.

Para obter melhores resultados, o SERFHAU, por meio do PAC, diversificou os tipos de planos locais integrados segundo o porte do Município:

- *Relatório Preliminar – RP, para os de pequeno porte, com a indicação de ações de curto prazo para as administrações Municipais;*
- *Plano de Ação Imediata – PAI, para os de médio porte;*
- *Plano de Desenvolvimento Local Integrado – PDLI, para os maiores, compreendendo as capitais de Estados e Territórios e cidades de importância nacional.*

---

[116] PEREIRA REGO, Maria Elizabeth. *O município e as relações com o SEDUL.* In SERFHAU, MINTER, BNH, OEA. *Conceituação e operacionalização de projetos integrados* – Anais do V Curso Intensivo de Planejamento Urbano e Local. Forlaleza, 1974, pp. 48-52.

Os dois últimos exigiam um Termo de Referência - TR e o Plano,[117] além de incluir a qualificação de funcionários públicos pela empresa consultora.

O *Plano de Ação Imediata*, para cidades de porte médio, consistia em Diagnóstico, Plano de Diretrizes de Desenvolvimento e Plano de Ação do governo municipal, com ênfase nos aspectos físico-territoriais e institucionais. O PAI incluía a elaboração do instrumental básico para a implementação, compreendendo cadastro técnico fiscal, Plano Diretor físico (proposta urbanística) e orçamentos, além de programa de capacitação das equipes da administração municipal para o planejamento e gestão urbana.[118]

O *Plano de Desenvolvimento Local Integrado* incluía a participação dos governos municipal, estadual e federal para integrar as ações das três esferas governamentais.

No período entre 1967 e 1970, o FIPLAN apoiou o PAC com financiamento de PDLIs para um conjunto de Municípios nos quais viviam mais de 18 milhões de pessoas, prestou assistência técnica para a elaboração de Termos de Referência para 16 Municípios e assinou convênio com a SUDECO e a SUDENE para atender a 26 Municípios cada uma; com a Superintendência do Desenvolvimento da Amazônia

---

[117] FONSECA, Marília Steinberger R. da. *Avaliação dos resultados obtidos em planejamento urbano e local*. In FRANCISCONI, J. G. (coord.). *Diretrizes gerais para a política nacional de desenvolvimento urbano*. Brasília : MINIPLAN/PNDU, 1974.
Ver o anexo 6 do documento sobre a PNDU em http://www.jorgefrancisconi.com.br/p/miniplan-pndu-jorge-guilherme.html.

[118] SERFHAU, MINTER, BNH, OEA. *Conceituação e operacionalização de projetos integrados* - Anais do V Curso Intensivo de Planejamento Urbano e Local. Fortaleza, 1974.

– SUDAM, para 9 Municípios; e com o Projeto RONDON, para 30 Municípios.

Até 1973, o PAC havia promovido 73 Termos de Referência e 148 Relatórios Preliminares, além de 60 PAIs/PDLIs, sendo 15 no Nordeste e 35 no Sudeste e estavam em elaboração mais 357 documentos.

Durante o período de 6 anos de vigência do PAC, o SERFHAU recebeu o maior volume de recursos de sua história[119] e teve sua atuação fortalecida. São desse período, 83% dos PDLIs financiados pelo FIPLAN. Estudos e planos municipais e metropolitanos foram elaborados em todo o país; órgãos de planejamento municipal foram criados em diversas capitais e cidades, pois o FIPLAN condicionava a concessão de recursos para a elaboração de planos à criação desses órgãos.

O PAC desenvolveu-se com a premissa básica de que o processo de planejamento devia ter início no Município e as diretrizes maiores de um sistema de planejamento deviam ser elaboradas a partir dos planos municipais. Contudo, tal sistema não chegou a se configurar, até porque, em muitos casos, os planos locais limitaram-se a diagnósticos das economias municipais, sem definição de objetivos precisos e sem consistência entre as proposições e a capacidade local de implementação.

Nos primeiros anos da década de 1970, as questões urbanas passaram a despertar maior atenção juntamente com os

---

[119] OLIVEIRA, Newton de. *Da Ideologia à Prática do Planejamento Urbano*. In FELDMAN, Sarah. *O Serviço Federal de Habitação e Urbanismo (SERFHAU): avanços, limites e ambiguidades (1964-1975)*. Salvador : Editora da UFBa, 1993.

problemas decorrentes dos desequilíbrios regionais. A metropolização das principais cidades do Sul e do Sudeste fez com que o fulcro da discussão sobre o desenvolvimento urbano se deslocasse da escala municipal para a Região Metropolitana. A importância das metrópoles nas políticas nacionais, seu impacto regional e sua governança foram temas debatidos em vários ministérios, em especial no MINIPLAN e MINTER que, por meio do IPEA, do IBGE e do SERFHAU, apoiavam a elaboração de diagnósticos para nove regiões consideradas como metropolitanas (Belém, Fortaleza, Recife, Salvador, Belo Horizonte, Rio de Janeiro, São Paulo, Curitiba e Porto Alegre). Tais estudos levaram o SERFHAU a publicar *A organização administrativa das áreas metropolitanas*,[120] em 1970, e orientaram a proposição de diretrizes para a questão metropolitana.

O tema foi debatido no Seminário de Desenvolvimento Urbano e Local, promovido pelo SERFHAU e pelo MINTER em Brasília, em 1971, com recomendação aprovada para que as autoridades competentes adotassem as "medidas necessárias à urgente complementação de preceito constitucional visando à criação de Regiões Metropolitanas e de sua organização político-administrativa"[121] A recomendação foi atendida pelas Leis Complementares n°s 19/73 e 20/74,

---

[120] SERFHAU/MINTER. *Organização administrativa das áreas metropolitanas*. Rio de Janeiro, 1971.
Texto elaborado pelo CEPAM – Centro de Estudos e Pesquisas de Administração Pública Municipal da Secretaria de Justiça do Governo do Estado de São Paulo e pelo PLANAD – Planejamento e Administração LTDA., levado ao V Congresso Hispano-Luso-Americano-Filipino de Municípios, em Santiago do Chile, 1969.

[121] SERFHAU/MINTER. *Anais do Seminário sobre o Desenvolvimento Urbano e Local*. Brasília, 1972, p. 11.

que criaram as primeiras nove Regiões Metropolitanas do país, definiram os serviços públicos de interesse comum e o modelo institucional a ser adotado nessas regiões.

Ao mesmo tempo, o Ministério do Planejamento e Coordenação Geral – MINIPLAN passou a se interessar diretamente pelas questões urbanas, gerando uma disputa entre ele e o Ministério do Interior pela coordenação da Política Nacional de Desenvolvimento Urbano, sob a alegação da evidente necessidade de subordinação dos investimentos correspondentes ao desenvolvimento urbano a uma diretriz de política predefinida. Ficava bem caracterizada a diferença de posições assumidas pelos dois Ministérios: de um lado, o MINTER tentava institucionalizar o *Sistema Nacional de Desenvolvimento Urbano e Local – SNDUL* como forma de fazer com que o planejamento local integrado se incorporasse à política de Integração Nacional, e de outro, o MINIPLAN mostrou-se empenhado em fortalecer um *Sistema Nacional de Planejamento*.[122] Essa disputa perdurou até 1974, quando foi criada a Comissão Nacional de Regiões Metropolitanas e Política Urbana – CNPU – ligada ao MINIPLAN. No ano seguinte, o SERFHAU e o FIPLAN foram extintos e as questões de desenvolvimento urbano foram entregues ao BNH.

---

[122] BERNARDES, Lysia. *Política urbana – uma análise da experiência brasileira*. In *Análise & Conjuntura*. v. 1, nº 1. Belo Horizonte : Fundação João Pinheiro, jan.-abr./1986, pp 88-119.

3.8. Contribuição para o Planejamento Urbano

Até ser extinto em 1975, o SERFHAU foi sinônimo de planejamento urbano local (cidades e metrópoles) praticado de forma interdisciplinar e intergovernamental. Seu legado foi equivocadamente criticado, desvalorizado e esquecido depois de identificado como "entulho autoritário"[123] na passagem do regime militar para a democracia, quando foi consolidada a subordinação da gestão e do planejamento urbano ao processo participativo comunitário e municipal.

A importância do planejamento e do urbanismo na gestão urbana arrefeceu-se nas décadas seguintes, e o SERFHAU, de início desqualificado, acabou sendo reavaliado a partir da década de 1990, quando os métodos adotados e os resultados obtidos por ele foram reconsiderados em trabalhos acadêmicos e objeto de dissertações de mestrado, teses de doutorado e debates em grupos de estudo,[124]

---

[123] DAVIDOVICH, Fany. *A volta da metrópole no Brasil*. In RIBEIRO, Luiz Cesar de Queiroz (org.), *Entre a coesão, a fragmentação, a cooperação e o conflito*. São Paulo : Editora Perseu Abramo. Rio de Janeiro : FASE , 2004, p. 200.

[124] Grupo de Estudo coordenado pela Prof ª dra. Sarah Feldman da Pós-Graduação da FAU/Universidade de São Carlos, que desenvolveu a pesquisa *Constituição e Atuação do SERFHAU*, com recursos do CNPq, que resultou, dentre outros, em teses e dissertações, como a de Juliana Costa Motta sobre *A inserção das grandes empresas privadas de engenharia no campo do planejamento urbano no período SERFHAU;* a de Elisangela de Almeida Chiquito sobre *Expansão Urbana e Meio Ambiente nas Cidades não Metropolitanas: o caso de Franca-SP,* (2006); a de Juliana Costa Motta sobre *Planos diretores de Goiânia, década de 1960: a inserção dos arquitetos Luís Saia e Jorge Wilheim no campo do planejamento urbano* (2004), e o *Planejamento urbano nos tempos do SERFHAU: O Processo de construção e implementação do Plano Diretor de desenvolvimento integrado de Franca*, de Mauro Ferreira, que é uma das teses de doutorado a seguir citadas.

o que levou à revisão dos conceitos então dominantes e à valorização do que o SERFHAU havia realizado.[125]

Ainda que caibam várias críticas à experiência do SERFHAU, existem diversas características meritórias que devem ser ressaltadas. Não restam dúvidas quanto ao seu papel de disseminador da ideia do planejamento local pelo país todo e de seu esforço para fomentar a investigação, a busca do saber e o emprego de novos métodos e técnicas de planejamento e gestão.

Se, por um lado, críticos apontam o aspecto tecnocrático da implementação dos planos de desenvolvimento, elaborados por consultores externos, sem a participação da sociedade ou dos políticos locais; se a reputam centralizadora, porque imposta pela União, ainda que a contragosto dos Municípios; se a julgam idealista por pressupor o estabelecimento de uma nova cidade sem problemas, ou ambiciosa por pretender açambarcar todos os aspectos da administração municipal, por outra parte é também verdade que permitiu a redução da explosão urbana que teria sido muito mais intensa sem esse esforço, fortaleceu quadros técnicos, promoveu a modernização de administrações municipais, criou uma mentalidade de planejamento urbano e desencadeou um processo de pesquisa que veio resultar na ampliação dos cursos superiores e de pós-graduação em planejamento urbano no país.

---

[125] Mauro Ferreira faz sua análise a partir de *quatro eixos estruturantes* e suas conclusões contrariam conceitos tradicionalmente adotados quanto ao impacto do SERFHAU. Ferreira trata de: *(i) o processo de elaboração do Plano Diretor de Franca; (ii) a história da GPI*, empresa consultora contratada *como estratégia de sobrevivência de membros da oposição politica ao regime militar; (iii) o longo processo que permitiu a implantação e a realização de significativa parcela das proposições do Plano; e (iv) o que se realizou do Plano, suas razões e seu impacto sobre a cidade.*

4. A INSTITUCIONALIZAÇÃO DO PLANEJAMENTO URBANO NO BRASIL

O período imediatamente precedente à extinção do SERFHAU, que durou até o fim do regime militar, talvez tenha sido a época em que a discussão sobre as questões urbanas e a prática do planejamento urbano teve mais evidência, culminando com a criação do Ministério de Desenvolvimento Urbano e Meio Ambiente – MDU, proposta pelo presidente eleito Tancredo Neves e mantida por seu vice, José Sarney, ao assumir o poder.

4.1. A Política Urbana do II PND e as Regiões Metropolitanas

A importância de uma política de ordenamento territorial para o Brasil surgiu com o Plano Nacional Territorial – PNT, discutido no Seminário Nacional de Habitação e Reforma Urbana, promovido pelo Instituto de Arquitetos do Brasil – IAB, com a etapa inicial realizada no Hotel Quitandinha, em Petrópolis, e as sessões finais e o encerramento tendo lugar em São Paulo, em 1963, sendo lembrado como "Seminário do Quitandinha".

Mais tarde, o Governo Federal atribuiu ao SERFHAU a tarefa de formular uma política urbana que reforçasse a política econômica,[126] o que resultou na criação do Sistema Nacional de Planejamento Local Integrado – SNPLI (1966), no Plano de Ação Concentrada – PAC (1969) e no incentivo à governança metropolitana, prevista no art. 164 da Constituição Federal de 1969.[127] Entretanto, a avaliação feita no Seminário de Desenvolvimento Urbano e Local, em 1971, concluiu que, embora os resultados do PAC implementados pelo SERFHAU fossem satisfatórios, ainda não havia uma proposta clara de política nacional de desenvolvimento urbano alinhada com a política de desenvolvimento nacional. Era preciso, portanto, definir uma Política Nacional de Desenvolvimento Urbano – PNDU para ser incluída no Segundo Plano Nacional de Desenvolvimento – 1975-1979 – II PND, que a integrasse, positivamente, tanto em seus aspectos sociais e econômicos, como nas questões físico-territoriais e administrativo-institucionais, ao processo de desenvolvimento nacional. Para tanto, o Plano Nacional de Desenvolvimento *deveria ser expresso espacialmente e todos os Planos Setoriais deveriam ser compatibilizados territorialmente.*[128]

Ouvidos os técnicos do IPEA e do IBGE, a decisão foi pela contratação de uma consultoria para elaborar o documento propositivo,[129] o que resultou na formação de uma

---

[126] No Plano Decenal de Desenvolvimento Econômico e Social consta o Plano de Desenvolvimento Urbano 1967-1976.
[127] MINTER / SERFHAU. *Anais do Seminário de Desenvolvimento Urbano*. Brasilia : Ministério do Interior, 1971.
[128] SERFHAU / MINTER, *Conclusões e Recomendações*, in *Anais do Seminários de Desenvolvimento Urbano e Local*. Brasilia, 1971, p.10.
[129] FRANCISCONI, Jorge G. e Souza, M. Adélia A. de. *Política nacional de desenvolvimento urbano: estudo e proposições alternativas*. Brasília : IPEA/IPLAN, 1976.

equipe multidisciplinar, com especialistas de diferentes regiões do país contribuindo na formulação do conteúdo básico da PNDU do II PND.[130] O documento preliminar foi concluído em meados de 1973, com algumas *Alternativas Institucionais* para administrar a implementação, pelo Governo Federal, da PNDU proposta.

Quanto às metrópoles, o Seminário de 1971 recomendou ao MINTER, ao MINIPLAN e ao Ministério da Justiça – MJ que promulgassem normas para atender às condições existentes e às exigências da Constituição Federal vigente. Em consequência dessa recomendação, em 1973, a Lei Complementar n° 14 – LC 14/73 instituiu 8 Regiões Metropolitanas no país – Belém, Fortaleza, Recife, Salvador, Belo Horizonte, São Paulo, Curitiba e Porto Alegre. No ano seguinte, concluída a fusão dos Estados da Guanabara e Rio de Janeiro, a Lei Complementar nº 20 – LC 20/74 instituiu a Região Metropolitana do Rio de Janeiro.[131]

O modelo de gestão exigido nas duas LCs estava baseado em iniciativas de Estados que haviam criado Conselhos e entidades executivas para implantar sua governança metropolitana. Ambas exigiam dos Estados envolvidos a cria-

---

[130] Os 22 documentos sobre o estado da arte de cada área de saber estão disponíveis em http://www.jorgefrancisconi.com.br/p/miniplan-pndu-jorge--guilherme.html

[131] A LC nº 14/73 foi alterada pela LC nº 27, ainda em 1975. Esta última estabelecia que o Conselho Deliberativo seria presidido pelo governador do Estado, com *cinco membros de reconhecida capacidade técnica ou administrativa,* um deles indicado pelo prefeito e outro pelos municípios metropolitanos. A governança executiva de cada metrópole ficava com este Conselho. Já o Conselho Consultivo, que pela LC nº 14/73 seria integrado por um representante de cada Município e pela LC nº 27/75 seria criado por lei estadual, tinha competência restrita de opinar sobre questões de interesse metropolitano e oferecer sugestões ao Conselho Deliberativo.

ção de Conselhos Executivo e Consultivo, definiam os "serviços comuns de interesse metropolitano"[132] e determinavam que Municípios que aderissem ao sistema metropolitano teriam "preferência na obtenção de recursos federais e estaduais" (Art. 6°). Quanto aos serviços comuns indicados nas LCs, cada região tinha um entendimento próprio e a concordância ficava restrita ao saneamento básico, ao transporte e ao sistema viário, ao aproveitamento de recursos hídricos e controle da poluição ambiental.

Quanto ao uso e à ocupação do solo metropolitano e ao planejamento integrado do desenvolvimento econômico e social, não houve consenso sobre o conteúdo a ser tratado e sobre os objetivos a serem alcançados. A solução para grande parte das metrópoles foi a de adotar Planos Metropolitanos de Desenvolvimento Local Integrado – PMDLI, financiados pelo SERFHAU para definir o uso do solo metropolitano.

Pela dificuldade de separar e diferenciar "solo metropolitano" de "solo municipal" e para estabelecer formas pelas quais o planejamento integrado do desenvolvimento econômico e social integrasse políticas econômicas federais com os "serviços comuns" de cada região, os Planos Metro-

---

[132] Segundo o artigo 164 da Constituição Federal de 1969, *A União, mediante lei complementar, poderá, para a realização de serviços comuns, estabelecer regiões metropolitanas constituídas por municípios (...) que façam parte da mesma comunidade socioeconômica*. Ou seja, não indicou a conurbação como motivo da gestão metropolitana, diferentemente do que pensavam Municípios e Estados. As Leis Complementares Federais n° 14/73 e n° 20/74 estabeleceram como serviços comuns o *planejamento integrado do desenvolvimento econômico; saneamento básico, notadamente abastecimento de água e rede de esgoto e serviço de limpeza pública; uso do solo metropolitano; transportes e sistema viário; produção e distribuição de gás combustível canalizado; e aproveitamento de recursos hídricos e controle da poluição ambiental, na forma que dispuser a lei federal*.

politanos usaram métodos tradicionais e estabeleceram diretrizes territoriais apenas utilizadas nos planos de transporte público e sistema viário de cada metrópole, na criação de áreas e polos industriais, bem como em projetos ambientais e de tratamento de resíduos sólidos.

Ficava evidente a necessidade de uma política urbana mais abrangente, que considerasse as Regiões Metropolitanas criadas. Em 1974, meses antes da aprovação do II PND (Lei Federal nº 6.151, de 4 de dezembro de 1974), foi criada, pelo Decreto nº 74.156, de 6 de junho de 1974, a Comissão Nacional de Regiões Metropolitanas e Política Urbana – CNPU/SEPLAN/PR, de âmbito interministerial, com a atribuição de coordenar a implementação da política urbana e dar apoio à governança das Regiões Metropolitanas oficiais.

4.2. A Comissão Nacional de Regiões Metropolitanas e Política Urbana – CNPU

A Comissão Nacional de Regiões Metropolitanas e Política Urbana foi criada com a atribuição de acompanhar a implantação de Regiões Metropolitanas, propor normas e instrumentos necessários ao desenvolvimento urbano no país e se articular com órgãos governamentais envolvidos com a PNDU, definida alguns meses após sua criação, com a aprovação do II PND.

Era presidida pela Secretaria Geral do MINIPLAN, depois Secretaria de Planejamento da Presidência da República – SEPLAN/PR, e integrada por representantes de Ministérios e especialistas escolhidos por seu notório saber, com uma Secretaria Executiva integrada por técnicos das Secretarias Gerais do MINTER e do MINIPLAN, depois SEPLAN/PR.

Vale lembrar que, por essa ocasião, já se configurava uma enorme concentração populacional nas capitais do Sudeste. Só a Região Metropolitana de São Paulo recebeu, entre os anos 1970 e 1980, um aumento de cerca de 4.500.000 habitantes,[133] o que equivale, em média, à incorporação anual de 450.000 pessoas, ou seja, aproximadamente semelhante à população do Plano Piloto de Brasília.

Somente no período entre 1970-1980, as periferias de São Paulo e do Rio de Janeiro absorveram 11,61% do incremento demográfico nacional, com os Municípios-núcleo, recebendo 13,97%. Isto equivale a dizer que estas duas Regiões Metropolitanas recolheram mais de um quarto de todo o crescimento populacional do Brasil naquele decênio.

De comum, todas as Regiões Metropolitanas eram formadas por vários Municípios gravitando em torno do Município-núcleo, que lhes deu o nome; eram objeto de programas especiais a cargo de organismos regionais com recursos, na maioria das vezes, federais; eram áreas de planejamento sem conseguir resolver seus problemas gerais, limitando as realizações a alguns aspectos setoriais e projetos estruturados, principalmente no campo de transportes e saneamento; eram alvo de uma sistemática periferização que incluía a criação de áreas industriais e a concentração geográfica dos serviços de interesse coletivo.

---

[133] DAVIDOVICH, Fany R. e FREDRICH, O. M. B. de L. *Urbanização no Brasil: uma visão geográfica dos anos 1980*. Rio de Janeiro : IBGE, 1995.

Segundo as estimativas do IBGE para 2018, as três maiores Regiões Metropolitanas do país abrigariam naquele ano o equivalente a 19,0% do total da população brasileira, cerca de 39,7 milhões de habitantes, assim distribuídos: Região Metropolitana de São Paulo: 21,4 milhões; Região Metropolitana do Rio de Janeiro: 12,4 milhões; e Região Metropolitana de Belo Horizonte: 5,9 milhões. A realidade observada ficou bastante próxima das previsões feitas.

Se, por uma parte, as metrópoles são polos geradores de cultura, produção econômica e tecnológica, onde se localizam as melhores chances potenciais de conhecimento e onde se podem obter mais altos níveis de qualidade de vida, também é certo que é nelas que se agravam os desníveis sociais, a fome, a miséria, a marginalidade; é aí que se verificam os maiores contingentes de população em pobreza absoluta e são elas o espaço onde fica mais nítida a carência do Estado como provedor de serviços públicos como saúde, educação e segurança.[134]

É necessário que se pense, portanto, na geração de novas oportunidades de trabalho para todo esse contingente populacional a fim de mitigar os aspectos negativos do processo de metropolização. É também fundamental que se integrem as políticas urbana e regional para que moradores das regiões menos desenvolvidas continuem com oportunidades de bem viver em suas terras de origem, iguais às de seus conterrâneos que foram expulsos na busca, por vezes, da simples sobrevivência. Fica desde logo compreendido

---

[134] FRANCISCONI, Jorge G. *Proposta de agenda da união para o desenvolvimento urbano. Texto para discussão.* Brasília : IPEA, 1994, pp.1-13.

que as Regiões Metropolitanas não se constituem como ilhas isoladas, mas estão inseridas no quadro espacial brasileiro e a solução de seus problemas deve ter em conta o panorama geral.

FRANCISCONI e SOUZA, em 1973, levaram em conta essas preocupações ao formular, por solicitação da Secretaria de Planejamento da Presidência da República, uma proposta de política urbana nacional orientada para um modelo de ocupação do território coerente com o projeto de desenvolvimento e com a diretriz de integração nacional vigentes à época.

O grande desafio consistia em criar uma política urbana que territorializasse políticas sociais e econômicas do Governo Federal em prazo exíguo. O tema envolvia saber multidisciplinar, complexo e multifacetado. A única certeza estava na importância de espacializar políticas públicas federais para atenuar o "inchamento" e a desordem urbana, a migração e a desigualdade regional, bem como fortalecer a governança de conurbações[135] e apoiar cidades de porte médio, sem, no entanto, poder valer-se de métodos tradicionais de planejamento para chegar a uma política urbana nacional.

Frente a tantas restrições e desafios, foi necessária a criação de novos paradigmas para formular a política urbana:

Na prática havia uma política urbana "de facto", embora não "de direito", sendo implantada no país;

---

[135] A conurbação urbana ocorre quando uma área urbanizada ocupa o território de mais de um Município ou Estado, ou seja, duas ou mais cidades se emendam.

O saber e as teorias existentes – "estado da arte" – eram suficientes para a formulação de uma política urbana para o Brasil.

Além disso, foi aceito que havia complementaridades e vínculos significativos entre políticas interurbanas e intraurbanas, apesar das escalas e características de cada uma.

O documento final desse trabalho, denominado *Estudos e Proposições Alternativas para uma Política Nacional de Desenvolvimento Urbano*,[136] foi inspirado no *aménagement du territoire* francês e preconizava uma política de organização das cidades e de ordenamento territorial mediante a "compatibilização dos objetivos, estratégias e instrumentos da política nacional com o sistema urbano existente e o modelo de organização territorial que se pretende alcançar."[137] Para isso, caberia estabelecer políticas públicas diferenciadas segundo a regionalização proposta. Algumas categorias de política territorial foram sugeridas conforme a importância, as peculiaridades locais e os impactos na economia, a demografia e a migração e as grandes disparidades regionais de *status* econômico e oferta de infraestrutura social urbana (Figura 10).

---

[136] Em 1976, o IPEA editou e publicou esse documento com o nome *Política Nacional de Desenvolvimento Urbano: Estudos e Proposições Alternativas*.
[137] FRANCISCONI, Jorge G. e SOUZA, M. Adélia A. de. *Política nacional de desenvolvimento urbano: estudo e proposições alternativas*. Brasília : IPEA/IPLAN, 1976.

ALÉM DE RIO E SAMPA – CORUMBÁ, IRECÊ E PARINTINS

FIGURA 10 – CIDADES E METRÓPOLES POR TAMANHO SEGUNDO O *STATUS* ECONÔMICO E A INFRAESTRUTURA SOCIAL

CLASSIFICAÇÃO DAS CIDADES BRASILEIRAS, POR CLASSES DE TAMANHO, SEGUNDO O STATUS ECONÔMICO E A INFRA-ESTRUTURA SOCIAL - 1970

Convenções:
- Com desenvolvimento sócio-econômico com infra-estrutura social
- Pouco desenvolvimento sócio-econômico com infra-estrutual social
- Pouco desenvolvimento sócio-econômico, pouca infra-estrutura social

Fonte: Speridião Faissol, "A Estrutura Urbana Brasileira", in Revista Brasileira de Geografia (Separata), ano34, nº 1/4 (1973).

Fonte: FRANCISCONI e SOUZA. *Política Nacional de Desenvolvimento*. Urbano, Brasília : SEPLAN/PR, 1973, p. 60.

As recomendações feitas incluíam tanto o aumento como a redução – caso da metrópole paulista – de apoio federal para regiões e metrópoles.

O documento elaborado tratou, na sua introdução, dos temas:

- Definição dos Conceitos Básicos para elaborar uma política urbana;
- Sistema Urbano Brasileiro: mecanismos geradores [migração e urbanização; investimentos econômicos e sistemas de transporte] e sua distribuição espacial e qualificação econômica e de serviços sociais;

- Áreas Urbanas de Intervenção de uma Política Nacional de Desenvolvimento Urbano, com definição de Áreas ou Subsistemas de Contenção; Disciplina e Controle, Dinamização e Promoção.

As Regiões Metropolitanas, na época o foco central de políticas globais e nacionais, foram analisadas com cuidado e receberam propostas para dar suporte ao seu planejamento e à sua gestão. Foram sugeridas:

- Alternativas Estratégicas de Desconcentração Inter-regional e de Concentração Regional, com Contenção ao Desenvolvimento das metrópoles do Rio de Janeiro e de São Paulo;
- Estratégias Regionais de Desenvolvimento, com propostas para a rede urbana das 5 macrorregiões;
- Estratégias para Investimentos Intraurbanos quanto ao uso do solo urbano, transporte e sistema viário, política habitacional e saneamento;
- Estratégias e Diretrizes para as Regiões Metropolitanas;
- Diretriz Básica e Alternativa Institucional para implantar a Política Urbana Proposta;
- Capacitação de Recursos Humanos.

Em paralelo às Regiões Metropolitanas criadas pela União, também havia conurbações implantadas no entorno de capitais estaduais de menor importância regional. Estas "metrópoles informais" foram lembradas no documento e explicitadas na PNDU / II PND, vindo a ser, mais tarde, objeto do *Programa de Aglomerados Urbanos*, que a Secretaria Executiva da CNPU – SE/CNPU criou com o IBGE e promoveu nos anos 1976 a 1980.

O documento concluía destacando a importância de se criar uma entidade federal para coordenar a implantação da PNDU proposta,[138] apontando como alternativa a criação de um Conselho Nacional de Desenvolvimento Urbano, de natureza interministerial, apoiado por uma Secretaria Executiva.

Uma das alternativas propostas pelos consultores foi antecipada, resultando na criação, não de um Conselho, mas da CNPU como a entidade responsável pela coordenação da política urbana no país.

O Segundo Plano Nacional de Desenvolvimento – II PND 1975/1979, aprovado no Congresso Nacional e sancionado pelo presidente Ernesto Geisel,[139] acolheu as propostas do documento apresentado e formalizou uma *Política de Desenvolvimento Urbano*, incorporando as bases da *Política de Organização do Território*, e a ampliou com indicação de numerosos projetos e atividades destinadas a ampliar e consolidar a "política urbana de fato", anteriormente desenvolvida pela Secretaria de Articulação com os Estados e Municípios, do Ministério do Planejamento, pela Coordenação Geral – SAREM/MINIPLAN, pelas Superintendências de Desenvolvimento, pelo BNH e por SERFHAU/MINTER. A prioridade estava no tratamento específico e diferenciado a ser dado a

---

[138] O conceito básico foi o de que *A central de coordenação e definição das estratégias do sistema nacional de desenvolvimento urbano deverá estar integrada com o organismo que define e coordena a Estratégia Nacional de Desenvolvimento...* e que *Para tanto, não é necessário realizar alterações profundas nos organismos que atualmente atuam no meio urbano brasileiro. É suficiente subordinar os mesmos a um órgão central que decida a estratégia central a ser seguida, que compatibilize estas estratégias com as atividades setoriais e que acompanhe a implementação e análise os resultados alcançados.* (p. 18)

[139] Lei Federal nº 6.151, de 4 de dezembro de 1974.

cada categoria de Região Metropolitana. Para isso, a PNDU estabeleceu quatro categorias: Contenção, Controle, Disciplina e Dinamização.[140]

A PNDU desdobrava as diretrizes definidas por região bem como indicava cidades "núcleo de apoio" em regiões de fronteira e polo de "regiões de turismo", com localização e perímetros devidamente definidos. Havia indicação de pré-metrópoles – como Brasília – e recomendação para a dinamização de capitais e principais cidades de cada Estado que integravam a PNDU (Figura 11).

---

[140] Nas duas metrópoles nacionais em Área de Contenção, Rio de Janeiro e São Paulo, a prioridade estava na *coordenação dos investimentos em infraestrutura e na regulamentação do uso do solo*, visando a *conter as taxas de crescimento e a induzir a descentralização das atividades produtivas, particularmente das indústrias, para centros periféricos de médio porte*, com potenciais locacionais. Em Belo Horizonte, caberia promover *a ordenação e o disciplinamento do processo de crescimento de sua RM* bem como da região urbanizada no entorno de Vitória. Como Áreas de Controle havia Porto Alegre e Curitiba no Sul, onde o objetivo comum era *o planejamento e o controle do desenvolvimento* das duas RMs, com ênfase no *uso do solo, e o planejamento integrado junto aos eixos de expansão industrial*. Em metrópoles das regiões Norte e Nordeste, a estratégia urbana era de buscar *o desenvolvimento acelerado das atividades produtivas e dos equipamentos sociais das metrópoles* de Recife, Fortaleza e Salvador. Na RM de Belém, e em Manaus e Santarém, caberia promover o desenvolvimento mediante a *dinamização das funções administrativas e de apoio às atividades produtivas secundárias e terciárias e de complemento da infraestrutura*. Na imagem da política urbana apresentada na figura 11, também há, distribuídas por todo o país, áreas e cidades na categoria Dinamização, o que corresponde ao apoio às atividades produtivas, a investimentos em infraestrutura urbana e ao equipamento social.

**FIGURA 11– PROPOSTA DA PNDU – II PND (1975–1979)
POR CATEGORIA DE ÁREAS URBANAS**

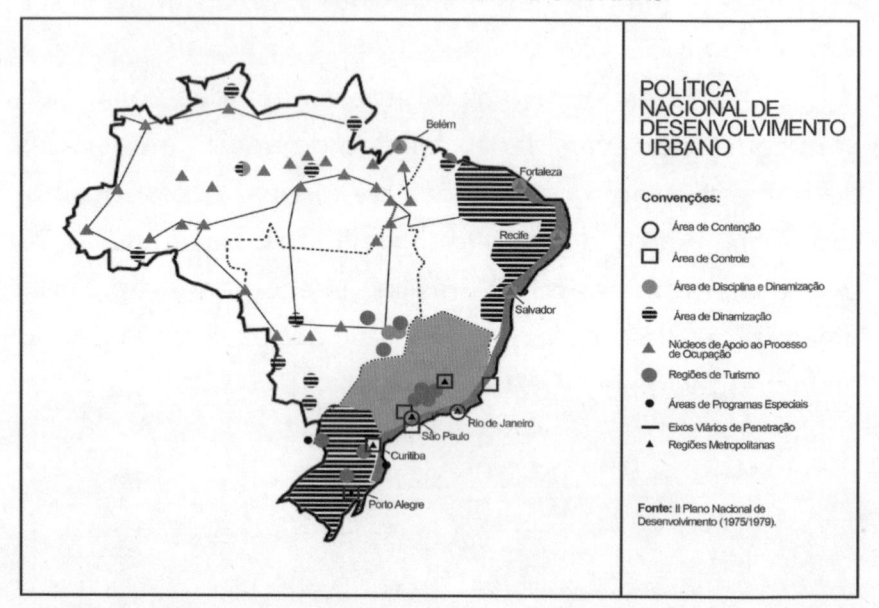

Fonte: BRASIL, II Plano Nacional de Desenvolvimento (1975 –1979), p. 91, Lei nº 6.151, de 4 de dezembro de 1974.

No mesmo capítulo, o II PND incluiu o controle da poluição industrial em metrópoles e a preservação ambiental, evidenciando as primeiras preocupações com a questão do meio ambiente, sinalizando para uma *Política Nacional de Organização do Território*.

Foram definidos "eixos viários de penetração", logo abandonados, enquanto recomendações gerais sobre serviços urbanos prioritários, sobre combate ao crime e o uso coordenado de fundos de investimento urbano com Programas de Investimentos Sociais do BNH (abastecimento de água, esgoto e habitação) foram atendidas por gestores federais. O resultado, o que acontece com frequência, foi a melhoria do que havia, mas inferior ao desejado.

Com a criação da Secretaria Especial do Meio Ambiente – SEMA, em 1973, e graças ao trabalho de Henrique Brandão Cavalcanti e Paulo Nogueira Netto, as questões relacionadas com as políticas urbana e ambiental avançaram lado a lado e as atividades da SEMA foram fundamentais para a gestão ambiental, em cumprimento às recomendações da Conferência de Estocolmo (1972).[141]

Apesar de fugir da simetria dos documentos similares anteriores quanto às proposições sobre uma política urbana, no seu desdobramento o II PND estabeleceu algumas orientações rígidas que acabaram por dificultar ou obstaculizar soluções válidas. Quando definiu as atribuições da CNPU, o Governo Federal estabeleceu uma atuação intergovernamental União/Estado/Município, fomentada pela União, na qual a coordenação de políticas nacionais e interurbanas ficaria sob a responsabilidade da Secretaria Executiva da CNPU e as políticas de gestão e planejamento intraurbano permaneceriam com o SERFHAU. Caberia à CNPU a fixação de diretrizes, estratégias e instrumentos da *Política Nacional de Desenvolvimento Urbano*; o acompanhamento e a avaliação da implementação do sistema de Regiões Metropolitanas e da política urbana em caráter nacional; a articulação com os órgãos federais envolvidos com a execução dessa política, de modo a assegurar sua coordenação. A CNPU foi

---

[141] A Conferência das Nações Unidas sobre o Meio Ambiente Humano, realizada entre 5 e 16 de junho de 1972, na capital da Suécia, foi o primeiro evento organizado pela ONU para a discussão de questões ambientais de maneira global. Conhecida como a Conferência de Estocolmo, por ter reunido dirigentes do mundo todo para tratar do tema, é tida como um marco histórico na preservação do meio ambiente.

estruturada, ainda em 1974, com uma proposta de atuação em quatro frentes principais:

- implantação das 9 Regiões Metropolitanas;
- ação orientada às cidades de porte médio, definidas segundo hierarquia na rede urbana de cada estado;
- projetos específicos destinados a núcleos de apoio a programas especiais da política econômica;
- lazer e turismo.

Os membros do Conselho da CNPU avaliaram essas prioridades e escolheram a construção de um arcabouço jurídico administrativo para a gestão urbana e territorial como primeiro grande tema. Também entenderam que os grandes desafios nessa área eram:

(i) a divisão e a transformação de glebas em áreas urbanas, prioritárias devido à ocupação irregular em extensas áreas, podendo cada município estabelecer a sua lei de parcelamento do solo urbano;

(ii) a criação de arcabouço jurídico, com definição de finalidades, objetivos e meios para implantar políticas urbanas, como a PNDU, de forma intergovernamental;

(iii) a criação de marco jurídico com os instrumentos administrativos exigidos para a criação de condições dignas de vida à população.

Como lembrou o conselheiro Hely Lopes Meirelles alguns anos mais tarde:

A União, até hoje, não editou qualquer "norma geral de urbanismo", pela qual pudessem os estados-membros e os municípios pautar sua ação planificadora e a regulamentação edilícia. A legislação urbanística federal restringe-se a umas poucas disposições dispersas em diplomas versantes sobre assuntos conexos, tais como a que rege o loteamento urbano e o tombamento em geral.[142]

Para que a União tivesse competência para legislar sobre normas gerais de desenvolvimento urbano, era necessário alterar a Constituição Federal. O problema foi resolvido por meio da Emenda Marchesan[143] (1978). Entretanto, antes mesmo da aprovação da Emenda, a CNPU concentrou esforços nos temas escolhidos.

Para a criação de marco jurídico abrangente, nos moldes das "leis nacionais de urbanismo e desenvolvimento urbano", adotadas em alguns países, a SE/CNPU participava de trabalhos no Sudeste para a definição de novos instrumentos jurídicos, como o solo criado e o direito de preempção, que, ao longo do tempo, foram acrescidos à minuta inicial.[144]

---

[142] MEIRELLES, Hely Lopes. *O direito de construir*. São Paulo : Editora Revista dos Tribunais, 1979, p. 101.

[143] Proposta de Emenda à Constituição nº 19, de 1977 – *Altera a redação da alínea "e", item XVII, do art. 8º da Constituição Federal, atribuindo competência à União para legislar sobre normas gerais de desenvolvimento urbano*. Competência da União mantida na Constituição vigente em 2020 – item XX do art.21.

[144] Depois de aprovado o anteprojeto da Lei de Desenvolvimento urbano (LDU ou LND), a Comissão ampliou seu escopo com a inclusão de *objetivos* e *diretrizes* orientados para as cidades – não mais para o desenvolvimento nacional. Incluiu um capítulo com *definição precisa e específica, para ser tratada a todos os níveis de governo, dos elementos básicos de uma política urbana: urbanização: zona urbana, de expansão urbana* e outras mais. Em seguida, definia *as competências específicas* dos vários níveis de poder e *os níveis de relacionamento entre os mesmos*, seguidos pelos *instrumentos para o*

As decisões do II PND foram gradativamente implantadas, resultando daí o Plano Estrutural de Ordenamento Territorial – PEOT, no Distrito Federal, e outros planos em outras metrópoles emergentes. As diretrizes para as áreas de Contenção e de Dinamização levaram à construção de um Polo Petroquímico no Rio Grande do Sul e não em Paulínia, como preconizavam os grupos paulistas.

Como Comissão criada para coordenar e articular a política urbana nacional, a CNPU surgiu sem dispor de recursos financeiros que sustentassem suas propostas e decisões.

Sem poder de coerção por parte da CNPU, os recursos eram quase todos geridos independentemente das diretrizes traçadas.

Essa limitação foi ultrapassada, em 1976, com a criação do Fundo Nacional de Apoio ao Desenvolvimento Urbano – FNDU,[145] e da Empresa Brasileira de Transportes Urbanos – EBTU, que permitiram à CNPU adotar estratégia de compartilhamento em investimentos da EBTU e BNH, e de Estados e Municípios.

---

desenvolvimento urbano, e explicitava "aqueles que se encontram dispersos em outros instrumentos jurídicos, bem como são criados alguns novos". Por último, tratava dos *aspectos específicos relativos à predominância do município no processo edilício* e outros, seguido de *dispositivos finais*. Ver *Nota CNPU – 096/78, de 3 de agosto de 1978*, da Secretaria Executiva da CNPU ao Secretário Geral da SEPLAN/PR, que presidia a CNPU. O anteprojeto foi no jornal *O Estado de S. Paulo*, de 24.05.1977.

[145] O FNDU, que a Lei nº 6.261, de 14 de novembro de 1975, criou, era composto pelo FDTU e pelo FNDU. O FDTU – Fundo de Desenvolvimento de Transportes Urbanos tinha 75% do FNDU e sua destinação definida pela EBTU e SE/CNPU; o uso dos 25% restantes era definido e gerido pela SE/CNPU. Os recursos reuniam adicional de 12% sobre o Imposto Único sobre Combustíveis e Lubrificantes Líquidos e Gasosos – IUCLG, com parcela da Taxa Rodoviária Única – TRU e Orçamentos da União.

O FNDU permitiu a retomada da elaboração de planos integrados e o incentivo a projetos específicos para promover o ordenamento da ocupação do território. Cabe destacar alguns deles:

- Programa de Aglomerados Urbanos para capitais estaduais conurbadas;
- Programa de Investimentos em Cidades de Porte Médio – CPM;
- Programa Nacional de Capacitação de Recursos Humanos para o Desenvolvimento Urbano;
- Programa Nacional de Centros Sociais Urbanos – CSUs.

O Programa de Aglomerados Urbanos foi criado para atender a "metrópoles informais", definidas e delimitadas a partir de estudos realizados pelo IBGE, nas quais foram promovidos programas e projetos semelhantes aos de Regiões Metropolitanas.

O CPM foi criado e implantado para complementar os investimentos metropolitanos e os orientados para Aglomerados Urbanos, "metrópoles informais", com prioridade para as cidades de médio porte, como conceito básico já utilizado em outros países.[146]

No Brasil, o tema foi bastante estudado no IPEA e no IBGE[147] e o primeiro programa de CPM surgiu em São Paulo,

---

[146] LECOURT, Roger. *As metrópoles e as cidades de médio porte no desenvolvimento regional francês*. In BNH. *Simpósio sobre Desenvolvimento Urbano*. Rio de Janeiro, 1974, pp.161-172.

[147] ANDRADE, Thompson A. e LODDER, Celsius A. *Sistema urbano e cidades médias no Brasil*. Rio de Janeiro : IPEA/INPES, 1979, ou coletânea de artigos em ANDRADE, Thompson A. e SERRA, Rodrigo V. (org.). *Cidades de porte médio*. Rio de Janeiro : IPEA, 2001.

em 1975, com Maria Adélia de Souza dirigindo a Coordenadoria de Ação Regional, e Jorge Wilheim respondendo pela Secretaria de Economia e Planejamento do Estado paulista.

Na Secretaria Executiva da CNPU, cuja opção fora coordenar a política urbana mediante ações e articulações informais,[148] as cidades de porte médio entraram na pauta prioritária depois de consolidado o *Programa de Aglomerados Urbanos*. O Programa CPM foi elaborado por equipe conjunta da SE/CNPU e IPEA, inspirada na literatura mundial e na experiência paulista, com o apoio do IBGE e do IPEA, além de consultores nacionais e dos geógrafos franceses Michel Rochefort e Hélène Lamicq,[149] que permaneceram em Brasília durante largo período de elaboração do Programa Nacional de CPM. A implantação do programa CPM em cada cidade e Estado foi feita em parceria técnica e financeira com os governos estaduais e municipais. Os projetos eram definidos a partir de estudos disponíveis e de indicação das autoridades locais.

Os resultados alcançados colocaram as cidades de porte médio como tema da política nacional e atraíram o apoio do Banco Mundial, que reforçou os investimentos e a *expertise* nesta área.

---

[148] A informalidade *versus* formalidade administrativa na gestão urbana é analisada em FRANCISCONI, Jorge Guilherme. *Planning in the Porto Alegre Metropolitan Area: A Case Study,* Syracuse University, Dissertação de PhD em ciências sociais, 1972. O procedimento foi adotado pela SE/CNPU na coordenação com o BNH e com Superintendências do MINTER, com Estados e entidades metropolitanas e com prefeitos, por ser mais rápido e eficaz. Para a obtenção dos bons resultados, pesavam o fato de a CNPU estar na SEPLAN/PR, diretamente ligada ao centralizador e o rápido processo de gestão adotado pelo Poder Executivo federal na época.

[149] LAMICQ, Hélène, ROCHEFORT, Michel e outros, *La Politique de Villes Moyennes dans l'Aménagement du Système Urbain Brésilien*. Brasília : CNPU / CNDU / EBTU, Contract M.I.R. – Action Recherche Urbain, 1983.

O *Programa Nacional de Capacitação de Recursos Humanos para o Desenvolvimento Urbano* foi concebido para apoiar seminários e a qualificação profissional em numerosas instituições do país, bem como implantar centros regionais de pesquisa e pós-graduação em desenvolvimento urbano.

Mediante ação articulada com o Ministério da Educação e Cultura - MEC e a Financiadora de Estudos e Projetos - FINEP, foram criados ou fortalecidos os programas de mestrado em Faculdades de Arquitetura em Recife, Brasília, no Rio de Janeiro e em Porto Alegre. O objetivo era dispor de núcleos acadêmicos de pesquisa e ensino focados nas principais questões urbanas de cada região.

O *Programa Nacional de Centros Sociais Urbanos*, criado para apoiar núcleos habitacionais do BNH e comunidades periféricas de migrantes vindos de áreas rurais e urbanas, foi estruturado a partir de experiências municipais e de parceria com os Ministérios do Trabalho e da Saúde, MEC e CEF. Os recursos utilizados vieram do BNH, do FNDU, do Fundo de Apoio ao Desenvolvimento Social - FAS, do Fundo Nacional de Desenvolvimento da Educação - FNDE, bem como de Estados e Municípios.

Instalados em prédios modulados projetados para atender às características da região, cada CSU era uma unidade integrada, que oferecia um conjunto de atividades e serviços à população local. Nos CSUs, havia áreas para lazer e recreação, várias práticas esportivas, biblioteca e educação profissionalizante básica, educação sanitária, medicina preventiva, orientação nutricional e atendimento médico e odontológico. O público-alvo eram jovens e idosos, assim como homens e mulheres sem qualificação profissional, carentes de apoio e de orientação.

No período 1975-1979, além da reativação de cerca de 100 unidades existentes no país, com objetivos semelhantes, foi promovida a implantação de mais 300 CSUs em metrópoles e cidades de médio porte, em todo o país.

Com a criação da EBTU, tornou-se possível apoiar e coordenar a implantação de transporte público e sistema viário, que era o único "serviço comum" metropolitano sem entidade federal responsável por coordenar e dar apoio técnico e financeiro em nível nacional às iniciativas relativas a esses aspectos.

A construção do arcabouço jurídico avançou a partir de propostas e contribuições recolhidas a partir de 1974 e consolidadas, na Páscoa de 1976,[150] em minutas de Projetos de Lei aprovadas pela CNPU,[151] com recomendação de

---

[150] O procedimento adotado para elaborar projetos e programas consistia em dispor de breve documento sobre o problema a ser enfrentado, distribuí-lo entre especialistas - teóricos e práticos - e contratá-los ou solicitar pareceres escritos, que eram debatidos em seminários regionais de avaliação. Esse procedimento foi adotado na elaboração dos projetos de lei aqui citados. A consolidação dos numerosos pareceres foi feita na Páscoa de 1976, em residência oficial cedida pelo governador do Espírito Santo, Élcio Alvarez.

[151] A Estrutura da minuta aprovada pela CNPU, em outubro de 1976, reunia: Capítulo I - Dos Objetivos e Diretrizes do Desenvolvimento Urbano; Capítulo II - Dos Conceitos Básicos; Capítulo III - Da Promoção do Desenvolvimento urbano; Capítulo IV - Dos Instrumentos de Atuação; Capítulo V - Do Regime Urbanístico; Capítulo VI - Das Disposições Finais e Transitórias. Já a Estrutura da LDU, de 1983, consistia em: I - Objetivos e Diretrizes do Desenvolvimento Urbano; II - Da Urbanização; III - Da Promoção do Desenvolvimento Urbano; IV - Do Regime Urbanístico, integrado por Seção I: Dos Instrumentos do Desenvolvimento Urbano, Seção II: Do Planejamento Urbano, Seção III: Do Direito de Superfície, Seção IV: Do Parcelamento, da Edificação ou Utilização Compulsórios, Seção V: Do Direito de Preempção; V - Da Política Nacional de Desenvolvimento Urbano; VI - Disposições Gerais.

alterações. Em reunião da CNPU, realizada em Curitiba, em dezembro de 1976, foram aprovados os anteprojetos de lei[152] para *Áreas Especiais de Interesse Turístico*, coordenadas pelo Instituto Brasileiro de Turismo - Embratur; Lei de Loteamentos e Desmembramentos, projeto conduzido pelo MINTER e substituído pela versão elaborada na CNPU, e de Áreas Especiais para Uso Industrial, vindo do Conselho de Desenvolvimento Econômico - CDE. Cabe registar, ainda, a contribuição de técnicos da SE/CNPU aos programas e projetos de lei sobre Meio Ambiente e Patrimônio Histórico a cargo da SEPLAN/PR e do MINTER.

Todos esses programas e projetos de lei estavam vinculados à questão urbana e, dentre os aprovados em 1976, o que tratava de áreas de turismo transformou-se na Lei n° 6.513/77 para *Áreas Especiais e Locais de Interesse Turístico;* da minuta sobre loteamentos resultou a Lei n° 6.766/79 sobre *Parcelamento do Solo Urbano*; a referente a áreas industriais tornou-se a Lei n° 6.803/80, que estabeleceu *Diretrizes Básicas para o Zoneamento Industrial em Áreas Críticas de Poluição Ambiental*.

Como contraponto, a proposta para a Lei Nacional de Desenvolvimento Urbano - LNDU teve tortuoso destino. Depois de destinada a promover a integração de políticas urbanas com planos nacionais de desenvolvimento,[153]

---

[152] Como lembra Meirelles: os anteprojetos de lei foram elaborados *por nós e pelo prof. Eurico Andrade de Azevedo, sob orientação do secretário da CNPU, urbanista Jorge Guilherme Franciscone (sic), após o exame de todos os subsídios apresentados pelos demais integrantes da mesma Comissão, técnicos de órgãos oficiais e de Prefeituras.* In MEIRELLES, op. cit., p 101.

[153] A Lei n° 10.257/ 2001, Estatuto da Cidade, *Regulamenta os arts. 181 e 182 da Constituição Federal, estabelece diretrizes gerais da política urbana e dá outras providências*. Ver BASSUL, José Roberto. *Estatuto da Cidade Quem Ganhou? Quem Perdeu?* Brasília, Senado Federal, 2005.

a LNDU teve objetivos e conteúdo alterados na própria CNPU e, posteriormente, no CNDU, durante uma década. Aprovada pelo Conselho, em 1983, foi enviada à Câmara dos Deputados, onde se tornou o Projeto de Lei n° 775/83, que tratava dos objetivos e da promoção do desenvolvimento urbano. Permaneceu *em discussão* na Câmara até ser arquivado porque, no Senado Federal, surgira o Projeto de Lei n°181/89, do qual resultaria o futuro *Estatuto da Cidade*,[154] que incorporava os instrumentos do PL nº 775/83.

As décadas de 1960 a 1980 foram as de maiores transformações nas cidades e metrópoles brasileiras, com carências e crises na provisão de infraestrutura básica, serviços urbanos e condições de vida. Por outro lado, também foi o período em que o setor público mais investiu recursos orçamentários e fundos de poupança na urbanização, melhor organizou-se para administrar recursos e tentar resolver problemas de forma qualificada.

O Brasil, igual aos demais países da época, não tinha capacidade financeira, técnica e administrativa para resolver seus problemas urbanos. Apesar da vontade política e da inserção da SEPLAN na própria Presidência da República, os

---

[154] Hely Lopes MEIRELLES, notável jurista e homem público brasileiro, foi o Conselheiro da CNPU que, com Eurico Andrade de Azevedo, orientou e coordenou avaliações jurídicas e a redação dos principais projetos de lei ali aprovados. Como lembra em pé de página de livro que escreveu, fazia falta *legislação urbana e sistemática abrangente de todos os assuntos urbanísticos*. Faltava algo como um "Código de Urbanismo" ou "Lei de Desenvolvimento Urbano", similar à de países mais adiantados no assunto. E destaca: *Essas normas estão sendo estudadas pela Comissão Nacional de Regiões Metropolitanas e Política Urbana - CNPU, que já apresentou ao ministro do Planejamento o anteprojeto da futura "Lei de Desenvolvimento Urbano", contendo as normas gerais do urbanismo e providências correlatas, para apreciação do Governo e oportuno encaminhamento ao Congresso Nacional*, p.101.

recursos eram parcos frente à dimensão do problema, e a desejada "distensão urbana"[155] não foi alcançada.

Muitos avaliavam que, apesar de ter natureza interministerial e atuar junto à Secretaria de Planejamento da Presidência da República – SEPLAN/PR – órgão que à época representava o grande foco de concentração de poder na escala federal, a CNPU não possuía poderes explícitos e o *status* necessário para comandar e implantar a política sob sua responsabilidade. No máximo conseguiria, por um lado, fortalecer a articulação e o acompanhamento, por outro, qualificar o assessoramento técnico. Na verdade, esse era o objetivo, porque nunca houve a intenção de se dispor de órgão centralizador, que interferisse nas atribuições de outras entidades da gestão urbana.

A avaliação de que a CNPU precisava de mais poder para implantar a política urbana foi difundida e seria correta senão pelo fato de a concentração do poder burocrático nem sempre ser a melhor solução. A opção dos membros da SE/CNPU, inspirada na gestão metropolitana de Porto Alegre,[156] foi obter resultados utilizando métodos de articulação e negociação quanto à gestão urbana, o que foi eficaz naquelas circunstâncias.[157]

---

[155] Ver BERNARDES, Lysia. *Política urbana – uma análise da experiência brasileira*. In *Análise & Conjuntura*. v. 1, nº 1. Belo Horizonte : Fundação João Pinheiro, jan.–abr./1986.
A geógrafa Lysia Bernardes foi uma das mais importantes lideranças do IBGE e do IPEA (MPCG, depois SEPLAN/PR) durante aquelas décadas.

[156] FRANCISCONI, Jorge Guilherme, dissertação de PhD, op. cit, p. 49.

[157] Como exemplos, vale lembrar que o Plano Estrutural de Ordenamento Territorial (PEOT) do Distrito Federal só foi elaborado e depois sancionado porque o presidente Ernesto Geisel convocou o governador Elmo Serejo Farias para que um convênio entre a SEPLAN/PR o o GDF fosse assinado para a

Entretanto, como os recursos eram parcos diante das dimensões dos problemas a serem resolvidos, nenhuma distensão urbana maior resultou dos esforços dispendidos.[158] Apesar disso, o balanço da atuação da CNPU é seguramente positivo, tanto no seu trabalho de apoio à Governança Metropolitana, quanto na captação de recursos para programas em aglomerados urbanos e cidades de porte médio, na qualificação profissional e no ensino superior, em investimentos sociais urbanos, somados a iniciativas no sentido de assegurar à União competência para a regulamentação do uso do solo e desenvolvimento urbano nacional, na definição de áreas críticas de poluição e em sua participação na ação federal para as *Áreas Especiais e Locais de Interesse Turístico* (Lei nº 6.513/77), além do intercâmbio e captação de recursos técnicos e financeiros externos, durante a década de 1970.

O impacto dessa maneira pouco formal de gestão e de procedimentos de indução, somado aos poderes normativos, foi particularmente importante na gestão desenvolvimentista de Regiões Metropolitanas, na medida em que cada uma recebia o apoio específico que correspondia ao definido na PNDU, mas todas participavam ativamente na aplicação de transferências de entidades federais para cada

---

elaboração de plano previsto na PNDU. Da mesma forma, a decisão de implantar o III Polo Petroquímico no Rio Grande do Sul, quando lideranças paulistas preconizavam Paulínia, SP, se deve à intervenção do deputado Nelson Marchezan junto ao presidente da República, a quem lembrou que Paulínia estava em Área de Contenção e que cabia apoiar áreas de Dinamização. Procedimentos semelhantes foram também adotados junto ao BNH, a Estados e Municípios, com bons resultados.

[158] Ver BERNARDES, Lysia. *Política urbana – uma análise da experiência brasileira*. In *Análise & Conjuntura*. v.1, nº 1. Belo Horizonte : Fundação João Pinheiro, jan.-abr./1986.

Município da RM, o que reforçava o gestor metropolitano em sua região. A partir da aprovação da Lei nº 6.766/79, as entidades metropolitanas ficaram responsáveis pela análise e pela aprovação de parcelamento de glebas urbanas.

4.3. O Conselho Nacional de Desenvolvimento Urbano - CNDU

A mudança do Governo Federal, em 1979, correspondeu ao início do fim do período autoritário e ao avanço das manifestações pela abertura política que, iniciada em 1975, levaria ao retorno da democracia. Trouxe consigo significativas alterações na condução da política econômico-financeira e no entendimento do processo de planejamento. A centralização dos recursos financeiros foi intensificada e o planejamento de médio e longo prazos ficou esquecido. Nessa ótica, as funções relativas ao desenvolvimento regional e urbano deslocaram-se da SEPLAN para o Ministério do Interior, que assumiu a condução do desenvolvimento regional e urbano no nível federal. Em substituição à CNPU, instituiu-se o Conselho Nacional de Desenvolvimento Urbano – CNDU e foi criada a Subsecretaria de Desenvolvimento Urbano, no MINTER, que também abrigou o BNH, a Secretaria de Meio Ambiente e as Superintendências de Desenvolvimento Regionais. A EBTU ficou subordinada ao Ministério dos Transportes.

Dessa visão mais setorializada dos problemas, resultou menor credibilidade do planejamento urbano, o que dificultou a continuidade da implementação da política urbana, uma vez que o CNDU não mais contava com o poder presidencial e se via subordinado a um ministério, no mesmo nível dos demais. Tudo isso ocorria em meio à democratização política e administrativa, com prefeitos de capital sendo novamente escolhidos em eleições diretas e alterando fundamentos da governança metropolitana vigente.

O CNDU foi estruturado com uma Secretaria Executiva e quatro Coordenadorias:

- de política e legislação urbana;
- de planejamento setorial;
- de Regiões Metropolitanas;
- de cidades de médio e pequeno porte.

Presidido pelo Ministro do Interior, o Conselho era formado por representantes de 8 Ministérios e duas empresas estatais (BNH e EBTU), além de 5 membros nomeados pelo Presidente da República. Mesmo que esses membros não fossem representantes formais da sociedade, e sim de livre escolha do governo, sua presença no CNDU significava um avanço na direção de uma gestão mais democrática da política urbana, iniciada na CNPU, que contava com 4 representantes da sociedade em um colegiado de 10 membros.

A reunião no MINTER do CNDU, da Subsecretaria de Desenvolvimento Urbano, da SEMA, do BNH e das Superintendências de Desenvolvimento Regionais evidenciava um certo grau de compreensão das inter-relações entre o planejamento urbano e o regional, mas distanciava esses organismos do foco centralizador da política econômico-financeira e fragilizava a ação do Conselho, que sofreu dos mesmos males que afetaram a atuação da CNPU:[159] poucos recursos, tempo escasso e inexistência de poder coercitivo para uma ação mais contundente de ordenamento do território e do planejamento metropolitano e municipal. As proposições do Conselho, fundamentadas nas bases da Política Nacional de Desenvolvimento Urbano (1980-1985), ficaram, então, bastante próximas das anteriormente defendidas pela CNPU. A estratégia de organização territorial referia-se a 4 categorias especiais e às medidas diferenciadas a serem adotadas em cada uma delas:

i. áreas de descompressão;
ii. áreas de expansão controlada;
iii. áreas de dinamização;
iv. áreas com funções especiais.

Os programas estratégicos referiam-se às Regiões Metropolitanas, às capitais e cidades de médio porte, às cidades de pequeno porte e aos núcleos de apoio. Com essas definições, cada grupo de centros urbanos passaria a ser atendido segundo a categoria espacial na qual estivesse inserido, evitando-se o tratamento simétrico ocorrido anteriormente. Na realidade, a estratégia proposta pelo CNDU não chegou a ser assimilada pela cúpula governamental e o Conselho acabou tendo uma atuação bem mais débil que a pensada originalmente.

---

[159] A CNPU era presidida pelo secretário geral da SEPLAN/PR, e tinha como vice-presidente o secretário geral do MINTER. Era composto por representantes dos Ministérios da Fazenda, dos Transportes, da Indústria e Comércio, pelo presidente do BNH, mais 4 membros escolhidos conjuntamente pela SEPLAN e pelo MINTER. Eram 10 membros, sendo quatro escolhidos pelo "notório saber".

Mesmo considerando o elevado grau de centralismo ainda existente no período de atuação do MINTER/CNDU, fica claro sua visão da importância da autonomia e do fortalecimento do poder local, refletida no Projeto de Lei nº 775/83, da chamada Lei de Desenvolvimento Urbano, que propunha vários instrumentos com essa finalidade. Entretanto, o projeto era omisso quanto às relações entre a esfera municipal e a metropolitana, embora elas fossem um dos maiores entraves para a implementação da política urbana nas Regiões Metropolitanas.

Em paralelo, a SEPLAN/PR elaborava o III PND, com indicações bastante genéricas para as políticas regional e urbana a fim de coincidir com a abertura política e a implantação de regime democrático, o que deveria acontecer até meados de 1984. O III PND recomendava "profundo reexame da atual organização política e divisão territorial do país" e a adoção de várias diretrizes tradicionais, como "integração nacional e melhor equilíbrio espacial do desenvolvimento, redução das disparidades econômicas e de qualidade de vida entre regiões do país e dentro delas", com "o pleno aproveitamento do potencial de recursos de cada região".[160]

---

[160] As recomendações, quanto ao regional, eram para a *efetiva implementação de ampla revisão tributária nacional* que diminuísse a concentração de recursos na União; e *regionalização dos orçamentos da administração direta e indireta do governo nacional*, além de determinação para que a União só apoiasse projetos que promovessem o desenvolvimento daquela região. Além dessas recomendações, que correspondiam às expectativas da transição política, havia outras de natureza mais tradicional, como: *a adequada e explícita definição do papel de cada região brasileira no desenvolvimento nacional*; a *orientação do esforço e do apoio de cada região, segundo a dimensão de seu mais relevante e urgente problema*, com destaque para o desemprego no Nordeste; *o sacrifício de parte do crescimento nacional, em favor de bem mais acelerada expansão das áreas econômica e socialmente mais deprimidas, representa condição fundamental à estabilidade político-social.*

Quanto aos instrumentos básicos a serem usados, o III PND separou o desenvolvimento regional do urbano. Neste último, determinou prioridade ao "fortalecimento das cidades de pequeno e médio porte" e "disciplinar o crescimento de área metropolitanas", especialmente as do Nordeste.[161] O III PND concluía estabelecendo que: "A orientação básica, respeitadas as prioridades e diretrizes deste III PND, será a de conciliar o progresso econômico com o objetivo de elevar a qualidade de vida dos habitantes e com respeito ao patrimônio natural, arquitetônico e cultural nelas existente."

Em contraponto à genérica e "desterritorializada" política urbana do III PND 1980-1985, o Programa de Apoio à Política Urbana – POLURB[162] avançava, na Subsecretaria do CNDU, com propostas alternativas para a ocupação do

---

[161] Outros destaques tratavam da Região Amazônica e da *progressiva ocupação das áreas que apresentam grande potencial econômico*, seguidas de breve recomendação, de natureza geral, sobre o que fazer em cada macrorregião. Algumas cidades foram mencionadas, como Manaus, na Região Norte, Brasília e sua Região Geoeconômica, no Centro-Oeste, e Regiões Metropolitanas do Sul e do Sudeste.

[162] O POLURB reunia técnicos brasileiros e cerca de 10 consultores alemães da GTZ, sigla da *Deutsche Gesellschaft für Technische Susammenarbeit*. A contribuição da GTZ no planejamento urbano brasileiro iniciou na METROPLAN gaúcha, nos anos 1960, e foi analisado em VIEGAS, Danielle Heberle, *O Planejamento da Região Metropolitana de Porto Alegre a partir da Cooperação Técnica entre o Brasil e a República Federal da Alemanha (1963-1978)*, Tese de Doutorado em História, PG/PUC/UFRGS, 2016. O apoio da GTZ foi depois transferido para a SE/CNPU/SEPLAN/PR e mantido na Subsecretaria de Apoio ao CNDU/MINTER. O POLURB contribuiu com estudos e manuais setoriais e com o ambicioso *Estudos e Propostas para Organização Territorial e Desenvolvimento Urbano do Brasil*. Também houve a narrativa de que *o CNDU tinha (...) 60 técnicos e, vamos supor, 45 deles alemães, falando alemão*, [SOUZA, Maria Adelia, Debate: Planejamento em Crise. In *Espaços e Debates – Revista de Estudos Regionais e Urbanos*, Núcleo de Estudos Regionais e Urbanos – NERU, São Paulo, ano 1, nº 1, janeiro de 1981, p. 125. Era uma descrição inverídica, mas que atendia ao espírito da época, no qual, para muitos, o planejamento urbano na gestão pública correspondia ao período autoritário e era antidemocrático.

território nacional. As duas alternativas extremas do estudo prospectivo do POLURB eram "Concentração ordenada em poucas áreas de urbanização" (Figura 12) e "Desenvolvimento em todas as regiões através da Desconcentração Dispersa" (Figura 13).

FIGURA 12 – CONCENTRAÇÃO ORDENADA EM POUCAS ÁREAS DE URBANIZAÇÃO

Fonte: MINTER/CNDU. *Estudos e propostas para organização territorial e desenvolvimento urbano do Brasil*. Brasília : MINTER / CNDU / GTZ – POLURB, 1979.

FIGURA 13 – DESENVOLVIMENTO EM TODAS AS REGIÕES ATRAVÉS DA DESCONCENTRAÇÃO DISPERSA

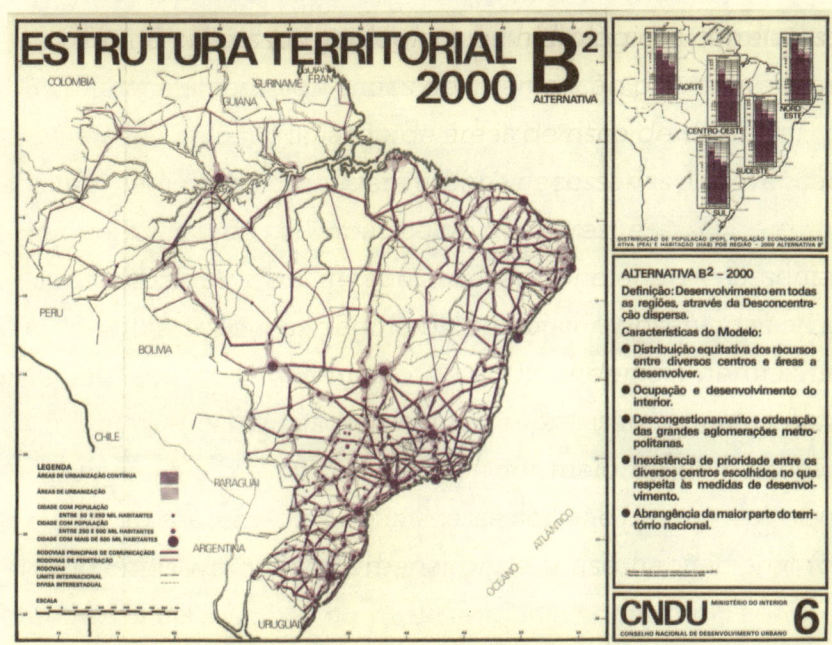

Fonte: MINTER/CNDU. *Estudos e propostas para organização territorial e desenvolvimento urbano do Brasil*. Brasília : MNTER / CNDU / GTZ – POLURB, 1979.

Esse trabalho foi o ápice, no Brasil, do tecnicismo territorial para promover o desenvolvimento nacional e regional e refletia uma expectativa tardia e utópica, similar às políticas e programas adotados em países europeus e em outros menos desenvolvidos, capitalistas e comunistas, a partir dos anos 1960, mas na contramão da transição política do país.[163]

---

[163] MINTER/CNDU. *Estudos e Propostas para Organização Territorial e Desenvolvimento Urbano do Brasil*, Brasília, Documento de Estudos 1, 1981. O estudo explora 4 (quatro) alternativas que avaliam o impacto de políticas econômicas e sociais na ocupação do território nacional. As alternativas apresentadas são: I – *Concentração ordenada em poucas áreas de urbanização*; II – *Desconcentração intrarregional através do descongestionamento gradativo das aglomerações metropolitanas*; III – *Desconcentração polarizada, com desen-*

Na condução da política urbana, o CNDU aprovou a minuta de um Anteprojeto de Lei de Desenvolvimento Urbano – LDU que o Poder Executivo enviou para a Câmara dos Deputados,[164] onde foi inscrito como Projeto de Lei nº 775/83, bastante semelhante à minuta que a CNPU encaminhara à SEPLAN/PR em meados de 1976. Para a CNPU, o objetivo deveria ser o apoio a "uma estrutura de núcleos urbanos que acompanhasse a estratégia de desenvolvimento," como constava na primeira proposta. Para o CNDU, o Desenvolvimento Urbano deveria simplesmente promover "a melhoria da qualidade de vida nas cidades".[165]

Ao longo de seus 51 artigos, o Projeto de Lei estabelecia instrumentos e diretrizes essenciais para a gestão e o planejamento urbano nacional, como os inovadores Instrumentos do desenvolvimento urbano indicados no *Capítulo IV – Do Regime Urbanístico*, muitos dos quais reproduzidos no Projeto de Lei nº 181/89, do Senado Federal, mais tarde aprovado como a Lei nº 10.257/2001, conhecida como Estatuto da Cidade.

---

volvimento de centros estratégicos; IV – *Desenvolvimento em todas as regiões através da Desconcentração Dispersa.*

[164] Mensagem nº 155 do presidente da República ao Congresso Nacional.

[165] A Estrutura da minuta aprovada pela CNPU, em outubro de 1976, reunia: Capítulo I – Dos Objetivos e Diretrizes do Desenvolvimento Urbano; Capítulo II: Dos Conceitos Básicos; Capítulo III: Da Promoção do Desenvolvimento Urbano; Capítulo IV – Dos Instrumentos de Atuação; Capítulo V: Do Regime Urbanístico; Capítulo VI – Das Disposições Finais e Transitórias. Já a Estrutura da LDU de 1983 consistia em: I – Objetivos e Diretrizes do Desenvolvimento Urbano, II – Da Urbanização; III – Da Promoção do Desenvolvimento Urbano; IV – Do Regime Urbanístico, integrado por Seção I: Dos Instrumentos do Desenvolvimento Urbano, Seção II: Do Planejamento Urbano, Seção III: Do Direito de Superfície, Seção IV: Do Parcelamento, da Edificação ou Utilização Compulsórios, Seção V: Do Direito de Preempção; V – Da Política Nacional de Desenvolvimento Urbano; VI – Disposições Gerais.

O processo de gestão do CNDU reforçou o uso de procedimentos burocráticos, mas manteve debates e fez propostas inovadoras de política e gestão urbana. O Conselho debateu, por exemplo, a reformulação da Constituição para criar "uma nova concepção de federalismo", com emenda "para delegar aos Estados-membros o estabelecimento das Regiões Metropolitanas." Essa alteração constou na Constituição Federal de 1988, mas sem lei complementar "fixando condições e requisitos mínimos a serem atendidos pelos Estados-membros quando dos estabelecimentos das Regiões Metropolitanas"[166] e aglomerados urbanos, como recomendado pelo CNDU, e o resultado foi o surgimento de um quadro caótico, com cerca de 80 instituições metropolitanas heterogêneas, criadas pelos Estados, em condições tais que o Estatuto das Metrópoles, de 2015, dificilmente poderá recuperar.

Na contramão dessas iniciativas descentralizantes e sem dispor de meios ágeis de articulação, o CNDU estabeleceu normas que burocratizaram e emperraram a gestão urbana, como a que exigia o envio de Planos de Desenvolvimento Metropolitanos de cada região, a serem aprovados pela SEPLAN quanto ao planejamento e à política de desenvolvimento nacional, pelos Ministérios dos Transportes e Comunicações, pela EBTU e por outros órgãos federais, a fim de ter comprovada a "compatibilização das atividades da administração pública federal, direta e indireta, na respectiva Região Metropolitana."[167]

---

[166] CNDU. Ata da 26ª Reunião Ordinária do Conselho Nacional de Desenvolvimento Urbano (19/junho/1984), p. 4.
[167] Norma CNDU nº 001 de 11/8/1981.

De toda sorte, mais ou menos burocratizadas ou detalhadas, as questões urbanas passaram a ocupar espaço importante nas discussões políticas e nas plataformas dos candidatos a cargos públicos. Em 1985, Tancredo Neves foi eleito Presidente da República. Sua proposta de governo, que acomodava as alianças políticas que levaram à sua eleição, previa uma reforma ministerial na qual se inseria a criação de um Ministério específico para cuidar das questões do desenvolvimento urbano no país.

4.4. O Ministério do Desenvolvimento Urbano e Meio Ambiente - MDU

Tancredo Neves não chegou a assumir o governo. No dia 14 de março de 1985, véspera de sua posse, foi internado às pressas para uma intervenção cirúrgica, vindo a falecer pouco mais de um mês depois (21/4/1985). José Sarney, eleito Vice-Presidente da República, foi guindado ao posto de Presidente e manteve a proposta de Tancredo quanto às alterações ministeriais. Foi criado, então, o Ministério de Desenvolvimento Urbano e Meio Ambiente - MDU, que trouxe para sua esfera os organismos incumbidos de organizar os espaços das cidades. Transferiram-se para o MDU, o BNH, o CNDU, a SEMA, o CONAMA e o DNOS.

Pela primeira vez houve, no país, a oportunidade de se implementar, efetiva e integradamente, a política urbana que vinha sendo lentamente desenhada e experimentada nos períodos anteriores. Infelizmente, contudo, essa chance foi perdida. Ao adotar o mote "tudo pelo social", o novo governo integrou a temática urbana às políticas sociais e compensatórias, abandonando políticas de natureza econômica ou territorial nos moldes adotados em décadas anteriores. O Ministério não conseguiu impor-se como órgão coordenador e normativo das questões urbanas. Em vez disto, perdeu-se nos jogos políticos intensificados com a redemocratização do país e acabou por exercer uma política de atendimentos pontuais e clientelísticos, bem distantes e aquém das esperanças que nele foram depositadas pelos vários segmentos envolvidos com o planejamento urbano.

O Ministério contava com quadros técnicos experientes para fortalecer os aspectos sociais e participativos do planejamento urbano, que formularam estratégias para uma política de ordenamento territorial, proteção ao meio ambiente e desenvolvimento urbano,[168] e ofereceram várias sugestões aos Constituintes de 1988, em especial para fortalecer questões sociais e o processo participativo no planejamento e gestão urbana.

A cúpula do MDU defendia o municipalismo, sem muita interferência do Governo Federal, e preconizava o aumento da autonomia e o fortalecimento do poder municipal, ou seja, a municipalização da gestão urbana, a dominância dos aspectos sociais, o fortalecimento da população no processo de planejamento e gestão urbana e a entrega aos Estados da governança de funções de interesse comum em metrópoles, aglomerados urbanos e microrregiões.

---

[168] CEF - *MDU*. *Simpósio Nacional de Desenvolvimento Urbano - Recomendações Básicas dos Cinco Encontros Regionais*. Brasília : MDU /CEF, 1988.

4.5. O Planejamento Urbano Perde Espaço

Paradoxalmente, quando a participação da sociedade pôde dar-se de forma mais aberta e efetiva e foi criado um ministério para tratar especificamente das questões urbanas, o planejamento urbano, ao invés de se fortalecer, começou a perder espaço de forma sistemática e continuada. O MDU não conseguiu provocar a inserção do planejamento urbano no contexto das políticas governamentais que, apesar do slogan "tudo pelo social", passaram a dar primazia e excepcional importância aos aspectos econômicos, em virtude da aceleração do processo inflacionário. Nesse contexto, o jogo de interesses políticos fez com que o MDU sofresse sucessivas alterações, não só de nome, como de orientação e definição de linhas de atuação. No breve período de duração de um mandato presidencial, o MDU transformou-se em Ministério da Habitação, Urbanismo e Meio Ambiente - MHU (1987), ao qual ficou subordinada a Caixa Econômica Federal, com ênfase para a questão habitacional, e desse para Ministério da Habitação e do Bem-Estar Social - MBES (1988), com uma conotação mais assistencialista, para ser em seguida extinto, tendo suas atribuições, pelo menos no concernente ao desenvolvimento urbano, transferidas para o Ministério do Interior, onde já haviam estado. Em 1990, foi criado o Ministério da Ação Social, que vinculou a política habitacional às políticas de ações sociais.

No governo de Fernando Collor de Mello (1990-1992), foram extintas a Empresa Brasileira de Planejamento de Transportes - GEIPOT e a Empresa Brasileira de Transportes

Urbanos – EBTU, cujas equipes foram parcialmente absorvidas pela Secretaria de Meio Ambiente, criada na Secretaria de Planejamento da Presidência da República. Nessa época, a questão urbana praticamente desapareceu da gestão federal, permanecendo apenas os programas setoriais da CEF em habitação, com recursos do FGTS, e o BNDES aplicando recursos do Fundo de Amparo ao Trabalhador – FAT em saneamento e transporte públicos.

No governo de Fernando Henrique Cardoso (1995-2003) surgiram os programas de cunho social, como o Bolsa-Escola, a Rede de Proteção Social e o Comunidade Solidária; em 1995, foi criada a Secretaria de Política Urbana – SEPURB, com diretorias de Habitação, Saneamento e Desenvolvimento Urbano, subordinada ao Ministério de Planejamento e Orçamento. A SEPURB foi transformada, posteriormente, em Secretaria Especial de Desenvolvimento Urbano – SEDU, vinculada à Presidência da República[169] e o Estatuto da Cidade (2001) foi sancionado.

Será necessário um certo distanciamento no tempo para uma avaliação isenta e objetiva do que esse breve período de 3 (ou 4) Ministérios e 2 Secretarias representou para a evolução do planejamento urbano brasileiro.

---

[169] Ministério das Cidades. *Política nacional de desenvolvimento urbano* 1. Brasília : MCidades, 2004, p. 10.

5. O ESPAÇO CONSTITUCIONAL DO PLANO DIRETOR

Durante o funcionamento da Assembleia Constituinte, encarregada da elaboração de uma nova Constituição para o país, que devolvesse os direitos de cada cidadão, com retorno ao estado democrático após 21 anos de regime autoritário, a questão urbana foi objeto de numerosos estudos e avaliações.[169]

Foi criada uma Comissão para estudar e apresentar proposta de inclusão de uma política urbana na nova Constituição. Na primeira etapa dos trabalhos da Constituinte, criou-se a *Subcomissão da Questão Urbana e Transporte*, encarregada de apresentar essa proposta à Comissão responsável pelo novo texto constitucional. Essa subcomissão recebeu sugestões e ouviu representantes dos mais diferentes segmentos preocupados com o planejamento e gestão urbana, que iam desde os técnicos e gestores oriundos do extinto Ministério do Desenvolvimento Urbano e Meio Ambiente, que defendiam a estratégia de inclusão política com propostas de legislação específica para promover a participação de todos na gestão urbana, até os defensores da *Reforma Urbana*, movi-

---

[169] IPEA/IPEA. *As Políticas Federais de Desenvolvimento Urbano em 1988*. Brasília : Coordenadoria de Desenvolvimento Urbano – Acompanhamento de Políticas Públicas n° 19, 1989, p. 141.

mento surgido na década anterior, inspirado em propostas aprovadas no Seminário do Quitandinha (1963) e nos fundamentos do direito à cidade, inpirado no movimento estudantil de Paris (1968),[170] que preconizava a dinamização do exercício do poder nas cidades mediante novas formas de participação da sociedade no processo de planejamento e gestão.

Cada segmento consultado trabalhou intensamente para fazer valer seus pontos de vista. Representantes do setor privado, empresarial e conservador, buscavam reforçar a livre-iniciativa, as atividades privadas e fortalecer a participação do empresariado urbano na gestão e na construção de cidades e metrópoles mediante o reforço de práticas e reivindicações próprias do sistema patrimonialista nacional.[171]

Já representantes do poder público defendiam a evolução e o aprimoramento das práticas até então adotadas, por meio da conscientização da população urbana sobre seus

---

[170] O MNRU surgiu como Fórum Nacional de Reforma Urbana, que agrupava *entidades representativas de segmentos em luta (sic), organizações não governamentais e órgãos de pesquisa*. As entidades vinculadas às lutas urbanas eram compostas por mutuários, inquilinos, posseiros, favelados, arquitetos, geógrafos, engenheiros e advogados – dentre outros. Ver IPPUR/UFRJ. *Questão urbana, Desigualdades sociais e políticas públicas: Avaliação do Programa Nacional de Reforma Urbana*: Rio de Janeiro : Fundação Ford, 1994. O Movimento desdenhava os conceitos de *desenvolvimento urbano* e *uso do solo urbano* porque sustentados pelo "discurso competente", conceito difundido por Marilene Chauí como sendo aquele que *expropria as pessoas a falarem, pois faz parecer que somente aqueles que ocupam determinados lugares na sociedade, que manipulam certos termos, são autorizados a falar sobre a cidade*. In RIBEIRO, Luis César Q. A Questão Urbana e Regional na Constituinte. Nova Friburgo, I Encontro Nacional da ANPUR – Painel CNPq, FINEP, CNDU, BHH. Rio de Janeiro : 1986.

[171] Liderava o grupo empresarial o deputado Luis Roberto Ponte (PMDB-RS), da Câmara Brasileira da Indústria da Construção – CBIC. Ver BASSUL, José Roberto. *Estatuto da Cidade. Quem ganhou? Quem perdeu?* Brasília : Senado Federal, 2005.

problemas para "transformá-los em reivindicações políticas concretas."[172] Dessa forma, haveria o fortalecimento da democracia participativa e a qualificação do sistema interfederativo a partir de manifestações que o MHU havia recolhido em seminários regionais, quando escutou Estados, Municípios e representantes de diferentes linhas de pensamento de todo o país.[173]

Um terceiro grupo reunia os que desejavam mudanças mais profundas, cuja meta era afastar de vez qualquer resquício do período autoritário. Essa corrente política, coordenada pelo Movimento Nacional da Reforma Urbana – MNRU, propunha uma nova ética urbana e defendia o direito à cidade e a participação da sociedade na gestão urbana[174]

---

[172] BATISTA, Mauricio Nogueira. *A Questão Urbana e Regional na Constituinte*. Nova Friburgo, I Encontro Nacional da ANPUR – Painel CNPq, FINEP, CNDU, BHH. Rio de Janeiro, 1986.

[173] A contribuição do Ministério de Habitação, Urbanismo e Meio Ambiente (MHU) foi consolidada em 5 reuniões regionais seguidas de um Simpósio Nacional de Desenvolvimento Urbano realizado em Brasília (Abril/1988). Dentre as proposições apresentadas, constavam *utilizar as prioridades da comunidade* (tanto *como diretrizes da Política de Planejamento e Desenvolvimento Urbano* (como) *para ordenar o conjunto da ação governamental*. O objetivo maior do Simpósio e das 5 reuniões foi a elaboração de minuta de Política Nacional de Desenvolvimento Urbano para a gestão do presidente José Sarney, num momento em que o BNH fora extinto, e suas atribuições e equipe repassadas à CEF, o que permitiu práticas clientelísticas da Presidência da República, ainda que subordinadas às diretrizes da politica econômica do Ministério da Fazenda. Ver CEF-MHU *Simpósio Nacional de Desenvolvimento Urbano – Encontro Regional em Brasília*. CEF, Brasilia, 1988, itens 5 2.3.6 – a), e b) p. 27.

[174] As propostas mais inovadoras e radicais partiam do ideário do MNRU e implicavam *uma nova concepção intelectual e moral da sociedade (e uma "nova ética urbana") que condene a cidade como fonte de lucros para poucos e pauperização para muitos*. As ideias nucleares da Reforma Urbana eram: (i) Estado obrigado a assegurar os direitos urbanos a todo cidadão; (ii) *Submissão da propriedade à sua função social*; (iii) *Direito à cidade*; e (iv) *Gestão democrática da Cidade*, temas em debate desde os anos 1970, quando a Reforma Urbana surgiu, inspirada no movimento dos estudantes em Paris (1968). Seus principais instrumentos para democratizar a gestão municipal

em lugar do procedimento regulatório próprio dos Planos Diretores.

Resultou do trabalho da Comissão o *Capítulo II – Da Política Urbana do Título VII – da Ordem Econômica e Financeira da Constituição de 1988*, no qual constam sugestões apresentadas pelos três segmentos, ou seja, entidades empresariais,[175] Ministério da Habitação, Urbanismo e Meio Ambiente e Movimento Nacional da Reforma Urbana.

5.1. A Política Urbana na Constituição de 1988

Denominada por Ulisses Guimarães *Constituição Cidadã*, por seus princípios democratizantes, a Constituição da República Federativa do Brasil,[176] promulgada a 5 de outubro de 1988, inovou bastante ao adotar um viés descentralizador, municipalista e de fortalecimento da participação social e defesa dos direitos do cidadão. No âmbito da ges-

---

urbana eram o orçamento participativo e o planejamento participativo, ao lado de numerosas outras demandas entregues pela MNRU à Subcomissão composta por deputados que defendiam vários grupos de interesse. Ver BASSUL, José Ricardo, op. cit, p. 102-103. Para Demétrio Ribeiro, presidente do IAB, *Passou a época do planejamento, estamos na época do gerenciamento; passou a época da legislação, estamos na época da negociação.* In BASSUL, op. cit., p. 53.

[175] Entendeu o deputado Bernardo Cabral, ao tratar da Emenda do MNRU, que: *No que se refere à Questão Urbana, a Emenda apresenta dispositivos inovadores e aperfeiçoadores do Projeto da Constituição, nos campos da função social da propriedade, da participação popular, da desapropriação, das normas gerais de direito urbano, da usucapião urbano, e da ordenação do espaço urbano.* In BASSUL, op.cit., p.104. Muitas sugestões apresentadas pelo MNRU eram semelhantes àquelas apresentadas pelo MHU.

[176] SENADO FEDERAL. Constituição Federal de 1988: Texto constitucional de 5 de outubro de 1988, com as alterações adotadas pelas Emendas Constitucionais n°s 1/92 a 30/2000 e Emendas Constitucionais de Revisão n°s 1 a 6/1994. Brasília, Senado Federal, 2001.

tão urbana, a nova Constituição Federal e, principalmente, os executores dos preceitos legais, desmontaram a governança interfederativa para promover a autonomia municipal (Art. 30) e entregar aos Estados a gestão metropolitana (Art. 25, §3°). A CF de 1988 também estabeleceu saúde e educação como "direito de todos e dever do Estado" (Art.196 e Art. 205). Mais tarde, esses "direitos e deveres" seriam ampliados para *moradia* (Emenda Constitucional nº 26/2000, Art. 6°), *direito à mobilidade urbana eficiente* (Emenda Constitucional nº 82/2014, Art. 144, §10, inciso I) e *transporte* (Emenda Constitucional nº 90/2015, Art. 6°). Entretanto, não foram estabelecidas as fontes financeiras e o nível de governo responsável pelo cumprimento desses preceitos constitucionais.

No campo da gestão do território, a CF de 1988 redefiniu as competências dos 3 níveis de governo, classificando-as como:

Competências da União:

Programática, para elaboração de planos nacionais e regionais de ordenação do território e de desenvolvimento econômico e social (Art.21, inciso IX);

Específicas, que exigem promulgação de legislação e regulamentos sobre a instituição de diretrizes para o *desenvolvimento urbano, inclusive habitação, saneamento básico e transporte urbano* (Art. 21, inciso XX);

Comum à União, Estados, Distrito Federal e Municípios, *como inovação que permite atuações paralelas em setores* *como saúde, educação, meio ambiente, saneamento, educação para a segurança no trânsito, combate à pobreza e à marginalização* (Art. 23);

Concorrentes – *legislação no campo do direito urbanístico* (Art. 24).

Competência dos Estados:

Residual e competência exclusiva *para instituir Regiões Metropolitanas, aglomerados e microrregiões para o planejamento e a execução de funções públicas de interesse comum* (Art. 25).

Competência dos Municípios – *legislação sobre assuntos de interesse local* (Art. 30).

Além de redefinir as competências das três esferas de governo, a Constituição Federal de 1988 criou um Capítulo sobre Política Urbana, no qual se definiu caber ao Poder Público Municipal

> *executar a política urbana, conforme diretrizes gerais fixadas em lei, com o objetivo de ordenar o pleno desenvolvimento das funções sociais da cidade e garantir o bem-estar de seus habitantes* (Art.182).

A distribuição de competências estabelecida pela CF de 1988 talvez não tenha similar no plano internacional. É característica básica de uma federação cada ente federado deter um conjunto de competências e atribuições exclusivas, sem interferência dos demais entes federados. A CF de 1988 reduziu essas atribuições e tornou preceito constitucional um feixe de atribuições comuns entre os órgãos executivos da União, dos Estados, Municípios e do Distrito Federal e de competências concorrentes entre os órgãos legislativos da União, de Estados e do Distrito Federal.[177]

Essas determinações constitucionais tornam pouco dinâmicas a cooperação, a articulação e a coordenação intergovernamentais de grande importância, principalmente no caso, das Regiões Metropolitanas, das aglomerações urbanas, das bacias hidrográficas e de microrregiões, territórios nos quais a gestão compartilhada é fundamental para a solução dos problemas urbanos, que extrapolam os limites geográficos dos Municípios.

Estabeleceu, ainda, a Constituição Federal de 1988, no primeiro parágrafo do Artigo 182, a obrigatoriedade do Plano Diretor, aprovado pela Câmara Municipal, para cidades com mais de vinte mil habitantes;[178] no parágrafo seguinte, instituiu a função social da propriedade, que exige a aprovação do Plano Diretor para sua aplicação em nível municipal.

5.2. Plano Diretor: Instrumento Básico de Política Urbana

A Constituição Federal de 1988, que obriga o Plano Diretor para municipalidades com população acima de 20.000 habitantes, o define como o **instrumento básico da política de desenvolvimento e de expansão urbana.**

---

[177] Ministério das Cidades. *Política nacional de desenvolvimento urbano 1*. Brasília : MCidades, 2004, p. 25.
[178] O Estatuto da Cidade, Lei nº 10.257, de 10 de julho de 2001, estendeu esta obrigatoriedade para cidades em algumas situações específicas, conforme se verá adiante, no item 7.1.

Para que o Plano Diretor possa ser, de fato, o instrumento legal previsto e tenha sua elaboração e implementação bem-sucedidas, parece incontestável ser necessário o respeito a algumas condicionantes, que devem orientar a sua elaboração e ser adequadas às condições locais:

a) deve contribuir para a melhoria da qualidade de vida dos cidadãos moradores no Município. Para isto, deve ter claros a sua conceituação e significado, as diretrizes para o modelo de cidade e Município a serem construídos, os resultados a serem atingidos numa dimensão temporal determinada, com explicitação que possibilite a sua mensuração posterior;

b) deve determinar claramente a vocação do Município e da cidade e o papel a ser exercido por eles no contexto local e/ou da aglomeração, da Região Metropolitana ou da microrregião na qual se insere;

c) deve obter um justo equilíbrio entre as dimensões técnicas e políticas do planejamento, tanto em relação aos problemas locais, quanto às trocas regionais e aos planos nacionais, inclusive com uma visão prospectiva;

d) deve ser entendido como uma etapa de um processo de planejamento e gestão, que é contínuo e permanente;

e) deve basear-se em interpretação correta do desenvolvimento socioeconômico da cidade e da região onde ela se insere, para que, fundamentado na realidade, ganhe contornos e complexidade adequados a ela. Para tanto, necessita de dados sobre os aspectos físico-ambientais do Município; sobre a composição demográfica e estruturas educacional e ocupacional de sua população; sobre as atividades econômicas existentes e tendências evolutivas; sobre os aspectos socioculturais e econômicos da sua região e as suas inter-relações com os Municípios vizinhos; sobre os níveis de qualidade de vida, serviços e equipamentos urbanos e comunitários oferecidos à população; e sobre os recursos para o planejamento e o desenvolvimento urbano;

f) deve ter o claro entendimento e a completa concordância por parte da população, corresponsável pelo processo do desenvolvimento municipal e urbano, como forma de garantir a adesão que dá legitimidade e exequibilidade ao plano;

g) deve estar integrado ao planejamento de desenvolvimento do Município que, além dos aspectos urbanísticos, tem de cuidar também das questões socioculturais, econômicas, ambientais, tecnológicas, institucionais e políticas.

5.3. O Ministério das Cidades

Criado em 2003, o Ministério das Cidades – MCidades foi responsável pela coordenação da Política Nacional de Desenvolvimento Urbano do país – PNDU-2003. Ao assumir o comando do MCidades, Olívio Dutra traduziu assim a sua importância:

A base de uma politica urbana com participação popular está no reconhecimento de que a participação nas políticas públicas é um direito dos cidadãos e que o caminho para o enfren-

tamento da crise urbana está diretamente vinculado à articulação e à integração dos esforços e recursos nos três níveis de poder – federal, estadual e municipal, com participação dos diferentes segmentos da sociedade.[179]

A PNDU-2003 foi homologada na 1ª Conferência Nacional de Cidades, mecanismo adotado pelo MCidades para promover a "pactuação democrática" com "concertação nacional" que serviu como "grande movimento pedagógico (...) para assegurar a consciência sobre os problemas urbanos atuais e construir alguns consensos que orientem as ações da sociedade e dos diversos níveis de governo".[180]

O Ministério das Cidades adotou como estratégia a ampliação significativa dos investimentos na área de desenvolvimento urbano e a definição de uma Política Nacional de Desenvolvimento Urbano de longo prazo, a partir do diálogo com os Municípios e cidadãos, em busca da coordenação e da integração dos investimentos e ações. Para tanto, promoveu Conferências municipais, realizadas em 3.457 dos 5.561 Municípios do país, culminando com a 1ª Conferência Nacional de Cidades, em outubro de 2003, que estabeleceu os princípios e diretrizes da PNDU e elegeu o Conselho das Cidades, de caráter consultivo, presidido pelo Ministro das Cidades e composto por 86 membros representantes dos mais diferentes órgãos, todos com direito a voto.

As políticas e ações do MCidades foram estruturadas em torno de um movimento de incorporação e requalifi-

---

[179] MINISTÉRIO DAS CIDADES. *Política Nacional de desenvolvimento urbano – 1*. In *Cadernos MCidades Desenvolvimento Urbano*, 1. Brasília : Ministério das Cidades, 2003, p. 75.
[180] Idem, p. 7.

cação da cidade real, tanto pela regularização total dos assentamentos de baixa renda (urbanística, ambiental, administrativa e patrimonial), reconhecendo plenos direitos às moradias já constituídas nas cidades, quanto por ações no sentido de evitar a formação de novos assentamentos precários no país.

A PNDU, aprovada na 1ª Conferência Nacional das Cidades, serviu para orientar as atividades do MCidades, sem passar pela Presidência da República ou pelo Poder Legislativo federal. O texto permaneceu no Conselho das Cidades, como documento de orientação para as atividades do MCidades e dele resultaram alguns programas e projetos setoriais para fazer frente à extensa lista de problemas que a PNDU destacava quando tratava de temas como *A Crise Urbana, A Desigualdade Regional e as Cidades, Propostas Estruturantes da PNDU, A Construção Democrática da PNDU*.

Cada um desses temas foi avaliado a partir de amplo inventário de problemas e de questões, alguns deles aprofundados nos vários *Cadernos MCidades* publicados pelo Ministério.

A atuação do MCidades traduziu-se em programas, ações e transferências de recursos para a implementação das seguintes políticas públicas:

- *Política de Apoio à Elaboração e à Revisão de Planos Diretores* – para estimular os municípios, por meio de orientações conceituais, programáticas e metodológicas, a adotarem novas práticas de planejamento e gestão, com maior participação da sociedade;

- *Política Nacional de Apoio à Regularização Fundiária Sustentável* – por meio do estabelecimento de novo marco jurídico para novas práticas cartoriais e da utilização do patrimônio imobiliário federal para apoiar a regularização fundiária de assentamentos urbanos precários, ocupados por população de baixa renda;
- *Política Nacional de Prevenção de Risco em Assentamentos Precários* – que trabalhava com os conceitos de prevenção e remoção do risco e não mais de remoção de assentamentos ou favelas em risco;
- *Política Nacional de Apoio à Reabilitação de Centros Urbanos* – propunha a gestão integrada, pública e privada, de recuperação e reutilização das edificações em áreas consolidadas das cidades, incluindo edificações ociosas, vazias, abandonadas, subutilizadas e insalubres, a melhoria dos espaços e serviços públicos, da acessibilidade e dos equipamentos comunitários.

Para executar tais políticas, o MCidades foi estruturado com 4 Secretarias Nacionais: (i) Saneamento Ambiental, (ii) Habitação, (iii) Mobilidade e Transporte Urbano e (iv) Programas Urbanos, todas elas tendo como foco o fortalecimento da função social da propriedade e da cidade e dispondo de recursos do FGTS, que a CEF aplicava em habitação, e do FAT, que o BNDES destinava a projetos de saneamento e transporte urbano.

As prioridades de cada Secretaria Nacional foram definidas a partir das 9 Propostas Estruturantes indicadas na PNDU para promover:

- *Implementação dos Instrumentos Fundiários do Estatuto da Cidade*, com foco nos assentamentos de baixa renda e prevenção de novos assentamentos precários;
- *Política de Apoio à Elaboração e Revisão de Planos Diretores* a partir de metodologia que reverteria "prática tradicional de planos diretores normativos, tecnocráticos e com restrita legitimidade social" e resultaria em "Plano Diretor como resultado de um pacto construído pela sociedade para assegurar a sua implementação e seu controle";
- *Política Nacional de Apoio à Regularização Fundiária,* para enfrentar crescentes irregularidades e garantir a sustentabilidade urbana a partir de novos marcos jurídicos e novas práticas cartoriais;
- *Política Nacional de Prevenção de Risco em Assentamentos Precários,* para conter ocupação e mortes por escorregamento de encostas, principalmente em áreas ocupadas por favelas;
- *Política Nacional de Apoio à Reabilitação de Centros Urbanos;*
- *Novo Sistema Nacional de Habitação*, com Subsistema de Interesse Social e Subsistema de Habitação de Mercado;
- *Promoção de Mobilidade Urbana Sustentável e Cidadania no* Trânsito;
- *Novo Marco Legal para o Saneamento Ambiental;*
- *Capacitar e Informar as Cidades*, com Programa Nacional de Capacitação de Cidades e Sistema Nacional de Informações das Cidades.

O Estatuto da Cidade estabeleceu, no Art. 50, que os Municípios com mais de 20.000 habitantes e os inseridos em Regiões Metropolitanas e aglomerações urbanas *que não tenham Plano Diretor aprovado na data da entrada em vigor desta Lei, deverão aprová-lo no prazo de 5 anos*, ou seja, até 11 de outubro de 2006.

Essa determinação atingia cerca de 1.700 Municípios. O MCidades desenvolveu um grande esforço de apoio a esses Municípios, não só com aporte financeiro, mas principalmente por meio do *Programa Nacional de Capacitação das Cidades*, com vistas a qualificar agentes públicos e sociais e apoiar o setor público municipal e estadual para o desenvolvimento institucional.

Além de capacitar técnicos das administrações municipais e atores sociais envolvidos com a implementação da política urbana, o MCidades estendeu o programa de capacitação aos técnicos das gerências de filial de apoio ao desenvolvimento urbano da Caixa Econômica Federal.

Capacitou, ainda, profissionais e empresas de consultoria em planejamento urbano que, após cumprir uma série de requisitos, foram credenciados para a elaboração e a revisão de Planos Diretores, como forma de apoiar os Municípios que não dispunham de quadros técnicos próprios para essas tarefas.

6. NOVOS MARCOS REGULATÓRIOS DA POLÍTICA URBANA BRASILEIRA

Só após 13 anos de a Constituição de 1988 ter criado o *Capítulo II – Da Política Urbana*, seus dois artigos foram regulamentados pela Lei Federal nº 10.257, de 10 de julho de 2001, denominada Estatuto da Cidade, que estabeleceu as diretrizes gerais dessa política, os instrumentos a serem utilizados por ela, as normas para a gestão democrática das cidades e as determinações a serem observadas na elaboração do Plano Diretor municipal.

Mais tarde, 27 anos após a Constituição de 1988 determinar que cabe aos Estados instituir Regiões Metropolitanas, aglomerações urbanas e microrregiões para "organizar, planejar e executar funções públicas de interesse comum", o artigo 25 da CF foi regulamentado pelo Estatuto da Metrópole, Lei Federal nº 13.089, de 12 de janeiro de 2015, que alterou o Estatuto da Cidade e estabeleceu:

> *diretrizes gerais para o planejamento, a gestão e a execução das funções públicas de interesse comum em regiões metropolitanas e em aglomerações urbanas instituídas pelos estados, normas gerais sobre o plano de desenvolvimento urbano integrado e outros instrumentos de governança interfederativa, e critérios para o apoio da União a ações que envolvam governança interfederativa no campo do desenvolvimento urbano.*

Os dois Estatutos estabeleceram os fundamentos para a governança de cidades pelas administrações municipais e a de conurbações, aglomerados urbanos, microrregiões e Regiões Metropolitanas, de forma interfederativa. Ambos surgiram por iniciativa do Poder Legislativo: o Estatuto da Cidade, por iniciativa do Senado Federal, e o da Metrópole, por iniciativa da Câmara dos Deputados. Em paralelo, o Poder Executivo promovia a política urbana nacional a partir do MCidades e de Conselhos de Cidades, criados em 2003.

6.1. O Estatuto da Cidade

O Estatuto da Cidade, ao regulamentar os artigos 182 e 183 da Constituição Federal de 1988, estabeleceu diretrizes gerais a serem observadas pela política urbana municipal, que incluíam a obtenção de cidades sustentáveis; introduziu novos instrumentos jurídicos para possibilitar uma intervenção mais efetiva do poder público no meio urbano e reafirmou o Plano Diretor como o **instrumento básico da política de desenvolvimento e de expansão urbana.**

O Estatuto da Cidade estabeleceu que a política urbana tem por objetivo ordenar o pleno desenvolvimento das funções sociais da cidade e da propriedade urbana mediante um conjunto de 16 diretrizes gerais, dentre elas:

I. *o direito a cidades sustentáveis, entendido como o direito à terra urbana, à moradia, ao saneamento ambiental, à infra-estrutura urbana, ao transporte e aos serviços públicos, ao trabalho e ao lazer, para as presentes e futuras gerações;*

II. *gestão democrática por meio da participação da população e de associações representativas dos vários segmentos da comunidade na formulação, na execução e no acompanhamento de planos, programas e projetos de desenvolvimento urbano;*

III. *cooperação entre os governos, a iniciativa privada e os demais setores da sociedade no processo de urbanização, em atendimento ao interesse social;*

IV. *planejamento do desenvolvimento das cidades, da distribuição espacial da população e das atividades econômicas do município e do território sob sua área de influência, de modo a evitar e corrigir as distorções do crescimento urbano e seus efeitos negativos sobre o meio ambiente;*

VIII. *adoção de padrões de produção e consumo de bens e serviços e de expansão urbana compatíveis com os limites da sustentabilidade ambiental, social e econômica do município e do território sob sua área de influência;*

XII. *proteção, preservação e recuperação do meio ambiente natural e construído, do patrimônio cultural, histórico, artístico, paisagístico e arqueológico.*

O Estatuto da Cidade inovou ao vincular a "função social da propriedade" às leis de Planos Diretores municipais, bem como quando estabeleceu a adequação de "políticas econômica, tributária e financeira e dos gastos públicos aos objetivos do desenvolvimento urbano." Além disso, institucionalizou novos instrumentos urbanísticos destinados a fortalecer a gestão urbana, assim como exigiu maior participação da sociedade na gestão pública municipal e subordinou planos setoriais, como transporte público, às diretrizes do Plano Diretor municipal.

O Plano Diretor municipal, segundo a legislação federal que o regulamenta, tem um tríplice papel:

- *determina **diretrizes e estratégias para o desenvolvimento municipal** em suas diferentes dimensões;*
- *estabelece o **ordenamento territorial do Município e orienta a organização dos espaços urbanos** municipais;*
- *define diretrizes e estratégias para a estruturação do **sistema de planejamento e gestão municipal e urbana**.*

Para atender a esses objetivos, o Estatuto da Cidade estabelece que o "Plano Diretor é parte integrante do processo de planejamento municipal devendo o plano plurianual, as diretrizes orçamentárias e o orçamento anual incorporar as diretrizes e prioridades nele contidas." e "deverá englobar o território do município como um todo."

Para cumprir seu tríplice papel, o Plano Diretor deve ter dois componentes:

- **Documento Técnico**, que recolhe a fundamentação e as conclusões do trabalho desenvolvido coletivamente por todos os atores e agentes envolvidos no processo de elaboração do Plano Diretor. Esse documento relata a análise evolutiva do desenvolvimento do Município e seus núcleos urbanos até a situação atual; a identificação das vantagens e limitações ao desenvolvimento municipal e urbano, tanto no âmbito interno do município quanto em relação às externalidades; a análise prospectiva com a definição de distintos cenários para possibilitar a escolha da visão de futuro; o ordenamento territorial do Município, por meio do macrozoneamento; a proposta urbanística para a sede municipal, as orientações e parâmetros para a ordenação dos espaços urbanos dos outros núcleos urbanos eventualmente existentes no Município, as diretrizes, estratégias e programas de ação estabelecidos para passar da situação atual para a situação desejada, expressa na visão de futuro escolhida por todos os atores e agentes envolvidos, e as orientações para a estruturação do sistema de planejamento e gestão municipal e urbana;

- **Anteprojeto de Lei do Plano Diretor,** que apresenta a tradução em linguagem jurídica das decisões tomadas por consenso entre os participantes do processo de elaboração do Plano Diretor. O Anteprojeto de Lei do Plano Diretor registra a visão de futuro escolhida, as diretrizes e estratégias gerais para o desenvolvimento do Município e de seus núcleos urbanos, define o ordenamento territorial do Município, dá as orientações para a feitura das leis urbanísticas, que o complementarão nos aspectos de parcelamento, uso e ocupação do solo urbano; e orienta a estruturação do sistema de planejamento e gestão municipal e urbana. O Documento Técnico é parte integrante do Anteprojeto de Lei, como anexo a ele.

A implementação das diretrizes e estratégias do Plano Diretor exige distintos desdobramentos, de natureza normativa e orçamentária:

a) **legislação** urbanística, edilícia e administrativa e outros instrumentos capazes de fazer cumprir as suas determinações, especialmente a Lei de Uso e Ocupação do Solo Urbano, de Parcelamento do Solo Urbano e o Código de Edificações;

b) **detalhamento** por meio do:

- Plano Plurianual – PPA, quadrienal e que permite ajustes e correções anuais das formulações iniciais do Plano Diretor, pois todo Município, por imposição constitucional (Art. 165), tem que fazer o PPA;
- Lei de Diretrizes Orçamentárias – LDO, elaborada anualmente para orientar a preparação do orçamento anual;
- Plano de ações e investimentos anuais traduzido na Lei do Orçamento Anual – LOA, a partir dos quais podem ser elaborados os projetos de ações específicas.

A LDO e a LOA são obrigatórias para todo Município por imposição constitucional e devem respeitar as diretrizes do PPA, por sua vez fundamentado no Plano Diretor (Figura 14).

FIGURA 14 – DIAGRAMA DE HIERARQUIA E PRECEDÊNCIA DOS INSTRUMENTOS DE PLANEJAMENTO E GESTÃO MUNICIPAL E URBANA

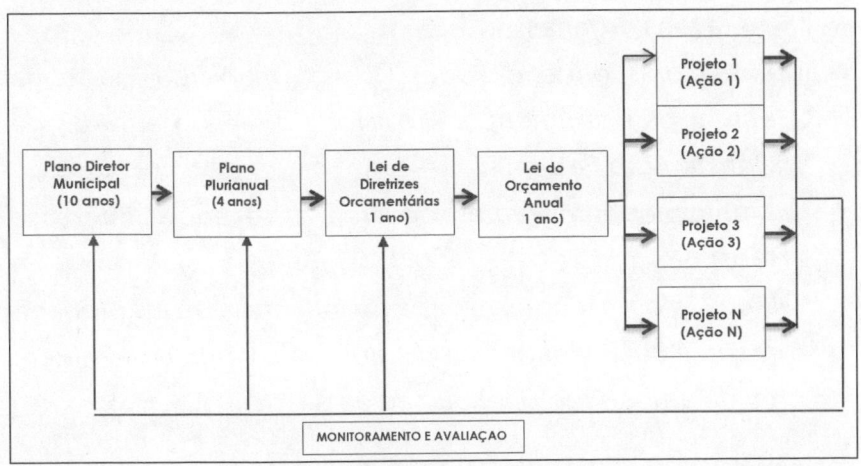

Fonte: Elaboração própria.

Os resultados do Plano Diretor só poderão ser alcançados quando os projetos e ações forem desenvolvidos, o que só acontecerá se o **processo de planejamento** se der satisfatoriamente, de forma **contínua e permanente**.

O parágrafo primeiro do Artigo 182 da Constituição Federal estabeleceu que **o Plano Diretor, aprovado pela Câmara Municipal, obrigatório para cidades com mais de vinte mil habitantes, é o instrumento básico da política de desenvolvimento e de expansão urbana**. Já o parágrafo segundo determinou que "a propriedade urbana cumpre sua função social quando atende às exigências fundamentais de ordenação da cidade, expressas no Plano Diretor."

Para atender ao mandamento constitucional, o Estatuto da Cidade determinou (Art. 41) que o Plano Diretor é obrigatório para:

I. Municípios com 20.000 habitantes ou mais;
II. Municípios integrantes de regiões metropolitanas e aglomerações urbanas;
III. Municípios onde o Poder Público municipal pretenda utilizar os instrumentos previstos no §4º do art. 182 da Constituição Federal;
IV. Municípios integrantes de área de especial interesse turístico;
V. Municípios inseridos na área de influência de empreendimentos ou atividades com significativo impacto ambiental de âmbito regional ou nacional.

O parágrafo primeiro do Art. 41 do Estatuto da Cidade estabelece que, no caso do inciso V do art. 41, "os recursos técnicos e financeiros para a elaboração do Plano Diretor estarão inseridos entre as medidas de compensação adotadas".

O parágrafo segundo do mesmo artigo torna obrigatório "um plano de transporte urbano integrado, compatível com o Plano Diretor ou nele inserido" para as cidades com mais de quinhentos mil habitantes.

O artigo 42 estabelece como conteúdo mínimo do Plano Diretor:

I – a delimitação das áreas urbanas onde será aplicado o parcelamento, edificação ou utilização compulsória, considerando a existência de infraestrutura e a demanda para utilização, na forma do art. 5º desta Lei;
II – disposições requeridas pelos arts. 25, 28, 29, 32 e 35 desta Lei;
III – sistema de acompanhamento e controle.

Vários instrumentos do Estatuto da Cidade só podem ser aplicados se constarem no Plano Diretor, como o *parcelamento, edificação ou utilização compulsória* (Art. 5°), o *direito de preempção* (Art. 25), a *outorga onerosa do direito de construir* (Art. 28), a *alteração do uso do solo mediante contrapartida* (Art. 29), as *operações urbanas consorciadas* (Art. 32) e a *transferência do direito de construir* (Art. 35). Por último, como já mencionado, o Plano Diretor deve conter indicações do "sistema de acompanhamento e controle."

O Estatuto da Cidade determinou, ainda, que a gestão urbana deve ser feita com o envolvimento dos órgãos colegiados de política urbana, nos níveis nacional, estadual e municipal, com debates, audiências e consultas públicas, conferências sobre assuntos de interesse urbano, nos níveis nacional, estadual e municipal, e com iniciativa popular de projeto de lei e de planos, programas e projetos de desenvolvimento urbano (Art. 43). Fica claro, portanto, que os princípios da sustentabilidade, anteriormente adotados como orientadores da Agenda 21, na busca de cidades sustentáveis, foram também assumidos como os norteadores do Plano Diretor, da mesma forma que o conceito de processo continuado está presente nos dois instrumentos.

O Estatuto da Cidade estabeleceu como uma de suas diretrizes, "a ordenação do uso do solo para evitar a poluição e a degradação ambiental" (Art. 3°, g) e, dentre outros instrumentos, o "planejamento de Regiões Metropolitanas, aglomerações urbanas e microrregiões" (Art.4°, II), e "estudos prévios de impacto ambiental (EIA) e estudos prévios de impacto de vizinhança (EIV)"(Art. 4°, VI).

Alguns dos preceitos do Estatuto da Cidade foram alterados mais recentemente, pela Lei Federal nº 12.608, de 10 de abril de 2012, que instituiu a Política Nacional de Proteção e Defesa Civil, e estabeleceu que:

- *no Art. 2º, o Estatuto da Cidade trata das diretrizes gerais para a desenvolvimento das funções sociais da cidade e da propriedade urbana. O inciso VI desse artigo fala da ordenação e controle do uso do solo urbano de forma a evitar uma série de aspectos relacionados em 7 alíneas. A Lei nº 12.608/2012 acrescentou uma nova alínea "h) a exposição da população a riscos de desastres";*
- *Estendeu a obrigatoriedade do Plano Diretor, estabelecida no Art. 41 a mais uma categoria: VI - incluídas no Cadastro Nacional de Municípios com áreas suscetíveis à ocorrência de deslizamentos de grande impacto, inundações bruscas ou processos geológicos ou hidrológicos correlatos;*
- Acrescentou dois artigos ao Estatuto da Cidade:

Art. 42A. Além do conteúdo previsto no art. 42, o Plano Diretor dos Municípios incluídos no Cadastro Nacional de Municípios com áreas suscetíveis à ocorrência de deslizamentos de grande impacto, inundações bruscas ou processos geológicos ou hidrológicos correlatos deverá conter:

I - parâmetros de parcelamento, uso e ocupação do solo, de modo a promover a diversidade de usos e a contribuir para a geração de emprego e renda;

II - mapeamento contendo as áreas suscetíveis à ocorrência de deslizamentos de grande impacto, inundações bruscas ou processos geológicos ou hidrológicos correlatos;

III - planejamento de ações de intervenção preventiva e realocação de população de áreas de risco de desastre;

IV - medidas de drenagem urbana necessárias à prevenção e à mitigação de impactos de desastres; e

V - diretrizes para a regularização fundiária de assentamentos urbanos irregulares, se houver, observadas a Lei nº 11.977, de 7 de julho de 2009, e demais normas federais e estaduais pertinentes, e previsão de áreas para habitação de interesse social por meio da demarcação de zonas especiais de interesse social e de outros instrumentos de política urbana, onde o uso habitacional for permitido.

§1º A identificação e o mapeamento de áreas de risco levarão em conta as cartas geotécnicas.

§2º O conteúdo do Plano Diretor deverá ser compatível com as disposições insertas nos planos de recursos hídricos, formulados consoante a Lei nº 9.433, de 8 de janeiro de 1997.

§3º Os Municípios adequarão o Plano Diretor às disposições deste artigo, por ocasião de sua revisão, observados os prazos legais.

§4º Os Municípios enquadrados no inciso VI do art. 41 desta Lei e que não tenham Plano Diretor aprovado terão o prazo de 5 (cinco) anos para o seu encaminhamento para aprovação pela Câmara Municipal.

Art. 42-B. Os Municípios que pretendam ampliar o seu perímetro urbano após a data de publicação desta Lei deverão elaborar projeto específico que contenha, no mínimo:

I - demarcação do novo perímetro urbano;
II - delimitação dos trechos com restrições à urbanização e dos trechos sujeitos a controle especial em função de ameaça de desastres naturais;
III - definição de diretrizes específicas e de áreas que serão utilizadas para infraestrutura, sistema viário, equipamentos e instalações públicas, urbanas e sociais;
IV - definição de parâmetros de parcelamento, uso e ocupação do solo, de modo a promover a diversidade de usos e contribuir para a geração de emprego e renda;
V - a previsão de áreas para habitação de interesse social por meio da demarcação de zonas especiais de interesse social e de outros instrumentos de política urbana, quando o uso habitacional for permitido;
VI - definição de diretrizes e instrumentos específicos para proteção ambiental e do patrimônio histórico e cultural; e
VII - definição de mecanismos para garantir a justa distribuição dos ônus e benefícios decorrentes do processo de urbanização do território de expansão urbana e a recuperação para a coletividade da valorização imobiliária resultante da ação do poder público.

§1º O projeto específico de que trata o caput deste artigo deverá ser instituído por lei municipal e atender às diretrizes do Plano Diretor, quando houver.

§2º Quando o Plano Diretor contemplar as exigências estabelecidas no caput, o município ficará dispensa-

> *do da elaboração do projeto específico de que trata o caput deste artigo.*
>
> *§3º A aprovação de projetos de parcelamento do solo no novo perímetro urbano ficará condicionada à existência do projeto específico e deverá obedecer às suas disposições.*

O Estatuto da Metrópole, Lei n° 13.089, de 12 de janeiro de 2015, também alterou o Estatuto da Cidade em relação ao Art. 2°, que estabelece as diretrizes gerais para o pleno desenvolvimento das funções sociais da cidade e da propriedade urbana, ampliando-as (Art. 7° da Lei n° 13.809/2015), e ao Art. 4°, que define os instrumentos passíveis de utilização pelo Município, também com uma ampliação (Art. 9° da Lei n° 13.809/2015).

Tais alterações, entretanto, não afetaram, pelo contrário, reforçaram o entendimento de que o Plano Diretor é o **instrumento norteador das políticas municipais de desenvolvimento, do ordenamento territorial e da ordenação dos espaços urbanos**, assim como **da estruturação do sistema de planejamento e gestão municipal e urbana** (Figura 15).

FIGURA 15 – DIAGRAMA DO ENCADEAMENTO DOS INSTRUMENTOS DE PLANEJAMENTO E GESTÃO MUNICIPAL E URBANA

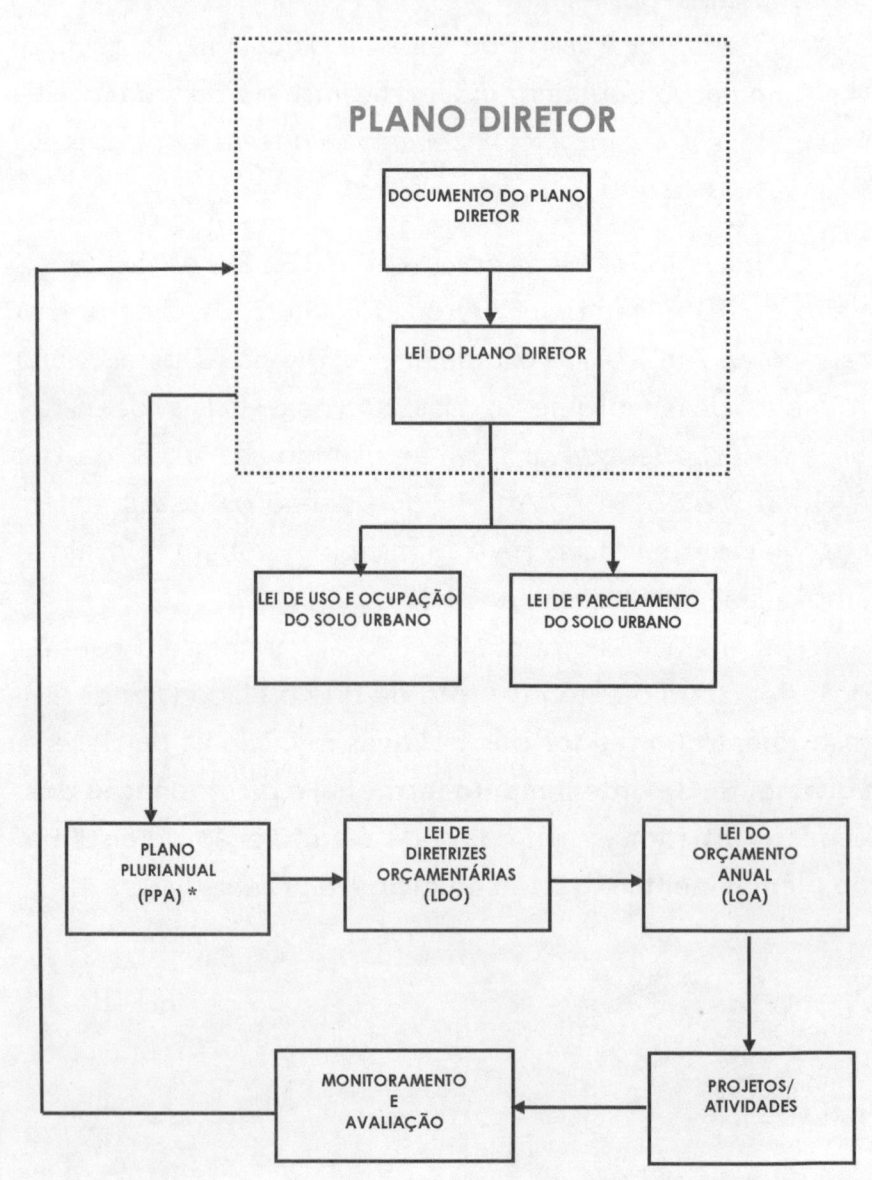

```
┌─────────────────────────────────────────────┐
│              PLANO DIRETOR                   │
│                                              │
│         ┌──────────────────────┐             │
│         │ DOCUMENTO DO PLANO   │             │
│         │      DIRETOR         │             │
│         └──────────┬───────────┘             │
│                    ↓                         │
│         ┌──────────────────────┐             │
│         │ LEI DO PLANO DIRETOR │             │
│         └──────────┬───────────┘             │
└────────────────────┼─────────────────────────┘
                     │
          ┌──────────┴──────────┐
          ↓                     ↓
┌──────────────────┐  ┌──────────────────┐
│ LEI DE USO E     │  │ LEI DE PARCELA-  │
│ OCUPAÇÃO DO      │  │ MENTO DO SOLO    │
│ SOLO URBANO      │  │ URBANO           │
└──────────────────┘  └──────────────────┘

┌──────────┐   ┌──────────┐   ┌──────────┐
│ PLANO    │→  │ LEI DE   │→  │ LEI DO   │
│ PLURI-   │   │ DIRETRI- │   │ ORÇA-    │
│ ANUAL    │   │ ZES ORÇA-│   │ MENTO    │
│ (PPA)*   │   │ MENTÁRIAS│   │ ANUAL    │
│          │   │ (LDO)    │   │ (LOA)    │
└──────────┘   └──────────┘   └─────┬────┘
                                    ↓
┌──────────────┐      ┌──────────────────┐
│ MONITORAMENTO│  ←   │ PROJETOS/        │
│ E AVALIAÇÃO  │      │ ATIVIDADES       │
└──────────────┘      └──────────────────┘
```

Fonte: Elaboração própria.

6.2. Os Resultados Alcançados

Procedimentos adotados na gestão pública e no planejamento urbano brasileiro renovam-se a cada ciclo político-administrativo para melhor atender aos problemas prioritários. Novas práticas profissionais surgem a cada época. Métodos usados nos anos 1950 tiveram de ser renovados para responder à explosão demográfica, à migração, à metropolização e às políticas econômicas e territoriais dos anos 1960 e 1970. Muitos fundamentos foram revistos nos anos 1990 e na primeira década dos anos 2000, para atender à municipalização da governança urbana e ao ideário político-participativo consolidado na Constituição Federal de 1988, no Estatuto da Cidade e na prática das atividades do Ministério das Cidades.

As questões urbanas, como de resto várias outras, tiveram durante os governos do início deste século uma preocupação básica de manutenção de um determinado modelo de poder político. Ainda que o Conselho das Cidades, em respeito ao preceituado no Estatuto da Cidade, tenha ampliado o entendimento das condições de obrigatoriedade de elaboração do Plano Diretor da **cidade** para o **Município,** por meio da Resolução nº 25, de 18 de março de 2005, o Ministério das Cidades não chegava a considerar o Plano Diretor um instrumento orientador do desenvolvimento (do Município) e de expansão urbana, conforme legalmente preceituado. Todo o trabalho era feito visando à definição do uso e à ocupação do solo urbano da sede municipal, ignorando o §2° do artigo 40 do Estatuto da Cidade, que estabelece: **O Plano Diretor**

deverá englobar o território do município como um todo. Os levantamentos de ordem econômica ou social limitavam-se ao necessário à definição das áreas da cidade a serem ocupadas pelas atividades produtivas e para a distribuição espacial de equipamentos sociais.

O manual que o MCidades preparou como orientador do processo de elaboração do Plano Diretor estabelecia que a análise da realidade deveria ser feita por meio de duas leituras: uma técnica, feita por especialistas, com base em dados e informações técnicas e em estudos científicos, e outra, comunitária, a ser feita em audiências públicas com as comunidades locais para levantamento da percepção dos diferentes segmentos da sociedade, com forte atenção para as camadas menos favorecidas. Da consolidação dessas duas leituras, resultava um *Relatório da Situação Atual*, com o diagnóstico dos problemas a serem solucionados. Em seguida, era feita a proposta de ações para a superação dos problemas identificados, em forma de anteprojeto de lei a ser discutido em audiência pública. Não havia a análise de cenários alternativos que permitissem a definição de uma **visão de futuro** para orientar o estabelecimento de estratégias e programas para o desenvolvimento municipal e a consequente ordenação espacial dos núcleos urbanos existentes. Aliás, não havia também o documento técnico do plano, mas apenas o anteprojeto de lei do plano que incorporava as normas de uso e ocupação do solo no perímetro urbano (existente ou considerada alguma expansão) da sede municipal.

Além disso, era clara uma linearidade canhestra nas orientações quanto ao Plano Diretor. O manual preparado para orientar as Prefeituras Municipais quanto à elaboração/ revisão do Plano Diretor exigia os mesmos procedimentos para uma cidade como Mateiros, no Tocantins, com 600 habitantes, ou Nova Ipixuna, no Pará, com pouco menos de 1.000 habitantes, e Belo Horizonte ou São Paulo, com milhões de habitantes. Perdeu-se uma excelente oportunidade de levar em conta as diferenças regionais e entre Municípios, e de se recuperar o que, sensatamente, já havia sido recomendado e adotado como prática pelo SERFHAU na década de 1970.

O processo participativo nem sempre garantia a representatividade social desejada. Numerosas vezes, as deliberações em audiências públicas foram tomadas com a participação de 10, 12 ou 15 pessoas, quase sempre os funcionários da Prefeitura Municipal, o que não garantia representatividade social nem significava, absolutamente, sistema participativo em hipótese alguma. Ainda assim, os Planos Diretores foram aceitos e aprovados porque tinha havido um "processo participativo".

Repetiu-se um aspecto bastante criticado nos Planos Diretores realizados com financiamento do SERFHAU, qual seja, o de uma certa "padronização" por parte das empresas de consultoria que, por desconhecerem a realidade local, repetiam fórmulas semelhantes para cidades bastante diferenciadas. No esforço de produção de cerca de 1.700 Planos Diretores em um prazo razoavelmente curto, visto que deveriam estar prontos até outubro de 2006 (o que não chegou a acontecer), como boa parte das Prefeituras Municipais não dispunha de equipes técnicas com qualificação e disponibilidade de tempo para a elaboração de tais planos, recorreu-se novamente ao trabalho de consultores que, muitas vezes, "repetiram as receitas" para vários Municípios completamente distintos entre si.

Da mesma forma, as Conferências estaduais e federais divulgadas como de grande alcance por acolher centenas ou milhares de participantes, foram, por vezes, um simulacro de processo participativo, pois tiveram, na verdade, assistentes a um debate entre uma ou duas dezenas de pessoas, muitas delas defendendo teses partidárias. O que importava era essa pregação.

O Conselho das Cidades, ainda que com boa representatividade, era apenas consultivo. No entanto, as equipes do MCidades e muitos dos profissionais/empresas trabalhando na elaboração de Planos Diretores tomavam como obrigatórias as suas recomendações. Temia-se até mesmo a não aprovação do Plano Diretor que não as seguissem.

Os resultados alcançados pelo MCidades na condução da política urbana brasileira foram analisados por técnicos do IPEA,[181] enquanto o impacto do Estatuto da Cidade em Planos Diretores foi avaliado por vários estudiosos, durante a primeira década deste século e também por iniciativa do MCidades,[182] em 2011.

---

[181] PRONI, Marcelo W. e FAUSTINO, Raphael B. *Avanços e Limites da Política de Desenvolvimento Urbano (2001-2014)*. In IPEA, *Planejamento e políticas públicas*. Brasília, nº 46 jan./jun., 2016, pp. 181-215.

[182] SANTOS JUNIOR, Orlando A. dos e MONTANDON, Daniel T. (orgs.). *Os Planos Diretores Municipais Pós-Estatuto da Cidade: balanço crítico e perspectivas*. Rio de Janeiro : Letra Capital, Observatório das Cidades: IPPUR/UFRJ, 2011. Convênio Ministério das Cidades /IPPUR. Também o *Relatório Brasileiro para o HABITAT III*, elaborado pelo IPEA e aprovado pelo Conselho das Cidades,

Os trabalhos publicados pelo IPEA avaliaram conceitos, metas e objetivos adotados pela política urbana no combate às desigualdades sociais no Brasil. Concluíram pela importância da participação da população no processo de elaboração de Planos Diretores municipais.

Segundo avaliação feita, em 2005, por Ermínia Maricato, primeira Secretária Executiva do Ministério das Cidades, os resultados obtidos com o apoio aos Municípios para a elaboração ou revisão de seus Planos Diretores não corresponderam aos compromissos do Movimento da Reforma Urbana com os movimentos sociais, ainda que os Planos Diretores fossem "oportunidade ímpar de ampliar debates sobre cada cidade formando novos sujeitos políticos e uma nova consciência sobre os problemas urbanos."[183] Afirma Maricato que o "perfil técnico" do Plano Diretor, com um grande número de questões a serem discutidas, de acordo com o método preconizado, despertou pouco entusiasmo por parte das lideranças sociais e levou a proposições distantes da realidade econômica e sociocultural das cidades brasileiras, repetindo a velha prática de propostas mais adequadas às cidades do primeiro mundo.

O resultado ficava refletido em um Plano Diretor insuficiente para promover as transformações sociais desejadas e alterar as condições de vida dos habitantes das cidades brasileiras.

---

avalia origens, políticas urbanas nacionais e sua inserção no cenário global. E COSTA, Marco A. (org.) *O Estatuto da Cidade e a HABITAT III: um balanço de quinze anos da política urbana no Brasil e a Nova Agenda Urbana*. Brasília : IPEA, 2016.

[183] MARICATO, Ermínia, *O que esperar dos Planos Diretores?* redeplanodiretor@cidades.gov.br, 27de outubro de 2005.

Maricato recomenda a revisão dos métodos, objetivos e procedimentos adotados para a elaboração de Planos Diretores, com vistas à "inovação e melhoria da condição urbana segundo as expectativas da Reforma Urbana."[184]

Já Raquel Rolnik observou, 15 anos após, que

> as marcas do modelo predatório e discriminatório de cidades continuam em plena vigência, constituindo (...) a crise urbana. Essa crise tem origem nas permanências e persistências de um modelo excludente, predatório e patrimonialista.[185]

No final da primeira década dos anos 2000, o Ministério das Cidades promoveu ampla avaliação do impacto do Estatuto da Cidade nos Planos Diretores municipais, no entendimento de que "O planejamento urbano (assim como a gestão democrática) é um tema transversal a todas as políticas do Ministério, tendo o Plano Diretor como principal instrumento integrador e articulador das demais políticas setoriais."[186]

O *balanço crítico e perspectivas dos Planos Diretores Municipais, após o Estatuto da Cidade*, título do estudo que o Ministério da Cidade financiou, parte da "nova concepção do planejamento politizado da cidade, ressignificando

---

[184] MARICATO, Ermínia, *O que esperar dos Planos Diretores?* redeplanodiretor@cidades.gov.br, 27de outubro de 2005.

[185] Apud MARGUTTI. Bárbara O., COSTA, Marco Aurélio, GALINDO, Ernesto P. *A Trajetória Brasileira em busca do Direito à Cidade: os quinze anos do Estatuto da Cidade e as Novas Perspectivas à Luz da Nova Agenda Urbana*. In IPEA, *O Estatuto da Cidade e o HABITAT III, um balanço de quinze anos da politica urbana no Brasil e a Nova Agenda Urbana*. Brasília : IPEA, 2016, p. 22.

[186] SANTOS Jr., Orlando Alves e MINTANDON, Daniel Todtmann (orgs.). *Os Planos Diretores Municipais Pós-Estatuto da Cidade: balanço crítico e perspectivas*. Rio de Janeiro : Letra Capital – Observatório das Cidades – IPPUR/UFRJ, 2011, p. 11.

o sentido de Planos Diretores a partir de novas diretrizes, princípios e instrumentos voltados para o direito à cidade e para sua gestão democrática".[187] Constata que o Plano Diretor foi amplamente elaborado por um grande número de Municípios (não menciona que a existência do Plano Diretor é uma exigência da União para repasse de recursos), mas verifica que vários instrumentos do Estatuto da Cidade não chegaram a ser utilizados porque o "Plano Diretor feito é decidido unicamente por técnicos e determinados grupos da sociedade e não é eficaz para o enfrentamento dos problemas urbanos" porque constitui "plano de uma gestão e não um plano da cidade e da sociedade."[188]

O *Balanço crítico* afirma que os objetivos do Plano Diretor podem ser atingidos "pela utilização dos instrumentos definidos no Estatuto da Cidade, que dependem, por sua vez, de processos inovadores de gestão nos Municípios."[189]

Destaca que o alcance desses objetivos é muito difícil pelas limitações que os Municípios enfrentam para implementar seus Planos Diretores, em virtude da carência de recursos técnicos, humanos, tecnológicos e materiais exigidos pelo planejamento urbano, bem como pela "baixa difusão dos conselhos de participação e controle social voltados para uma cultura participativa de construção e implantação da política de desenvolvimento urbano."[190]

---

[187] SANTOS JR, Orlando A. e MONTANDON, Daniel T. (org.) *Os Planos Diretores Municipais Pós-Estatuto da Cidade: balanço crítico e perspectivas*. Rio de Janeiro. Letra Capital: Observatório das Cidades: IPPUR/UFRJ, 2011.
[188] Idem, ibidem, p. 28.
[189] Idem, ibidem, p. 14.
[190] Idem, ibidem, p. 15.

Segundo os autores do *Balanço crítico*, seria de fundamental importância a dominância do controle social e de processos participativos sem "o pragmatismo, o imediatismo e as práticas tecnocráticas na gestão urbana".[191]

O resultado dessa visão ideologizada e tecnocrática do Plano Diretor seria uma redução na qualidade das cidades e a crescente presença de consultores estrangeiros com *know how* para atender aos desafios de Prefeituras Municipais e de empresas.

A desvalorização do saber urbanístico e o fortalecimento de processos participativos no âmbito dos Municípios foram iniciados, bem antes, na qualificação universitária, quando ainda nos anos 1970 e 1980, o currículo interdisciplinar da rede de pós-graduações foi substituído pelo desenho urbano (*urban design*), domínio do arquiteto *prima donna*.[192] O planejamento urbano passou a ser visto como "ideologia das classes dominantes",[193] com previsão de que o "Plano Diretor do milênio que se inicia ...será uma conquista das massas populares ou não existirá."[194]

De outro lado, o fiasco da governança metropolitana pelos Estados a partir dos anos 1990 e a extinção do Ministério das Cidades, em 2019, enfraqueceram as políticas

---

[191] SANTOS JR, Orlando A. e MONTANDON, Daniel T. (org.) *Os Planos Diretores Municipais Pós-Estatuto da Cidade: balanço crítico e perspectivas*. Rio de Janeiro : Letra Capital – Observatório das Cidades – IPPUR/UFRJ, 2011, p. 15. pp. 48 e 49.
[192] GRAEFF, Edgar. *Arquitetura e Dependência*. In *Revista da FAU-UnB*, nº 1, jan. 1998, p. 22.
[193] VILAÇA, Flávio, *Perspectivas do Planejamento Urbano no Brasil de Hoje*, 2000, www.flaviovillaca.arq.br/pdf/campogde.pdf, p. 7.
[194] Idem, p. 15.

interfederativas, reforçaram a municipalização da gestão pública em cada um dos 5.570 Municípios do país e consolidaram a responsabilidade do poder público municipal pelo ordenamento e gestão do território urbano com o objetivo de promover a integração espacial entre as diferentes funções da cidade, bem como resolver os problemas dos deslocamentos diários, de saneamento ambiental, educação, atenção básica à saúde, respostas a incêndios e outros desastres naturais, redução da pobreza, diminuição das desigualdades socioespaciais, combate à violência urbana e mudanças climáticas.

Essa delegação de responsabilidades foi feita sem que a maioria das Prefeituras Municipais estivesse capacitada e dispusesse de equipamentos, recursos humanos e financeiros para tais atribuições.

Coube, então, aos Municípios, com maior ou menor intensidade, utilizar uma das duas vertentes do planejamento urbano (i) sua inserção na gestão municipal ou (ii) decisões por processo participativo, de acordo com as possibilidades e limitações próprias de cada municipalidade. Um dos seus maiores desafios era (e segue sendo) cumprir com os deveres constitucionais e fazer frente ao desinteresse de gestores federais e estaduais por programas e projetos para cidades e metrópoles.

O planejamento urbano integrado à gestão pública tem tido histórica preocupação em auscultar a opinião da população e de comunidades específicas,[195] mas os resulta-

---
[195] Em Porto Alegre, o projeto de lei do 1º Plano Diretor do Desenvolvimento Urbano (PDDU) foi elaborado por equipes multidisciplinares da Prefeitura,

dos obtidos ainda não foram suficientemente avaliados. "O maior desafio continua a ser o de fortalecer a ciência urbanística e colocá-la a serviço da cidadania, com a utilização de novos métodos e novas técnicas na gestão pública e privada para gerar práxis urbano-ambiental democrática".[196]

No entanto, é possível afirmar que para o planejamento urbano alcançar bons níveis de qualidade será necessário promovê-lo como ciência urbanística a serviço das exigências da cidadania, com novos modelos de gestão pública e privada e novos métodos e técnicas da *práxis urbana democrática*, que integrem os fatores socioculturais, econômicos, urbanísticos e físico-ambientais do desenvolvimento sustentável e da autonomia municipal.

O desafio de grande parte das Prefeituras Municipais hoje, como já foi mencionado, está em como cumprir com seus deveres constitucionais e despertar o interesse dos gestores das outras eferas de governo por programas e projetos para cidades e metrópoles.

METROPLAN, PROPUR (UFRGS), IAB, Sociedade de Engenharia e outras contribuições; foi submetido à Câmara Municipal e lá debatido, analisado e aprovado após 9 meses de tramitação, com a participação de dezenas de entidades e comunidades; a lei determinou (i) a inclusão de 4 representantes de entidades comunitárias no Conselho do Plano Diretor, e (II) a consulta obrigatória à Associação de Moradores da respectiva área, em processos administrativos sobre novos loteamentos ou equipamentos como praças, parques, escolas, supermercados, centros comerciais, depósitos e postos de revenda de gás, postos de abastecimento e lavagem de veículos, garagens comerciais, cemitérios e terminais e itinerários de transporte coletivo.

[196] VELLOSO, João Paulo dos R.(coordenador). *Cultura, "Favela é Cidade" e o Futuro das Nossas Cidades*. Rio de Janeiro, Fórum Nacional, Instituto Nacional de Altos Estudos (INAE), 2014. Ver: BARROS, Daniel, *O futuro de nossas cidades* (p.189 -201) e FRANCISCONI, Jorge G. *O futuro de nossas cidades: Governança e cidadania* (p. 203-239).

6.3. O Estatuto da Metrópole

Os princípios preconizados pelo Movimento da Reforma Urbana para a urbanização brasileira foram incorporados na Constituição Federal de 1988 e alteraram as prioridades e os instrumentos da política urbana, como ao definir que o uso do solo urbano passa a ser orientado para o interesse social, sob responsabilidade exclusiva dos Municípios, com autonomia idêntica à dos Estados e da União.

O Estatuto da Cidade consolidou o papel do Plano Diretor na gestão municipal e na elaboração do orçamento anual, assim como ofereceu instrumentos jurídicos altamente inovadores de melhoria da condição urbana, a partir de conceitos estabelecidos nos anos 1970.[197]

Criou-se, então, um paradoxo, pois normas territoriais urbanas passaram ao nível local e normas territoriais ambientais permaneceram no nível federal. A gestão urbana passou para a ótica municipal e a questão metropolitana foi esquecida, desconhecendo-se a importância da metrópole como forma contemporânea de urbanização.

A gestão urbana passou para a ótica municipal e a gestão metropolitana foi entregue aos governos estaduais (Art. 25 §3° da Constituição Federal), sem que houvesse regulamentação federal a definir diretrizes e padrões nacionais para esse dispositivo constitucional. Com essa simples redistribuição de competências, a questão metropolitana foi abandonada pelo poder executivo federal, como a ignorar

---

[197] Projeto de Lei 775/83. Ver MEIRELLES, Hely Lopes, *Direito Urbanístico – Plano Diretor e Direito de Propriedade*. São Paulo : Editora Revista dos Tribunais, 2002, p. 191.

a importância dessa forma contemporânea de urbanização, seu potencial e relevância no desenvolvimento econômico e social regional e nacional, tal como tem ocorrido globalmente desde os anos 1950.

Jório Cruz[198] chama a atenção para a distinção entre "cidades-municipais", cuja realidade urbana acontece, territorialmente, em um único Município e, portanto, seu gerenciamento cabe ao poder municipal, sem qualquer dúvida, e as "cidades-metropolitanas" que apresentam uma realidade urbana espalhada pelo território de vários Municípios, sem uma autoridade gestora definida e autêntica. Afirma ele que:

> Nesse cenário, como as cidades-municipais estão geograficamente contidas num município, elas são geridas pelo seu todo, pois detêm legítimos poderes constituídos. O mesmo não ocorre com as cidades-metropolitanas, que precisam ser geridas por partes, uma vez que cada município administra a parte da cidade situada em seu território. Os Planos Diretores municipais são a melhor prova desse equívoco. A fronteira conceitual entre essas duas categorias urbanas se manifesta, em síntese, não pelo tamanho da cidade, mas pela novidade institucional que se instalou e persiste, devido à condição intermunicipal da metrópole.
> A cidade-metropolitana, mesmo indivisível, é obrigada a conviver com várias autoridades gestoras autônomas, uma em cada município, por onde ela se estende. Cabe ressaltar que, mesmo sem configurar tessitura urbana contínua, característica das conurbações, essas cidades se consagram como realidades inseparáveis.[199]

---

[198] CRUZ, Jório. *Os municípios se sublimam na metrópole: ensaio sobre reforma urbana*. Recife : Cubzac, 2008.
[199] Idem, p. 34.

Metrópole e aglomerado urbano correspondem à cidade-metropolitana de Jório Cruz e seguem o Estatuto da Metrópole, que surgiu tardiamente para regulamentar dezenas de unidades criadas no país, depois de o Estatuto da Cidade estabelecer a obrigatoriedade de Plano Diretor para cidades inseridas nas Regiões Metropolitanas ou aglomerados urbanos. Ocorre que esses planos ainda são planos Municipais, sem qualquer possibilidade de interferência nos Municípios vizinhos, pertencentes à mesma Região Metropolitana ou aglomeração urbana.

A Lei nº 13.089, de 12 de janeiro de 2015, que "Institui o Estatuto da Metrópole, altera a Lei nº 10.257, de 10 de julho de 2001, e dá outras providências", foi criada para resolver esse impasse e estabelecer as bases da gestão de metrópoles, aglomerados e microrregiões. Para isso estabelece gestão interfederativa de Estado e Municípios, com apoio da União, conforme fica bem caracterizado em seu artigo 1°

> *Art. 1º Esta Lei, denominada Estatuto da Metrópole, estabelece diretrizes gerais para o planejamento, a gestão e a execução das funções públicas de interesse comum em regiões metropolitanas e em aglomerações urbanas instituídas pelos estados, normas gerais sobre o plano de desenvolvimento urbano integrado e outros instrumentos de governança interfederativa, e critérios para o apoio da União a ações que envolvam governança interfederativa no campo do desenvolvimento urbano, com base nos incisos XX do art. 21, IX do art. 24, no §3º do art. 25 e no art. 182 da Constituição Federal.*

O inciso I do parágrafo primeiro desse mesmo artigo estende a aplicação do Estatuto da Metrópole "às microrregiões instituídas pelos Estados com fundamento em funções públicas de interesse comum com características predominantemente urbanas".

O Estatuto da Metrópole estabelece no seu Art. 6º que "a governança interfederativa das Regiões Metropolitanas e das aglomerações urbanas respeitará os seguintes princípios:

> I – prevalência do interesse comum sobre o local;
> II – compartilhamento de responsabilidades e de gestão para a promoção do desenvolvimento urbano integrado; (Redação dada pela Lei nº 13.683 de 2018.)
> III – autonomia dos entes da Federação;
> IV – observância das peculiaridades regionais e locais;
> V – gestão democrática da cidade, consoante os arts. 43 a 45 da Lei nº 10.257, de 10 de julho de 2001;
> VI – efetividade no uso dos recursos públicos;
> VII – busca do desenvolvimento sustentável".

Com isso, estabelece que a **governança de cada "cidade-metrópole" será responsável pelas funções escolhidas como de interesse comum**, com gestão própria ou compartilhada com Municípios. Quanto aos demais, prevalece o poder e responsabilidade das Prefeituras Municipais, com os artigos 7º e 8º definindo responsabilidades compartilhadas de planejamento e gestão[200] para os Municípios nos quais o Estatuto da Metrópole deve ser aplicado.

---

[200] Ver Estatuto da Metrópole, no Anexo II, ao final deste estudo.

Nas quase três décadas em que a questão metropolitana ficou entregue à iniciativa dos Estados, o resultado foi, segundo Claudio Egler, que

> ...em 2016 haviam sido criadas 73 regiões metropolitanas (RMs), 3 regiões integradas de desenvolvimento (RIDEs) e 4 aglomerações urbanas (AUs) institucionalizadas no Brasil, totalizando 80 entidades de cunho metropolitano. Essas entidades reúnem um total de 1.386 municípios, correspondendo a cerca de um em cada quatro municípios brasileiros, nos mais diversos tamanhos populacionais, desde São Paulo (SP) com 12.038.175 até Borá (SP) com 875 habitantes.[201]

A Constituição Federal de 1988 induziu à explosão de entidades metropolitanas e de aglomerações urbanas pelo país (Figura 16) gerando demandas e desafios bem diferentes dos existentes nas 9 Regiões Metropolitanas instituídas pela União, nos anos 1970 como componentes da política nacional de desenvolvimento.

---

[201] EGLER, Claudio, A. G. *Geoeconomia e Metrópole: Aportes Conceituais*. Brasília, Convênio BID / Ministério das Cidades, Relatório Parcial 1, 2016.

FIGURA 16 – EXPANSÃO DOS MUNICÍPIOS METROPOLITANOS POR PERÍODO – BRASIL – 1990/2016

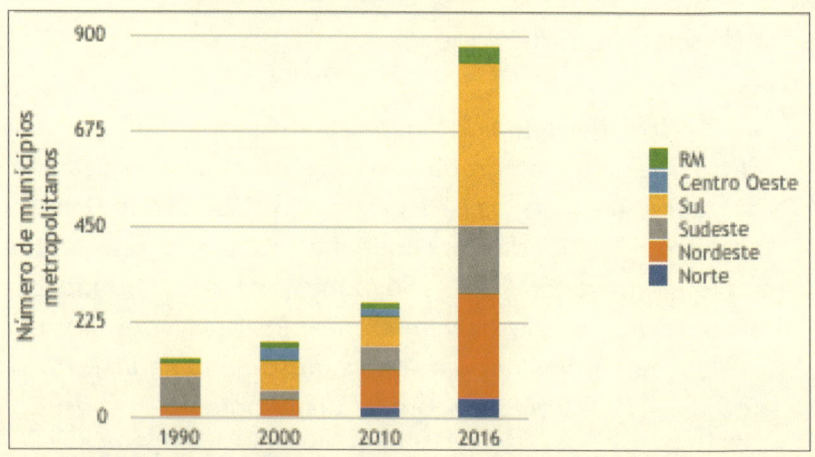

Fonte: IBGE, Composição das Regiões Metropolitanas, RIDEs e Aglomerações Urbanas em 31/12/2016.

O impacto territorial do Estatuto da Metrópole resultou do fato de cada gestor estadual utilizar os conceitos e métodos que melhor serviam a seus interesses. A partir de legislação extremamente heterogênea adotada pelos Estados, muitos deles criaram metrópoles e aglomerados para obter apoio especial da União (Figura 17).

FIGURA 17 – REGIÕES METROPOLITANAS, RIDEs E AGLOMERAÇÕES URBANAS – BRASIL – 2016

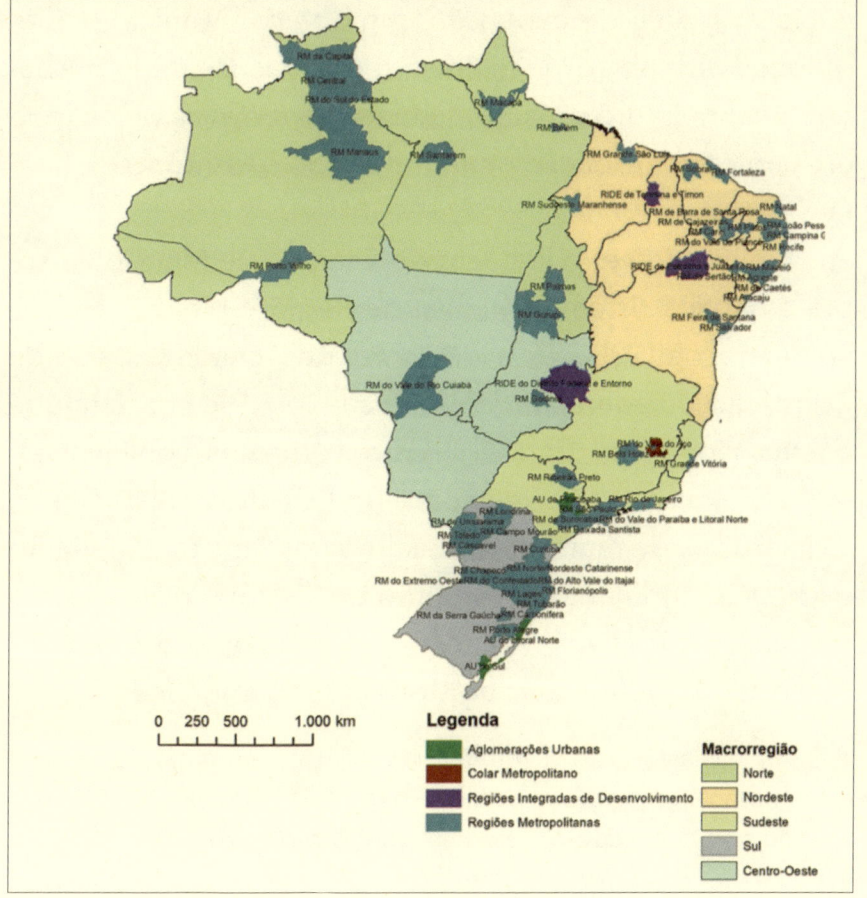

Fonte: EGLER, Claudio, *Geoeconomia e Metrópole: Aportes Conceituais – Relatório Parcial 1* – minuta. Brasilia : Convênio Ministérios das Cidades / BID, 2017.

Roraima, Amazonas, Tocantins e Rondônia criaram governança metropolitana sobre imensos territórios onde certamente não há tão extensa conurbação. Em Santa Catarina, as 11 Regiões Metropolitanas cobrem todo o território estadual e são coordenadas pela Companhia de Desenvolvimento do Estado. Cada região é dotada de "núcleo" e de "área de expansão". O núcleo corresponde "ao Município-sede e Municípios-vizinhos conurbados com o núcleo"; a área de expansão engloba os "Municípios periféricos ao núcleo que têm a tendência de se conurbarem em um futuro próximo."[202] Essa expectativa pressupõe uma única conurbação ocupando todo o território de Santa Catarina.

É difícil prever o impacto do Estatuto de Metrópole sobre o caótico sistema nacional de Regiões Metropolitanas, aglomerações urbanas e microrregiões, criado a partir da Constituição Federal de 1988. Desde logo, se constata que o tema não suscita o interesse de governantes e políticos estaduais e que as determinações do Estatuto conflitam com as iniciativas de muitos Estados. Tais conflitos tornam muito difícil o cumprimento do Estatuto da Metrópole até mesmo em seus dispositivos mais elementares, como o Artigo 3°, que estabelece nos seus dois primeiros parágrafos:

> *§1° Os estados e os municípios inclusos em região metropolitana ou em aglomeração urbana formalizada e delimitada na forma do caput deste artigo deverão promover a governança interfederativa sem prejuízo de outras determinações desta Lei.*
> *§2° A criação de uma região metropolitana, de aglomeração urbana ou de microrregião deve ser precedida de estudos técnicos e audiências públicas que envolvam todos os municípios pertencentes à unidade territorial.*

---

[202] Brasil. Congresso. Câmara dos Deputados. Comissão de Desenvolvimento Urbano e Interior. *A questão metropolitana no Brasil*. Brasília : Câmara dos Deputados, Coordenação de Publicações, 2004, p. 36 e 37.

O Estatuto da Metrópole foi alterado pela Lei nº 13.683, de 2018.[203] Como esse instrumento legal é muito recente, ainda é cedo para avaliar os resultados advindos da sua aplicação, até porque numerosas Regiões Metropolitanas e aglomerações urbanas ainda não o fizeram, mas é importante acompanhar os processos dele decorrentes, já em curso ou por acontecer, para a avaliação dos efeitos e impactos sobre a vida dos habitantes dos Municípios alcançados por esse novo marco regulatório.

Até o momento, o que se observa é que seu impacto tem sido muito pequeno e não impediu a extinção de entidades metropolitanas altamente qualificadas, como a Empresa Paulista de Planejamento Metropolitano S.A. - EMPLASA, e a gaúcha Fundação Estadual de Planejamento Metropolitano - METROPLAN. Em contrapartida, a Agência Estadual de Planejamento e Pesquisas de Pernambuco - CONDEPE-FIDEM permanece ativa e a Superintendência da Região Metropolitana de Belo Horizonte - PLAMBEL ficou fortalecida com criativo modelo de governança adotado para integrar o gestor estadual com os Municípios e populações, na gestão de atividades de interesse metropolitano.

Novos planos para Regiões Metropolitanas, como o *Plano Estratégico de Desenvolvimento Urbano Integrado da Região Metropolitana do Rio de Janeiro* - PEDUI-RMRJ,[204]

---

[203] A versão do Estatuto da Metrópole apresentada no Anexo II deste estudo já traz as alterações feitas pela Lei nº 13.683/2018.
[204] RIO DE JANEIRO. *Plano Estratégico de Desenvolvimento Urbano Integrado da Região Metropolitana do Rio de Janeiro -.Resumo Executivo*. Rio de Janeiro: Quanta Consultoria, Jaime Lerner Arquitetos Associados. Governo do Rio de Janeiro, Câmara Metropolitana do Rio de Janeiro, Grupo Banco Mundial, 2018.

adotam métodos similares ao do tradicional planejamento integrado. Ainda que de alta qualidade, suas proposições diferenciam a responsabilidade municipal da metropolitana. Segundo Jaime Lerner, nesse Plano a:

> ...metrópole busca definir esse cenário conjunto: um instrumento para catalisar os esforços de toda a sociedade em prol de um Desenvolvimento Urbano Integrado, alicerçado em três grandes diretrizes (...): os trilhos da história; a baía reinventada; o arco metropolitano.[205]

Estudos, diagnóstico e a definição da "Metrópole que Queremos" e da "Metrópole que Faremos" do PEDUI-RMRJ têm alta qualidade propositiva e inventiva e sustentam 125 diferentes projetos, dos quais 37 escolhidos como prioridades. Quanto ao Estatuto da Metrópole, esse plano ignora o desafio central da governança metropolitana, que consiste em definir quais são, *de fato, as* "funções de interesse comum" da metrópole e o modelo de governança interfederativa a ser adotado frente aos de responsabilidade exclusiva da União, Estados ou Municípios. O PEDUI-RMRJ, ainda que de alta qualidade urbanística, ignora o papel dessa metrópole no cenário nacional e mundial e não oferece alternativas para a governança interfederativa metropolitana assim como não define responsáveis e procedimentos para a condução dos projetos prioritários.[206]

---

[205] LERNER, Jaime, in RIO DE JANEIRO. *Plano Estratégico de Desenvolvimento Urbano Integrado da Região Metropolitana do Rio de Janeiro – Resumo Executivo.* Rio de Janeiro : Quanta Consultoria, Jaime Lerner Arquitetos Associados. Governo do Rio de Janeiro, Câmara Metropolitana do Rio de Janeiro, Grupo Banco Mundial, idem, p. 6.

[206] RIO DE JANEIRO, *Resumo Executivo*, op. cit. Ver *A implementação do plano,* pp. 136-141.

7. NOVOS DESAFIOS PARA O PLANEJAMENTO E GESTÃO URBANA

A partir dos anos 1950, a urbanização brasileira apresentou um crescimento vertiginoso e levou ao surgimento de uma rede urbana integrada por metrópoles e aglomerações urbanas polarizadoras de cidades grandes, médias e pequenas, de diferentes tamanhos e características, distribuídas em uma rede urbana desequilibrada e desigual, tanto econômica quanto socioculturalmente. Esse fenômeno ocorreu, em maior ou menor escala, nas várias regiões do país, sendo mais acentuado no Centro-Sul, particularmente nas metrópoles do Sudeste. Desde então, o crescimento da população urbana tem experimentado um contínuo crescimento.

7.1. Crescimento Populacional e Urbanização

O Censo Demográfico de 2010 registrou uma população total no Brasil em torno de 190,7 milhões de habitantes, com grande predominância das populações urbanas (84,4%), de baixos níveis de fecundidade e mortalidade e mudanças na pirâmide etária, com aumento das faixas etárias adultas e redução das jovens (IBGE, 2011). As regiões menos urbanizadas, Norte e Nordeste, registraram uma população urbana equivalente a mais de 73,0% da população total, segundo o IBGE (Tabela 4). Rio de Janeiro, São Paulo e o Distrito Federal apresentaram taxas de urbanização acima de 95,0%. Em 2010, quase 180 milhões de pessoas viviam nas cidades brasileiras, sendo 23,8% delas nas capitais dos Estados e no Distrito Federal.[207] Atualmente, a população total do país é de cerca de 212 milhões de pessoas, de acordo com as projeções do IBGE para o ano de 2020.

TABELA 4 – DISTRIBUIÇÃO PERCENTUAL DA POPULAÇÃO POR ÁREA GEOGRÁFICA E SITUAÇÃO DE DOMICÍLIO – 1960-2010

Área Geográfica	Situação de Domicílio	Distribuição Percentual da População					
		1960	1970	1980	1991	2000	2010
Brasil	Urbana	45,1	56,0	67,7	75,5	81,2	84,4
	Rural	54,9	44,0	32,3	24,5	18,8	15,6
Norte	Urbana	35,5	42,6	50,2	57,8	69,8	73,5
	Rural	64,5	57,4	49,8	42,2	30,2	26,5
Nordeste	Urbana	34,2	41,8	50,7	60,6	69,0	73,1
	Rural	65,8	58,2	49,3	39,4	31,0	26,9
Sudeste	Urbana	57,4	72,8	82,8	88,0	90,5	92,9
	Rural	42,6	27,2	17,2	12,0	9,5	7,1
Sul	Urbana	37,6	44,6	62,7	74,1	80,9	84,9
	Rural	62,4	55,4	37,3	25,9	19,1	15,1
Centro-Oeste	Urbana	33,3	46,1	67,3	80,8	87,9	90,3
	Rural	66,7	53,9	32,7	19,2	12,1	9,7

Fonte: IBGE – Instituto Brasileiro de Geografia e Estatística – Censos Demográficos.

O percentual da população municipal residente nas áreas urbanas é sempre elevado, mesmo em regiões predominantemente agrícolas, como o Centro-Oeste, ou com baixos níveis de ocupação, como na Amazônia. Entretanto, embora

---

[207] Dados do IBGE. Censos Demográficos e Estimativas da População.

ainda persista uma grande concentração populacional nas Regiões Metropolitanas e aglomerações urbanas, os últimos anos têm registrado redução nas taxas de crescimento da população dos núcleos metropolitanos e aumento nas das cidades periféricas a eles, em cidades de porte médio e em regiões de fronteira agrícola.

Nos tempos mais recentes, o processo de urbanização tem sido fortalecido pela difusão de modernos e diversificados métodos de produção, que transformam o próprio conceito de espaço e território, e pelo surgimento e disseminação de redes de transmissão de dados e informações, que possibilitam a transformação do tradicional posto de trabalho na indústria ou no escritório em "espaços técnico-científicos".

Além disso, questões como as mudanças climáticas, que podem causar sérios danos ao meio ambiente natural e construído, e de defesa civil, a exigir esforços especiais para a prevenção do risco de desastres naturais passaram a ser parte importante da pauta de temas a serem considerados no planejamento e na gestão municipal e urbana.

A pandemia que se abateu sobre o planeta, em 2020, acentuou sobremaneira novos métodos, processos e formas de trabalho e comunicação, pelo forçoso isolamento ou distanciamento social imposto a todos, em todos os países. Resultado disso tudo é a criação de novos processos produtivos com predominância da inovação tecnológica, ampliando os campos de atividades e a competitividade, assim como levando ao surgimento de novas ocupações, demandantes de melhores níveis de capacitação profissional e de infraestrutura exigida pelas novas técnicas, com frequência ainda insuficientes ou deficientes no Brasil atual.

7.2. Infraestrutura Básica e Serviços Urbanos

Por outra parte, a veloz modernização do estilo de vida urbana, a globalização da comunicação, a flexibilização da jornada de trabalho ou a possibilidade de administração do próprio tempo, com os *home-offices* substituindo os tradicionais postos de trabalho em escritórios ou na planta das empresas, ao lado de novas formas de produção, a facilidade de comunicação pela Internet e pelas redes sociais, os crescentes movimentos migratórios, até mesmo entre países, tudo isso tem provocado novas demandas por melhores níveis de desenvolvimento humano e de qualidade da vida urbana, uma vez que tais fenômenos ocorrem basicamente nas cidades, tornando-as mais atrativas, independentemente do seu porte.

Decorre daí uma pressão maior sobre os gestores urbanos por habitação, infraestrutura básica e serviços urbanos, saúde, educação, transportes, segurança, trabalho, emprego e oportunidades de entretenimento e lazer. Os diferentes programas sociais criados para atender ao explosivo crescimento urbano dos últimos anos têm atraído, cada vez mais, populações rurais que, não encontrando moradias adequadas, instalam-se em ocupações irregulares, com precárias condições de habitabilidade, inexistência de infraestrutura básica e de serviços urbanos, e alarmantes índices de violência, resultando ou reforçando a periferização ou favelização das cidades. A essa grande parcela da população os benefícios da tecnologia ainda não chegaram; na verdade, nem mesmo a infraestrutura básica e os serviços urbanos que asseguram uma urbanização sustentável lhes são oferecidos.

Segundo dados da Pesquisa Nacional por Amostra de Domicílios – PNAD, realizada pelo IBGE, no ano de 2018, 85,8% das residências brasileiras eram abastecidas com rede de água tratada, 66,0% tinham rede de coleta de esgoto e 91,0% eram servidas com coleta de lixo. Ainda assim, 24 milhões de residências não tinham água tratada, 57 milhões não contavam com coleta de esgoto e 15 milhões não eram servidas com coleta de lixo.

De acordo com o Sistema Nacional de Informações sobre Saneamento – SNIS, do Ministério do Desenvolvimento Regional, em 2017 apenas 73,7% do esgoto coletado era tratado, o que representava 46% do total do esgoto (coletado ou não) do país.

Os Municípios, os Estados e a União não conseguem responder a esse aumento de demanda no ritmo adequado e os problemas nas áreas urbanas avolumam-se progressivamente.

Em contrapartida, alguns setores têm apresentado melhorias importantes, como a universalização do sistema de atenção básica à saúde e das campanhas de vacinação, o aumento da expectativa de vida, a ampliação da rede de ensino nos diversos níveis e de possibilidades de crédito educativo, as novas modalidades de ensino a distância e o maior grau de informação da população. Esses avanços acabam tornando as pressões sobre os serviços públicos muito mais fortes, levando à sua precarização. Os resultados com frequência são insuficientes, apesar do esforço conjunto da União, dos Estados e Municípios nas áreas de saúde e educação.

As cidades de menor porte, de um modo geral, são as que sofrem de maior carência de infraestrutura básica e serviços urbanos, bem como não apresentam sustentação econômica, mesmo quando localizadas em regiões com grande potencial de desenvolvimento, como se observa, por exemplo, na potiguar São Miguel do Gostoso e no eixo de praias do Patacho, em Alagoas, duas regiões de elevado apelo turístico.

O mesmo fenômeno pode ser observado em outras regiões do país, dotadas de rico patrimônio histórico e cultural, folclore, festas regionais, teatro, encontros literários, com florestas, paisagens e belezas naturais, potencial agrícola e tradições religiosas, que poderiam ser aproveitados como propulsores da melhoria de vida na região.

Novas formas de planejamento e gestão dos espaços urbanos devem ser adotadas e os governantes precisam assumir, responsavelmente, o seu papel na promoção do desenvolvimento fundamentado nos novos paradigmas de sustentabilidade a fim de poder incluir as cidades brasileiras entre aquelas com qualidade de vida e competitividade global.

7.3. A Atual Rede Urbana Brasileira

A hierarquia da rede urbana brasileira, composta de cidades desde as pequenas, passando pelas médias e grandes até chegar às metrópoles, é considerada na definição das políticas públicas e dos investimentos nacionais, regionais e estaduais, como na definição e melhorias da malha viária, implantação de polos industriais, universidades e centros de pesquisas, redes de equipamentos de saúde pública, entre outros. O impacto desses investimentos, menos significativo nas metrópoles nacionais ou regionais, é bastante importante para as cidades de porte médio ou de menor porte.

A identificação e o aproveitamento de vocações locais ou regionais têm conferido importância a cidades de porte médio como "ilhas de produtividade", bem como estruturado alguns eixos de desenvolvimento que começam a configurar uma nova rede urbana no Brasil. Esse fenômeno pode ser verificado no sul do Pará, com a exploração de minérios em Canaã dos Carajás; no Centro-Oeste, com a produção de soja, milho e arroz na região de Sinop, Lucas do Rio Verde e Sorriso, em Mato Grosso, e de Jataí, Mineiros e Rio Verde, em Goiás; no eixo Brasília – Goiânia, com a indústria farmacoquímica; no interior de São Paulo, com as cidades universitárias de São Carlos e Botucatu, entre outras. Metrópoles regionais, cidades de médio e pequeno porte integraram-se e se fortaleceram em redes urbanas regionais, muitas delas apoiadas em atividades específicas. A qualidade de vida e a produtividade dessas "ilhas" e "eixos" estão associadas às características particulares da(s) atividade(s) que os distinguem dos demais núcleos urbanos.

A diversidade de fatores geradores dessas ilhas, eixos ou polos de prosperidade econômica merece uma avaliação cuidadosa para a redefinição da rede urbana brasileira fundamentada nas vocações locais ou regionais, ainda não exploradas. Tal análise possibilitará a identificação de áreas de desenvolvimento, formadas por conjuntos de Municípios com potencialidades e vocações comuns, em torno de um núcleo polarizador, com objetivos e visão de futuro compartilhada em um trabalho articulado e potencializador das vocações identificadas. Eventualmente poderá levar à criação de uma "marca" identificadora dessas microrregiões, como certificação de seu nível de desenvolvimento, de desempenho urbano e de qualidade de vida. Essa, aliás, é uma prática adotada em vários países, como no caso do reconhecimento do padrão de qualidade de vinhos em países europeus, com *appellation controlée* ou outros tipos de certificação, em áreas turísticas sofisticadas, como Provence, Toscana e Algarve, reconhecidas internacionalmente, e em certificação de excelência em serviços ou em qualidade ambiental, como a Costa Rica e a Nova Zelândia.

O atual cenário da urbanização brasileira, bastante heterogêneo, demanda políticas públicas flexíveis, que estabeleçam diretrizes, estratégias, programas e projetos de desenvolvimento a partir das características próprias e peculiaridades locais, a fim de possibilitar tratamento diferenciado em resposta às enormes diferenças existentes entre as cidades, aglomerações urbanas e Regiões Metropolitanas.

O planejamento urbano traz em si uma armadilha sutil, difícil de ser rompida. Quanto mais se melhoram as cidades, mais atrativas elas ficam. Mais atrativas, maior o afluxo de pessoas em busca das benesses, verdadeiras ou apenas pressentidas. Maior população, maiores problemas...

Enquanto o esforço de melhoria tiver como foco as grandes cidades, o problema permanecerá. Enquanto não se oferecerem às pequenas e médias cidades condições razoáveis de vida, educação satisfatória, saúde de qualidade, trabalho digno, segurança e lazer, não se pode pensar em metrópoles bem resolvidas. Enquanto não houver uma completa metamorfose nos conceitos e nas prioridades, não se verá um país desenvolvido, com cidades ordenadas, funcionais e aprazíveis.

No heterogêneo cenário da urbanização brasileira, há enormes potenciais e vocações regionais e microrregionais ainda por explorar; o aproveitamento desses potenciais é essencial para equilibrar a rede urbana do país. Para isso, as cidades pequenas, médias ou grandes precisam oferecer um desempenho urbano mais equilibrado, com redução das desigualdades socioespaciais e das disparidades regionais. Só assim será possível minorar a distância entre as cidades brasileiras e as cidades líderes mundiais em qualidade de vida.

É urgente uma nova definição da rede urbana brasileira, apoiada no reconhecimento e na valorização de potencialidades e vocações regionais e microrregionais, complementares entre si, que resultarão em eixos diversificados de desenvolvimento sustentável. Os Municípios de um mesmo eixo poderão articular-se, superar dificuldades, desenvolver em conjunto processos e capacidades que isoladamente, no nível local, teriam dificuldade de implementar.

Para isto é preciso pensar em:

- Novas práticas de planejamento e gestão;
- Respeito às vocações locais e regionais;
- Novos marcos regulatórios do ordenamento territorial e do uso e ocupação do solo urbano;
- Novos conceitos de projeto urbanístico.

7.4. Novas Práticas de Planejamento e Gestão

A atualidade apresenta enormes desafios a serem enfrentados no âmbito das cidades, para que voltem a ser o lócus das trocas econômicas e culturais, fundamentadas no sentimento de "pertencimento" ao lugar, e respondam pela pujança de cada Município. Esse é o espírito da Constituição Federal e do Estatuto da Cidade, quando entregam aos Municípios a responsabilidade pelo *direito a cidades sustentáveis*. É necessário que os Municípios a assumam e promovam um desenvolvimento que enfrente a pobreza, a marginalização e as desigualdades sociais e regionais, tal como preconiza a Constituição Federal (Art. 3°), mediante ações interativas com Estados e União. Aos Estados cabe o planejamento e gestão das funções públicas de interesse comum em suas Regiões Metropolitanas e aglomerações urbanas, na busca de uma sociedade livre, justa, inclusiva, pacífica e solidária. Afinal, como já dizia André Franco Montoro, ex-governador de São Paulo, secundado por Tânia Quaresma, que atuou durante bom tempo no IBAMA, *O cidadão mora no Município, não no Estado, nem na União*.

Os desafios do cotidiano urbano, como a integração espacial entre as diferentes funções da cidade – moradia, templo, clube, comércio, serviços e áreas esportivas, culturais, de entretenimento e lazer, os deslocamentos diários, o saneamento ambiental, a educação, a atenção básica à saúde, as respostas a incêndios e outros desastres de grande escala, a redução da pobreza, a diminuição das desigualdades socioespaciais, o combate à violência urbana, as mudanças climáticas –, terão de ser tratados pelos gestores na busca de melhoria das condições de vida nas cidades. A integração dos aspectos urbanos e ambientais deve devolver a cidade a seus moradores, valorizando os espaços bucólicos, de convivência, com prioridade para o pedestre, pois, como já afirmou Eduardo José Darós,

> Nós nascemos pedestres, essa é a nossa condição primária e nosso direito como cidadão. Alguns de nós, em alguns momentos, temos o privilégio de estarmos motoristas. As nossas cidades, quando priorizam o transporte individual, estão sendo construídas para o privilégio e não para o direito.

O fato de nenhuma cidade brasileira aparecer na classificação mundial das melhores cidades para se viver,[208] de acordo com diferentes organizações classificatórias, apesar de Curitiba estar incluída no seleto grupo de Cidades Globais pelo conceito de Sustentabilidade Urbano-Ambiental, e Brasília (Plano Piloto) ser a única cidade moderna incluída no Mapa Global dos Patrimônios Culturais da Humanidade, da UNESCO, indica que há muito a ser feito para se conse-

---

[208] Ver CBIC. *O Desafio de Pensar o Futuro das Cidades*. Texto de FRANCISCONI, Jorge G. Colaboração de CORDEIRO, Sônia Helena T. de Camargo e CORDEIRO, Luiz Alberto. Brasília : CBIC, 2012.

guir excelência no desempenho urbano e em qualidade de vida para as populações residentes nas cidades.

Estruturas organizacionais muito setorizadas, compartimentadas e hierarquizadas, aliadas a entraves burocráticos e procedimentos obsoletos, dificultam a articulação de processos e projetos e a cooperação entre os diferentes órgãos do poder público, nos variados níveis, atuantes sobre um mesmo território municipal ou regional. Some-se a tudo isto a descontinuidade administrativa. Com grande frequência, os novos governantes, ao assumirem seu mandato, decidem alterar a estrutura recebida da gestão anterior para ajustá-la ao seu estilo ou aos interesses de sua corrente política. Órgãos, normas, procedimentos são mudados, retardando análises e decisões sobre ações importantes para o desenvolvimento. As equipes dirigentes, formadas pelos "governos de coalizão" entre diferentes partidos políticos, via de regra, formam um grupo desarmônico, quando não antagônico. Enquanto isso, os problemas avolumam-se e a situação se agrava.

A criação de uma rede urbana equilibrada, na qual as cidades, independentemente do porte, apresentem desempenho urbano satisfatório, com redução da distância entre a qualidade dos seus espaços urbanos e aqueles das cidades líderes mundiais em qualidade de vida, exige a adoção de novos paradigmas de planejamento e gestão, fundamentados na abordagem estratégica e nos princípios da sustentabilidade.

Práticas modernas de gestão de processos e projetos, de diálogo e articulação permanente terão de ser rapidamente adotadas para a superação das abissais distâncias que separam o Brasil dos países desenvolvidos. A "máquina de Estado" precisa ter um mínimo de solidez e constância, com estruturas e procedimentos estáveis para além da duração dos mandatos dos governantes, única forma de conseguir confiabilidade, atrair investimentos e estabelecer parcerias para empreendimentos de maior monta, estruturantes do desenvolvimento municipal ou regional.

Novas práticas de planejamento e gestão, apoiadas no planejamento estratégico, adotado nas cidades globais de melhor desempenho urbano de acordo com as classificações internacionais, devem ser pensadas para a realidade brasileira. Além de analisar potencialidades e limitações, vantagens e problemas locais e regionais, e priorizar temas ou eixos críticos, em um enfoque imediatista, o planejamento estratégico exige a participação de todos os agentes e atores sociais na definição de uma **visão de futuro**, de longo prazo, a ser alcançada por meio da implementação de **propostas conjuntamente definidas**. O planejamento estratégico deve promover o desenvolvimento municipal e urbano fundamentado em novos paradigmas *de* sustentabilidade "ampliada" (que leva em conta a sinergia entre as dimensões social e econômica do desenvolvimento) e "progressiva" (entendida como processo pragmático e contínuo de desenvolvimento sustentável).

Além disso, tal como as pessoas, cada cidade tem suas características e peculiaridades próprias, como se fosse o seu código genético ou seu "DNA", a partir do qual devem ser identificadas as vocações locais e como parte integrante de um contexto (micro)regional, que permitirão construir a sua história, ou seja, o seu "enredo". Isso equivale a dizer que é fundamental considerar o porte de cada cidade, sua inserção regional, as características locais e sua vocação particular para, **estratégica e conjuntamente**, setor público, iniciativa privada, setores comunitários, terceiro setor e população estabelecerem uma **visão de futuro**, a história (enredo) que querem escrever, ou seja, o que querem para o desenvolvimento daquele Município e cidade e, a partir dessa definição, estabelecerem estratégias e programas de ação para seu alcance, o "samba-enredo" local (Figura 18).

FIGURA 18 – DIAGRAMA DA ABORDAGEM ESTRATÉGICA NA ELABORAÇÃO DO PLANO DIRETOR MUNICIPAL

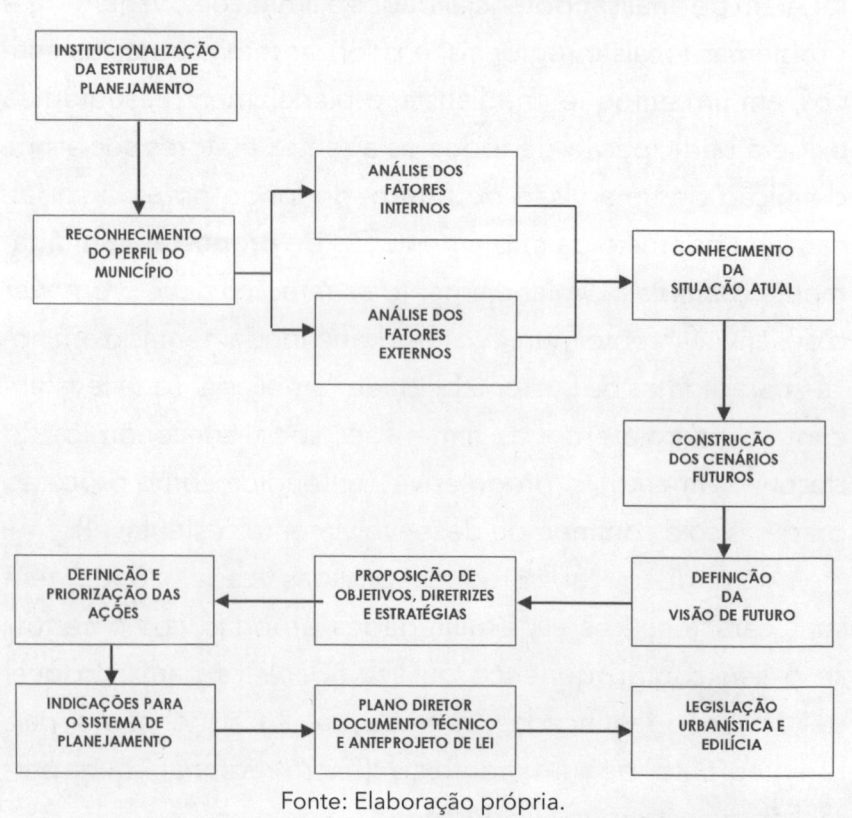

Fonte: Elaboração própria.

Essa nova forma de planejar e gerir o Município e a cidade considera-os em sua totalidade, sob a perspectiva do desenvolvimento sustentável. Em outras palavras, promove, **simultânea** e **concomitantemente**, crescimento econômico, coesão social, diversidade cultural, organização espacial, equilíbrio ambiental e gestão compartilhada. As vantagens e oportunidades locais e regionais são aproveitadas segundo as vocações identificadas e a história a ser construída (o enredo local), e as limitações e problemas são enfrentados **articulada e integradamente** por todos os setores envolvidos; o desenvolvimento é fruto do **esforço coletivo**; as diferentes esferas de governo trabalham em **projetos articulados**; o poder público deixa o papel de único responsável pelas decisões e passa a **compartilhar a gestão com a sociedade** organizada, tal como as alas de uma escola de samba a cantar o samba-enredo, e contar o seu enredo.

Pensar estrategicamente os Municípios e as cidades possibilita a visualização de horizontes mais amplos, a serem alcançados pelo trabalho coeso e integrado dos diferentes níveis de governo, setor privado e todos os segmentos da sociedade civil; a modernização de estruturas organizacionais; a racionalização e a simplificação de processos, procedimentos e rotinas; a transparência na gestão, o estabelecimento de monitoramento efetivo da implementação das ações e a avaliação de resultados e impactos delas decorrentes.

O planejamento estratégico demanda, ainda, mudanças de paradigmas, visando à adoção de práticas contínuas e integradas de planejamento e gestão, que levem à articulação e à convergência dos diferentes instrumentos, à definição de critérios e níveis de hierarquia e precedência entre eles (ver Figura 18 no item 6.1), ou até mesmo ao seu reagrupamento para a **simplificação e a racionalização de processos**, **particularmente para os Municípios de menor porte**, grande parte deles com pouca capacidade de planejamento e gestão, quadros insuficientes e qualificação nem sempre adequada, demandando, com frequência, a complementação por consultorias externas.

A formulação dos Planos Diretores terá de considerar, inevitavelmente, a **participação da sociedade**, a preocupação com a **sustentabilidade socioambiental** e a **diversidade** ou o **caráter multiforme** do Plano Diretor. Não é mais possível a adoção de um "modelo ideal" para todas as cidades e Municípios. É preciso levar em conta as especificidades locais ou regionais que garantirão a singularidade do plano para cada Município. São aspectos fundamentais, sem os quais qualquer plano não subsistirá.

É preciso entender e aceitar que "é justo tratar desigualmente os desiguais", o que permite propor processos, instrumentos, instâncias de governança e procedimentos em nível de complexidade correspondente à dinâmica gerencial local, simplificando-os para os Municípios de menor porte, dando aos projetos a "**dimensão da localidade**" ou, em outras palavras, estabelecendo **um Plano Diretor do tamanho do município e da cidade**.

Essa forma de planejar o futuro dos Municípios e das cidades brasileiras terá de assumir como imprescindíveis:

- Entender o planejamento como processo contínuo e permanente;
- Adotar uma abordagem estratégica para o planejamento, tendo em conta as vocações locais e regionais;
- Fundamentar-se em dados e informações confiáveis e atualizados para a tomada de decisão;
- Modernizar sistematicamente processos, procedimentos e rotinas administrativo-burocráticas;
- Contar com equipes qualificadas nos diversos aspectos e etapas do planejamento e gestão urbana;
- Exercer permanente monitoramento da execução das ações e avaliação de resultados e impactos decorrentes das ações planejadas e implementadas;
- Manter constante articulação institucional e intergovernamental das diversas esferas de poder;
- Obter efetiva participação da sociedade em todas as etapas do processo.

7.4.1. Planejamento como processo contínuo

O parágrafo único do Art. 1º do Estatuto da Cidade não deixa dúvidas quanto à necessidade de as definições da política urbana serem pautadas pelo conceito de sustentabilidade.

> ...estabelece normas de ordem pública e interesse social, que regulam o uso da propriedade urbana em prol do bem coletivo, da segurança e do bem-estar dos cidadãos, bem como do equilíbrio ambiental.

Logo a seguir, o Art. 2° estabelece que "a política urbana tem por objetivo ordenar o pleno desenvolvimento das funções sociais da cidade e da propriedade urbana, mediante as seguintes diretrizes gerais:

> I. Garantia do direito a cidades sustentáveis, entendido como o direito à terra urbana, à moradia, ao saneamento ambiental, à infraestrutura urbana, ao transporte e aos serviços públicos, ao trabalho e ao lazer, para as presentes e futuras gerações".

A Agenda Habitat, a Agenda 21 e os Objetivos do Milênio, pactos assinados pelo Brasil, preconizam a adoção da visão estratégica no planejamento e a gestão dos assentamentos humanos, para propiciar a internalização das suas recomendações no processo de desenvolvimento sustentável dos Municípios e das cidades. Mais recentemente, a Agenda 2030, definida na Cúpula das Nações Unidas para o Desenvolvimento Sustentável, em 2015, reafirmou os mesmos princípios e estabeleceu 17 Objetivos de Desenvolvimento Sustentável – ODS e 169 metas para dar continuidade ao trabalho iniciado com os Objetivos do Milênio.

A vertiginosa urbanização brasileira não permite à gestão urbana desconsiderar a dimensão ambiental. É imperativo um modelo de gestão urbano-ambiental, que examine o desenvolvimento sustentável das cidades e metrópoles nas suas múltiplas facetas, a serem consideradas integradamente, em cumprimento dos compromissos assumidos nos pactos citados.

No Brasil, a Agenda 21 Local, o Plano Diretor Municipal, o Plano de Desenvolvimento Local, a proposta da Cidade Saudável, o Plano Estratégico de Ação são instrumentos propostos por diferentes instâncias de governo com o mesmo objetivo: o desenvolvimento sustentável de uma cidade, Município ou região determinada.

É frequente a desarticulação entre eles quanto à proposta de desenvolvimento. Em grande parte das vezes, não passam de uma "carta de intenções" ou de um pacto entre os atores envolvidos, bem-intencionados, mas sem condições de implementar as ações propostas para promover as mudanças desejadas, não raro divergentes e por vezes até contraditórias. Não é raro esses instrumentos serem revistos ou atualizados antes de qualquer implementação, como se a sua elaboração e a sua revisão fossem um fim em si mesmas.

No entendimento do planejamento e gestão urbana como processo contínuo, os instrumentos de planejamento e gestão compõem um **conjunto sistêmico, integrado e articulado**, capaz de orientar o processo continuado de desenvolvimento. Tal conjunto tem como características principais:

- estabelecimentos de diretrizes e estratégias para o desenvolvimento sustentável do Município e seus núcleos urbanos;
- orientação dos investimentos públicos e privados no campo econômico e sociocultural;
- promoção da inclusão e da integração socioespacial;
- preservação da identidade cultural;
- estabelecimento de ordenamento territorial adequado para o Município;

- ordenação dos espaços urbanos da sede municipal e demais zonas urbanizadas;
- segurança quanto à qualidade ambiental;
- modernização da gestão municipal;
- garantia da participação da sociedade.

Ao estabelecer que o Plano Diretor deve considerar todo o território municipal, o Estatuto da Cidade o transforma em um **documento programático** e **orientador** de todos os outros instrumentos do planejamento municipal e urbano, incluído o orçamento anual. Equivale a dizer que o Estatuto da Cidade determina que o Plano Diretor deixe de ser apenas definidor de como as atividades devem ser distribuídas na cidade, pouco mais que uma lei de uso e ocupação do solo urbano, entendimento defendido por algumas correntes de urbanistas, e passe a ser o **instrumento norteador do desenvolvimento de todo o Município, ordenador do uso do território, por meio de um macrozoneamento, e orientador do ordenamento dos espaços urbanos e de suas eventuais expansões**.

Todos os demais planos e programas municipais, segundo o Estatuto da Cidade, devem seguir as orientações do Plano Diretor. Assim, o Plano Plurianual, os eventuais Planos de Governo ou Planos de Ação, planos setoriais de Saneamento, Habitação, Mobilidade, Transportes, Ação Social, Proteção Ambiental. Educação, Saúde, Segurança, Desenvolvimento Econômico e tantos outros estão subordinados às diretrizes e às estratégias maiores do Plano Diretor.

Com esse entendimento, o Plano Diretor municipal tem um tríplice papel:

- *Definir diretrizes e estratégias para o **desenvolvimento municipal*** em suas diferentes dimensões – econômica, sociocultural, físico-ambiental, urbanística e institucional;
- *Promover o **ordenamento territorial e orientar a ordenação e a qualificação dos espaços urbanos***;
- Estabelecer diretrizes e estratégias para a estruturação de um ***sistema de planejamento e gestão municipal e urbana***.

Duas vertentes principais estão presentes no Plano Diretor municipal:

- **é um plano de desenvolvimento municipal**, contendo diretrizes, estratégias e programas de ações no tocante aos aspectos econômicos, socioculturais, ambientais, urbanísticos, físico-territoriais e político-institucionais;
- **é um plano de ordenamento territorial**, contendo as diretrizes gerais de **ocupação do território municipal (macrozoneamento)**, e as diretrizes e normas gerais sobre o **uso e ocupação do solo urbano** (indicação das áreas onde incidirão os instrumentos jurídicos; normas gerais sobre a função social da propriedade urbana, entre outras), a serem detalhados nas leis de uso e ocupação e de parcelamento do solo urbano, não apenas da sede municipal, mas também dos outros núcleos urbanos eventualmente existentes no município.

Neste último aspecto, ele deve conter uma proposta urbanística (Figura 19), de certa forma substituta dos antigos Planos Diretores Urbanos.

FIGURA 19 – PROPOSTA URBANÍSTICA PARA A CIDADE DE AGUIARNÓPOLIS – TO
ESTADO DO TOCANTINS – SECRETARIA DE PLANEJAMENTO E MEIO AMBIENTE
Prefeitura Municipal de Aguiarnópolis – CIDADE DESEJADA

Fonte: Governo do Estado do Tocantins/Prefeitura Municipal de Aguiarnópolis
Plano Diretor de Desenvolvimento Sustentável - Aguiarnópolis - TO. Coordenação Institucional: CAMPOS, Humberto e MONTEIRO, Rosa Antônia Rodrigues. Elaboração: Camargo & Cordeiro Consultores Associados s/c Ltda, 2004.

7.4.2. Abordagem estratégica do planejamento

Para atender aos preceitos constitucionais e às determinações do Estatuto da Cidade quanto ao Plano Diretor municipal, é absolutamente necessário pensar no Município e na cidade de forma estratégica. Não bastam, mais, um diagnóstico dos principais problemas da cidade e propostas para a sua solução. É preciso considerar:

- Todo o território municipal;
- Todos os núcleos urbanos existentes no Município;
- A inserção regional do Município e as suas relações inter-rurbanas;
- A vocação municipal para o desenvolvimento;
- As condicionantes para o desenvolvimento municipal, nas suas diferentes dimensões;
- O futuro desejado para o Município;
- Os atores envolvidos, neles incluídos a população residente e os agentes externos.

Essa soma de fatores só poderá ser tratada por meio de uma **abordagem estratégica**, que exige o **envolvimento de todos os atores** promotores ou beneficiários do desenvolvimento pretendido; o entendimento da realidade local e do **papel do Município** na sua inserção regional; a análise das potencialidade e limitações, bem como das condicionantes para o desenvolvimento; a análise prospectiva com a antevisão de cenários futuros e a definição do cenário desejado, como uma **visão de futuro** para o desenvolvimento municipal (o Município que se quer ter); o estabelecimento do papel da sede municipal (a cidade que se quer ter) e cada um de seus núcleos urbanos; e o **consenso e o compartilhamento das decisões**.

A construção de cenários parte da análise da situação atual do Município e seus núcleos urbanos, considerado o seu histórico evolutivo, para desenhar futuros possíveis e realizáveis, uma vez que *O passado deve nos servir como orientador desses exercícios, porque se reflete na própria atualidade, na qual convivem o arcaico e o inovador, o saudosismo e o eterno devir. Olhar o futuro significa ter visão crítica do passado e da contemporaneidade*. Como cada Município e cidade têm peculiaridades próprias decorrentes de sua localização, recursos naturais, aspectos geomorfológicos, ambientais, socioculturais e econômicos, assim como desempenham um papel específico na região na qual se inserem, ou seja, têm o seu DNA próprio, é fundamental um perfeito entendimento de todos esses fatores para se conhecer, de fato, a realidade municipal e urbana, a partir da qual será possível definir uma visão de futuro, o "enredo" particular de cada Município e cidade, ou seja, a história a ser construída em direção ao desenvolvimento sustentado, por meio de diretrizes, estratégias e programas de ações a serem definidos, desenvolvidos e implementados, de forma a possibilitar a narrativa do enredo escolhido por todos.

A definição do "enredo" de um Município e cidade pode surgir das mais diferentes formas, mas todas elas exigirão o **consenso dos atores envolvidos**. Independentemente da origem, se a partir da população, com suas demandas; das lideranças locais, com seus interesses, corporativos ou não; do poder público, com suas plataformas de governo; ou de fatores externos como o surgimento de grandes investimentos (usinas hidrelétricas, polos petrolíferos, industriais, centros de estudos ou pesquisas, portos etc.); ou a realização de grandes eventos (jogos olímpicos, campeonatos esportivos mundiais, feiras internacionais), a abordagem estratégica do planejamento exigirá o **debate de todos** quanto às ideias apresentadas, a consideração das possibilidades, vantagens, limitações ou restrições locais/regionais para a aceitação das ideias apresentadas e o **consenso nas decisões** sobre a aceitação dessas ideias para a construção da **visão de futuro** (ou do enredo), e também em relação às diretrizes, estratégias e programas de ação a serem implementados (o samba-enredo), com clara **definição de responsabilidades e comprometimento** de todos os envolvidos (alas da escola de samba), uma vez que só se consegue um processo continuado de desenvolvimento por meio da ação articulada e assumida por todos. **O poder público deixa de ser o único responsável por decisões e a gestão é compartilhada com a sociedade organizada.**

 O **Documento Técnico** do Plano Diretor deve conter todos esses aspectos e o **Anteprojeto de Lei** encaminhado à aprovação pelo Legislativo Municipal, do qual o Documento Técnico é parte integrante, como anexo, dá força normativa à pactuação estabelecida durante o processo de elaboração do Plano Diretor. Para completar o conjunto de instrumentos que traduzem essa pactuação, complementarmente ao Anteprojeto de Lei do Plano Diretor, devem ser encaminhados à apreciação da Câmara de Vereadores os Anteprojetos de Lei de Uso e Ocupação do Solo Urbano, cujo conteúdo algumas correntes de urbanistas entendem que pode ser integrado ao da Lei do Plano Diretor, enquanto outros estudiosos e especialistas preferem tê-lo em um instrumento normativo próprio e destacado do Plano Diretor, respeitando as diretrizes de ordenação dos espaços urbanos estabelecidas por ele, e da Lei de Parcelamento do Solo Urbano, (sempre que) necessária à implementação do Plano Diretor.

O sucesso mundial de Curitiba foi possível por ter havido, desde o início do processo de elaboração do seu Plano Diretor, na década de 1960, uma ação integrada dos diversos atores, foco e prioridade dados à integração do ambiente urbano com o ambiente natural, à integração do ambiente urbano com o ambiente natural, à estrutura viária e ao sistema de transportes públicos na integração das diferentes funções urbanas, respeito aos aspectos culturais, econômicos e sociais, com propostas urbanísticas inovadoras e com continuidade do processo. Esses fatores atraíram várias empresas nacionais e globais e fizeram com que cada novo prefeito tentasse ultrapassar o anterior no aprimoramento das linhas mestras do "enredo" da cidade, que passou a ser o "enredo " da metrópole, na medida em que foi adotado por Municípios vizinhos.

As cidades da Região Serrana gaúcha, Bonito, em Mato Grosso do Sul, Parintins, no Amazonas, Lucas do Rio Verde, em Mato Grosso, são outros exemplos de clara definição da vocação local e da soma de esforços para o desenvolvimento harmônico de cidades, em diferentes regiões do país, contando com investimentos públicos, apoio econômico do empresariado e envolvimento comprometido das populações aí residentes, que se adonaram e passaram a ter orgulho de suas cidades.

7.4.3. Informações confiáveis e atualizadas para a tomada de decisão

As políticas, diretrizes, estratégias, planos e programas respeitam uma ordem decisória hierarquizada, da maior abrangência e menores detalhes à menor abrangência e maior detalhamento, conforme o nível decisório: político/estratégico, gerencial ou operacional. Em qualquer desses níveis, a tomada de decisão deve estar fundamentada em dados e informações sistematicamente organizados, estruturados e constantemente atualizados em um sistema de informações, indispensável para subsidiar decisões em qualquer área de atuação.

No caso do planejamento e gestão urbana, dados e informações de interesse do Município, com frequência existentes em sistemas independentes e desarticulados, deverão ser organizados, compatibilizados e sistematizados em um único sistema de informações municipais, que os distribuirá aos diferentes níveis decisórios. Tal sistema deverá ter claras as distinções entre as escalas territoriais, os usuários e os níveis decisórios, finalidade e uso, periodicidade e detalhamento necessário para cada um deles, para produzir dados diferenciados quanto aos níveis de detalhamento, desagregação e periodicidade, a fim de bem atender às necessidades dos diversos níveis de planejamento e gestão.

Acessibilidade simples e ágil, confiabilidade e precisão, para todos os usuários, sejam da administração municipal, das demais esferas de governo, dos setores privado e comunitário, da sociedade organizada ou de um cidadão, são requisitos indispensáveis a esse sistema, que deve conter dados, informações e indicadores sobre a realidade físico-ambiental, econômica, sociocultural, urbanística e institucional do Município e do seus núcleos urbanos, para subsidiar as decisões, em especial, quanto à gestão do território e dos espaços urbanos e à viabilidade das ações propostas.

7.4.4. Modernização administrativo-burocrática

Com bastante frequência, as estruturas de governança municipal são inadequadas para o planejamento e a gestão dos processos de desenvolvimento municipal e urbano. A máquina pública é lenta e ineficaz, os procedimentos e rotinas são muitas vezes obsoletos, os níveis decisórios não estão claramente definidos e hierarquizados, as equipes são insuficientes, a qualificação técnica nem sempre é a adequada para as funções a serem exercidas. Além disso tudo, há as questões políticas que fazem com que não haja continuidade de processos, programas e projetos, pois a cada novo mandato, o governante decide imprimir a sua própria marca na gestão municipal, entendendo que, para isso, deve romper com o que veio das administrações anteriores.

Como o **planejamento com abordagem estratégica exige visão futura de longo prazo e o compartilhamento das decisões**, é fundamental uma revisão das práticas tradicionalmente adotadas. Uma das vertentes do Plano Diretor, segundo o Estatuto da Cidade, é a definição de "diretrizes orientadoras de um sistema de planejamento e gestão municipal", que estabeleça a estrutura organizacional, os níveis hierárquicos de decisão, os processos administrativo-burocráticos, a forma de planejar, implementar, acompanhar e monitorar as ações desenvolvidas, de avaliar os resultados e impactos, de promover ajustes e revisões dos instrumentos de planejamento.

O sistema de planejamento e gestão municipal deve, ainda, cuidar da articulação intergovernamental, uma vez que sobre o território municipal atuam diferentes esferas de governo, e também das parcerias entre o poder público, os setores privado e comunitário e a sociedade organizada, nos seus diferentes segmentos, posto que o desenvolvimento municipal e urbano é de responsabilidade comum a todos e exige transparência permanente.

7.4.5. Equipes qualificadas

Dentre os desafios atuais para o planejador e gestor urbano, está a carência de equipes qualificadas Os quadros efetivos das Administrações Municipais, via de regra, são bastante reduzidos e, não raro, com insuficiente qualificação técnica, levando os gestores à admissão de técnicos em cargos comissionados, o que não favorece o aperfeiçoamento e a consolidação dos procedimentos burocráticos municipais, mas permite as acomodações políticas a cada novo mandato.

Os Municípios terão de dispender enormes esforços na superação desse desafio, no sentido de definir, selecionar e capacitar quadros necessários ao bom funcionamento da "máquina administrativa". Serão necessárias equipes multidisciplinares, com profissionais de diferentes áreas de conhecimento da realidade municipal. O tamanho e a diversificação das equipes estarão sujeitos às peculiaridades e ao nível de complexidade das questões a serem tratadas em cada Município, isoladamente ou reunidos em associações ou consórcios, eventualmente com apoio dos Estados e da União. Permanente ou periodicamente, serão necessários profissionais das áreas de planejamento estratégico, gestão urbana, planejamento físico-territorial, meio ambiente, incluindo as mudanças climáticas e a prevenção de desastres naturais, aspectos urbanísticos, patrimônio cultural, socioeconomia, direito urbanístico, além de educação, saúde, segurança pública, transportes, saneamento ambiental, energia, inovações tecnológicas e demais áreas da dinâmica municipal.

7.4.6. Monitoramento permanente e avaliação de resultados e impactos

O planejamento e a gestão entendidos como processo contínuo demandam acompanhamento e monitoramento permanentes, além de avaliação dos resultados e impactos resultantes da implementação de estratégias, programas, e ações de desenvolvimento definidos pelos instrumentos de planejamento. Para isso, são necessários indicadores de verificação das transformações da realidade local e regional (Figura 20), que podem ser criados ou selecionados a partir de indicadores já existentes em outras instâncias de gestão.

Os ganhos de desempenho urbano verificados poderão emular outros Municípios a buscar melhores resultados e avançar na classificação das cidades com altos índices de desenvolvimento.

As verificações de monitoramento devem ser periódicas e sistemáticas, antes e durante a implementação/execução das ações, de modo a permitir eventuais ajustes e alterações ainda com elas em curso. Já a avaliação deve ser feita logo após o término da implementação/execução das ações, para a verificação dos resultados imediatos, e algum tempo depois, para mensurar os impactos resultantes.

Métodos, procedimentos, indicadores e momentos das verificações de monitoramento e de avaliação devem ser definidos segundo os objetivos específicos da estratégia, programa ou ação, e dos métodos e técnicas disponíveis.

FIGURA 20 – DIAGRAMA DO PROCESSO DE MONITORAMENTO POR INDICADORES DE DESEMPENHO

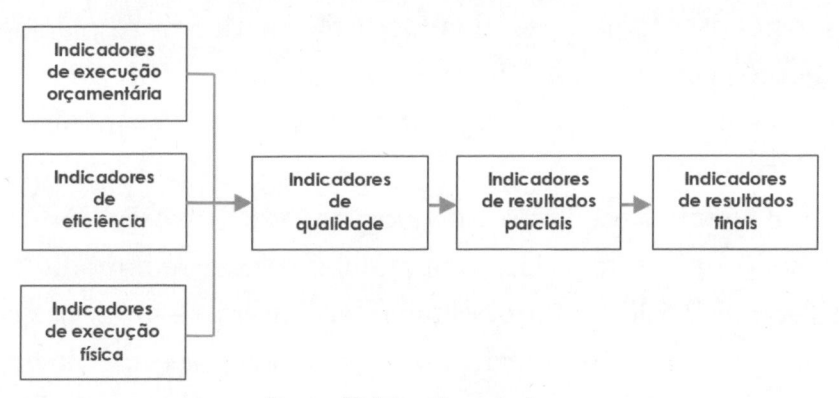

Indicadores de execução orçamentária → Indicadores de eficiência → Indicadores de qualidade → Indicadores de resultados parciais → Indicadores de resultados finais
Indicadores de execução física →

Fonte: Elaboração própria.

7.4.7. Articulação Institucional e Intergovernamental

Entender que os fenômenos municipais ocorrem em um mesmo território, afetando os mesmos habitantes, é fundamental para a adoção de práticas que tratem esses espaços e populações de forma holística e associada, evitando a dispersão de esforços e de recursos tão comum no cenário atual.

É preciso integrar e articular esforços e recursos tanto verticalmente, pelo diálogo aberto e permanente entre as diferentes esferas de governo, quanto pela transversalidade das ações de um mesmo nível decisório.

Da mesma forma, a articulação intermunicipal é imprescindível para o desenvolvimento sustentável, uma vez que muitas das questões a serem tratadas ultrapassam os limites territoriais de um Município, estendendo-se pelos Municípios vizinhos. Claro exemplo disso são as Regiões Metropolitanas, as aglomerações urbanas e os limites ambientais definidos por outros parâmetros como as bacias hidrográficas e os ecossistemas. Examiná-los como unidades de planejamento merecedoras de atenção permitirá ganho de patamares de excelência no planejamento e gestão municipal e urbana.

O reconhecimento de questões de interesse comum a serem equacionadas conjuntamente, particularmente no caso das Regiões Metropolitanas, aglomerações urbanas ou outro tipo de conurbação, aumentará a capacidade de municipalidades agrupadas em torno de um mesmo objetivo para superar dificuldades e desenvolver processos difíceis de implementação no nível local, isoladamente.

Por fim, é preciso estabelecer uma real integração de esforços e de atuação entre os distintos Poderes – Executivo, Legislativo e Judiciário – uma vez que são, juntamente com a sociedade organizada, atores essenciais para a melhoria da qualidade de vida nas cidades.

7.4.8. Efetiva participação da sociedade

Ao regulamentar a política urbana preconizada na Constituição Federal, o Estatuto da Cidade determina que o Plano Diretor municipal, principal instrumento dessa política, deve ser elaborado e implementado com a participação da sociedade, a ser envolvida em todas as etapas. Tal determinação reflete o entendimento de que o alcance do desenvolvimento sustentável depende de todos os segmentos representativos da sociedade organizada. Em outras palavras, o planejamento municipal é um processo político, cujas decisões devem ser buscadas de forma democrática e participativa.

O Estatuto da Cidade atribui ao Poder Público Municipal a condução da elaboração e da implementação do Plano Diretor municipal, que deve propiciar a **instauração de um processo de planejamento e gestão continuado no Município**, mas não lhe confere o papel de ator solitário. Pelo contrário, estabelece, forçosamente, a participação efetiva das demais esferas de Governo, da iniciativa privada e das diferentes entidades civis da sociedade.

Mas não resta dúvida de que a Administração Municipal não pode apenas delegar a responsabilidade pela elaboração (e, por vezes, até pela implementação) do Plano Diretor e acompanhar o processo. Ela deve, sim, assumir a **liderança e a coordenação desse processo**.

A participação dos outros atores sociais não se dá de imediato e automaticamente. Exige a sensibilização e o convencimento de todos eles quanto à importância do processo a ser instaurado, assim como de seu papel de corresponsável por ele.

É necessário que todos os atores envolvidos tenham claras:

- a explicitação do que representa o Plano Diretor para o desenvolvimento do Município;
- a definição das estratégias para as transformações estruturais da cidade e do Município, para que toda a sociedade civil e atores municipais sintam-se desafiados a se comprometer com a concretização das mesmas e participar ativamente de todas as etapas do Plano Diretor;
- a implantação do sistema de participação da sociedade civil na elaboração, no acompanhamento, no monitoramento e na avaliação do Plano Diretor.

O planejamento estratégico exige uma visão de futuro consensada entre o poder público, a iniciativa privada e a sociedade organizada, com responsabilidades claramente definidas e assumidas por todos no processo de desenvolvimento sustentável das cidades e dos Municípios.

De fato, o desenvolvimento sustentável depende da **união de esforços** de toda a sociedade, com o poder público, empresários, setor comunitário e população trabalhando juntos, visando aos mesmos objetivos, até mesmo porque **muitas das ações a serem desenvolvidas fogem da competência do poder público.**

O Município e a cidade não são propriedade particular nem responsabilidade isolada do prefeito, dos vereadores ou dos empresários. **São patrimônio e responsabilidade de todos os que aí vivem.** Todo e qualquer cidadão deve ter direitos e deveres a serem respeitados, claramente determinados coletivamente, para a valorização dos interesses da sociedade e para que os direitos individuais sejam orientados para o bem de toda a população. Em outras palavras, a participação cidadã reconhece que **os cidadãos devem ser senhores do seu destino e pertencem a uma coletividade na qual o interesse coletivo tem prevalência.**

A gestão urbana democrática, de acordo com o Estatuto da Cidade, deve atuar no campo da política urbana (Art. 43), e na gestão orçamentária (Art. 44), mediante a realização de debates, audiências e consultas públicas sobre as propostas do Plano Diretor, Plano Plurianual, da Lei de Diretrizes Orçamentárias e da Lei do Orçamento Anual, como condição obrigatória para sua aprovação pela Câmara Municipal, segundo normas e procedimentos que garantam ao cidadão "o direito de consagrar" sua opinião para influenciar a ação do poder público.

7.5. Novos Marcos Regulatórios do Ordenamento Territorial e do Uso e da Ocupação do Solo Urbano

A adoção de novas práticas de planejamento e gestão em um processo continuado, sob a ótica do planejamento estratégico, demandará uma revisão dos marcos regulatórios atualmente em vigor.

Tantas e tão diversas instâncias decisórias, normas reguladoras do ordenamento territorial e do uso e ocupação do solo urbano, condicionantes territoriais, ambientais, urbanísticos e tecnológicos tornam a análise e aprovação de projetos extremamente lentas e burocratizadas e retardam empreendimentos importantes para o desenvolvimento brasileiro e para a melhoria do ordenamento urbano no país.

A distribuição de competências sobre essas questões entre os três níveis de governo não é clara e gera superposição, quando não divergências, entre as deliberações sobre os projetos a serem executados no território municipal, afetando, mais diretamente, os seus habitantes. À municipalidade, portanto, deve caber a maior responsabilidade sobre as decisões em relação ao ordenamento territorial e sobre o uso e ocupação do solo nos seus núcleos urbanos.

Como os Municípios não existem de forma isolada e têm sua territorialidade ampliada em regiões homogêneas, Estados e, ao fim e ao cabo, no país, é preciso assegurar a unidade e a integração territoriais nesses diferentes níveis. Portanto, cada nível de governo deve ter um papel claramente delimitado na definição e na fiscalização do cumprimento dos marcos regulatórios do ordenamento territorial e do uso e ocupação do solo nos Municípios brasileiros.

Atualmente, cabe à União a definição da política urbana brasileira e a promoção do desenvolvimento municipal, mediante o apoio a projetos estruturantes do desenvolvimento local e (micro)regional. As agências reguladoras devem cuidar do monitoramento e controle das ações desenvolvidas, mormente aquelas com investimentos federais. Os Estados são os principais promotores do desenvolvimento harmônico das suas diferentes regiões, organizando-as em "áreas de planejamento" ou "zonas homogêneas", recuperando a prática do planejamento regional, já exercida e posteriormente esquecida.

O Município, principal ente federativo no processo decisório sobre o ordenamento territorial e uso e ocupação do solo, tem, atualmente, competência para as deliberações efetivas sobre a utilização dos recursos disponíveis para a distribuição equilibrada da população e atividades econômicas em seu território e definição do uso e ocupação do solo urbano, respeitadas as potencialidades e vocação locais, as características geomorfológicas do solo, as bacias hidrográficas, as demais condicionantes ambientais e a inserção regional do Município.

Uma completa revisão dos instrumentos reguladores, cuidando da gestão integrada entre os aspectos urbanísticos e ambientais, por meio da adoção de parâmetros e índices urbanísticos capazes de absorver as modernas visões quanto à sustentabilidade urbano-ambiental e as políticas de defesa civil e de enfrentamento das alterações climáticas, com a consolidação de todos os condicionantes, se possível em um único instrumento regulador, poderá favorecer a sua observância, a sua aplicação e a sua fiscalização a serem feitas de forma integrada e articulada entre os diferentes responsáveis pelo cumprimento das normas reguladoras.

7.6. Novos Conceitos de Projeto Urbanístico

Por fim, as novas práticas de planejamento e gestão deverão ter um claro rebatimento sobre o projeto urbanístico, que deverá incorporar a dinâmica da multifinalidade dos espaços e não mais a setorização estanque de funções urbanas. O novo projeto urbanístico deverá rever os padrões de estrutura e funcionalidade dos espaços, aproximar habitações e locais de trabalho do comércio e de serviços, das áreas de estudo e pesquisa, dos espaços culturais, de lazer e entretenimento e dos equipamentos esportivos, com critérios adequados para garantir tranquilidade e não incomodidade das diferentes atividades para a população residente.

Deverá, ainda, considerar as dimensões estéticas, histórico-culturais e simbólicas do lugar, compatibilizando qualidade dos espaços de uso público, equipamentos e mobiliário urbanos, para permitir a convivências e a fruição das diferentes áreas urbanas.

O novo projeto urbanístico deverá refletir uma malha viária hierarquizada, estruturada a partir dos deslocamentos moradia-trabalho, primeiramente, e moradia-escola, secundariamente, eixos estruturantes do espaço urbano por serem os de maior circulação da população. Não é por acaso que os congestionamentos urbanos mais críticos ocorrem nos horários dos deslocamentos moradia-local de trabalho-moradia e moradia-escola-moradia.

A criação de "centralidades" diferentes em uma mesma cidade deverá fortalecer o "pertencimento" cidadão e comunitário mediante a aproximação as diversas funções nela exercidas, distribuindo-as por todo o tecido urbano, desafogar corredores de trânsito, melhorar a mobilidade urbana, favorecer os deslocamentos, equilibrar o valor dos terrenos nas diferentes áreas e possibilitar uma malha de equipamentos públicos e comunitários bem distribuída, com ganhos de qualidade na prestação dos serviços.

8. NOVOS TEMPOS, NOVOS DESAFIOS

Ao final desse *vol d'oiseau* sobre as origens dos Municípios lusitanos e de seus "homens bons", e da sua replicação, adaptada, no Brasil Colonial; sobre as condições de ocupação da faixa litorânea brasileira e as heterogêneas condições de expansão do *hinterland* a partir da produção agrícola das fazendas de pecuária, dos grandes latifúndios de monoculturas e de núcleos de exploração mineral que expandiram o território da Coroa portuguesa; sobre as novas condições criadas pela transferência da Corte para o Brasil e sua elevação a Reino Unido a Portugal e Algarves e, depois, como país independente, com a criação de cidades para consolidar a ocupação de novas fronteiras; sobre a evolução do Brasil de país agrícola para país urbano e industrial, seguido por um processo de urbanização acelerada, quando a explosão populacional em cidades e metrópoles passou a exigir melhorias na gestão urbana e a adoção de planejamento urbano, inicialmente orientado para o ordenamento das cidades e posteriormente associado a políticas desenvolvimentistas e a processos políticos de natureza participativa, chega-se aos dias atuais.

Durante quase quatro séculos, o Brasil foi rural. Pensar em planejamento urbano significava pensar no ordenamento do espaço da cidade que era, não apenas a sede municipal, mas o único núcleo urbano existente na maioria dos Municípios brasileiros. Para desenvolver algumas regiões, foram transferidas capitais de Estados, e mesmo a do país, pois entendia-se que a nova cidade seria a promotora do desenvolvimento pretendido. Os Planos Diretores eram **planos para as cidades**, ou seja, apenas para os espaços urbanizados até meados do século XX.

Apenas na segunda metade do último século, quando o Brasil rapidamente urbanizou-se, povoados começaram a se multiplicar espontaneamente, espaços rurais urbanizaram-se irregularmente, conurbações foram se formando gradativamente ao ponto de já existir, atualmente, numerosos Municípios sem área rural.

Esse processo acelerado de urbanização (ou de rurbanização, como querem alguns estudiosos), exigiu novas formas de planejamento dos espaços urbanos, que já não eram apenas a cidade sede do Município. O Estatuto da Cidade, gestado desde os anos 1970 e aprovado em 2001, consagrou esse entendimento, ao determinar que o **Plano Diretor deve abranger todo o território municipal** e avançou em relação à participação da sociedade na tomada de decisões quanto ao futuro da cidade e do Município ao estabelecer que **o Plano Diretor deve contar com a participação da sociedade**. Esse novo marco regulatório demandou novos métodos, novas técnicas e novos procedimentos para se pensar o futuro dos Municípios e das cidades.

Os tempos presentes trazem novos desafios, visto que as condições para o planejamento e gestão de cidades e metrópoles prosperam em meio a condições bem diferentes daquela de períodos anteriores. Além do alargamento do território a ser considerado, **que passa da cidade para o Município**, torna-se agora necessário atentar para a **heterogeneidade de demandas e potenciais**, de condições regionais, de peculiaridades de cidades e metrópoles que no Brasil estão associadas a **novos padrões de exigências**, criados pela demanda global por políticas de ordenamento territorial e urbano-ambientais sustentáveis, pela difusão de inovações tecnológicas, por exigências de condições de vida mais dignas para todos, com a consequente redução das disparidades socioespaciais, com maior equidade no provimento de infraestrutura e serviços urbanos, com redução dos índices de violência.

É preciso definir uma **rede urbana mais bem distribuída e equilibrada**; adotar as boas práticas do planejamento estratégico e da visão prospectiva para o planejamento e gestão municipal e urbana; considerar novas maneiras de se estabelecerem relações funcionais casa-trabalho-escola-comércio-serviços, utilizando-se das inovações tecnológicas disponíveis; inovar no projeto urbanístico, tornando as cidades mais bonitas, agradáveis e funcionais; estabelecer novos padrões de qualificação das equipes responsáveis pelo planejamento e gestão municipal e urbana; ampliar e aprimorar a infraestrutura e os serviços urbanos, para torná-los adequados ao atendimento às demandas atuais, mesmo em épocas de crise. Enfim, é preciso criar espaços adaptáveis a mudanças para seguirem sendo o lócus das trocas socioeconômicas, da convivência, dos encontros e da renovação permanente da sociedade.

Frente a tudo isso, é necessário entender o passado e avaliar o presente para construir cidades e Municípios que correspondam aos novos tempos.

E para isso vale lembrar as palavras de John Maynard Keynes, após o final da Primeira Guerra Mundial, quando declarou:

> *Quase toda sabedoria dos nossos homens de Estado foi erigida sobre pressupostos que eram verdadeiros numa época, ou parcialmente verdadeiros, e que o são cada dia menos. Nós devemos inventar uma sabedora para a nova época. E, ao mesmo tempo, se queremos reconstruir algo de bom, vamos precisar parecer heréticos, inoportunos e desobedientes aos olhos dos que nos precederam.*

LISTA DE FIGURAS

Figura 1: Relação entre ocupação industrial e população por região 70
Figura 2: Croquis da concepção do Plano Piloto de Brasília – Lúcio Costa 113
Figura 3: Croquis da concepção do Plano Piloto de Brasília – eixos viários sem cruzamentos – Lúcio Costa 114
Figura 4: Esquema para o Eixo Monumental – Lúcio Costa 115
Figura 5: Esquema para a Praça dos Três Poderes, praça construída – Lúcio Costa 116
Figura 6: Croqui do Plano Piloto de Brasília – Lúcio Costa 117
Figura 7: Croqui para a Área Monumental sobre terrapleno – Lúcio Costa 120
Figura 8: Plano Piloto de Brasília ajustado pela Novacap 122
Figura 9: Distribuição percentual da população urbana, arrecadação do FGTS e aplicações do BNH por Estado – 1968-1970 136
Figura 10: Cidades e metrópoles por tamanho segundo o *status* econômico e Infraestrutura social 170
Figura 11: Proposta da PNDU – II PND por categoria de áreas urbanas.... 174
Figura 12: Concentração ordenada em poucas áreas de urbanização 174
Figura 13: Desenvolvimento em todas as regiões através da desconcentração dispersa 193
Figura 14: Diagrama da hierarquia e precedência dos instrumentos de planejamento e gestão municipal e urbana 221
Figura 15: Diagrama do encadeamento dos instrumentos de planejamento e gestão municipal e urbana 228
Figura 16: Expansão dos Municípios metropolitanos por período – Brasil – 1990/2016 244
Figura 17: Regiões Metropolitanas, RIDEs e Aglomerações Urbanas – Brasil – 2016 245
Figura 18: Diagrama da abordagem estratégica na elaboração do Plano Diretor municipal 262
Figura 19: Proposta urbanística para a cidade de Aguiarnópolis – TO 270
Figura 20: Diagrama do processo de monitoramento por indicadores de desempenho 279

LISTA DE TABELAS

Tabela 1: População total e urbana no
Brasil (em milhões de habitantes) 65
Tabela 2: Crescimento médio anual aproximado da
população total e urbana no Brasil 69
Tabela 3: Estrutura ocupacional do Brasil por setor de
atividade econômica (em milhões de pessoas) 69
Tabela 4: Distribuição percentual da população por
área geográfica e situação de domicílio - 1960/2010 250

LISTA DE ABREVIAÇÕES E SIGLAS

APE – Associação de Poupança e Empréstimo
AU – Aglomeração Urbana
BA – Bahia
BID – Banco Interamericano de Desenvolvimento
BIRD – Banco Internacional para Reconstrução e Desenvolvimento
BNDES – Banco Nacional de Desenvolvimento Econômico e Social
BNH – Banco Nacional de Habitação
CDE – Conselho de Desenvolvimento Econômico
CEF – Caixa Econômica Federal
CERTAM – Centro Regional de Treinamento em Administração Municipal
CF – Constituição Federal
CIAM – Congresso Internacional de Arquitetura Moderna
CLNCF – Comissão de Localização da Nova Capital Federal
CLT – Consolidação das Leis do Trabalho
CNDU – Conselho Nacional de Desenvolvimento Urbano
CNPU – Comissão Nacional de Regiões Metropolitanas e Política Urbana
COHAB – Cooperativa Habitacional
CONAMA – Conselho Nacional de Meio Ambiente
CONDEPE-FIDEM – Agência Estadual de Planejamento e Pesquisas de Pernambuco
CONPLAN – Conselho de Planejamento Territorial e Urbano do Distrito Federal
COPPE/UFRJ – Instituto Alberto Luiz Coimbra de Pós-Graduação e Pesquisa de Engenharia da Universidade Federal do Rio de Janeiro
COPLAN – Comissão Nacional de Planejamento
CPH – Carteira de Programas Habitacionais
CPM – Programa de Investimentos em Cidades de Porte Médio
CSU – Programa Nacional de Centros Sociais Urbanos
CURA – Comunidade Urbana para Recuperação Acelerada
DASP – Departamento de Administração do Servidor Público
DF – Distrito Federal
DNOS – Departamento Nacional de Obras e Saneamento
EBTU – Empresa Brasileira de Transportes Urbanos
EIA – Estudo de Impacto Ambiental
EIV – Estudo de Impacto de Vizinhança
EMBRATUR – Agência Brasileira de Promoção Internacional do Turismo

EMPLASA - Empresa Paulista de Desenvolvimento Metropolitano S.A.
EP - Estudo Preliminar
EPEA - Escritório de Planejamento Econômico Aplicado
E.U.A. - Estados Unidos da América
FAS - Fundo de Apoio ao Desenvolvimento Social
FAT - Fundo de Amparo ao Trabalhador
FAU/UFRGS - Faculdade de Arquitetura e Urbanismo da Universidade Federal do Rio Grande do Sul
FAU/UFRJ - Faculdade de Arquitetura e Urbanismo da Universidade Federal do Rio de Janeiro
FAU/USP - Faculdade de Arquitetura e Urbanismo da Universidade de São Paulo
FDU - Fundo de Desenvolvimento Urbano
FGTS - Fundo de Garantia por Tempo de Serviço
FGV - Fundação Getúlio Vargas
FINASA - Programa de Financiamento para Saneamento
FINEP - Financiadora de Estudos e Projetos
FIPLAN - Fundo de Financiamento de Planos de Desenvolvimento Local Integrado
FNDE - Fundo Nacional de Desenvolvimento da Educação
FNDU - Fundo Nacional de Apoio ao Desenvolvimento Urbano
FNM - Fábrica Nacional de Motores
FZDF - Fundação Zoobotânica do Distrito Federal
GDF - Governo do Distrito Federal
GEIPOT - Empresa Brasileira de Planejamento de Transportes
IAB - Instituto de Arquitetos do Brasil
IBAM - Instituto Brasileiro de Administração Municipal
IBGE - Instituto Brasileiro de Geografia e Estatística
IBGE-DPE-COPIS - Instituto Brasileiro de Geografia e Estatística - Diretoria de Pesquisas - Coordenação de População e Indicadores Sociais
INOCOOP - Instituto de Orientação às Cooperativas Habitacionais
IPDF - Instituto de Planejamento Territorial e Urbano do DF
IPEA - Instituto de Pesquisa Econômica Aplicada
IPPUC - Instituto de Pesquisa e Planejamento Urbano de Curitiba
IUCLG - Imposto Único sobre Combustíveis e Lubrificantes Líquidos e Gasosos
JK - Juscelino Kubitschek de Oliveira
LC - Lei Complementar
LDO - Lei de Diretrizes Orçamentárias
LDU - Lei de Desenvolvimento Urbano
LNDU - Lei Nacional de Desenvolvimento Urbano

LISTA DE ABREVIAÇÕES E SIGLAS

LOA – Lei do Orçamento Anual
MBES – Ministério da Habitação e do Bem-Estar Social
MCidades – Ministério das Cidades
MDR – Ministério do Desenvolvimento Regional
MDU – Ministério de Desenvolvimento Urbano e Meio Ambiente
MEC – Ministério da Educação e Cultura
MG – Minas Gerais
MHU – Ministério da Habitação e Urbanismo
MINIPLAN – Ministério do Planejamento e Coordenação Geral
MINTER – Ministério do Interior
MJ – Ministério da Justiça
MNRU – Movimento Nacional da Reforma Urbana
MPG – Ministério do Planejamento e Coordenação Geral
MPO – Ministério do Planejamento e Orçamento
ODS – Objetivo de Desenvolvimento Sustentável
OEA – Organização dos Estados Americanos
PAC – Programa de Ação Concentrada
PAI – Plano de Ação Imediata
PDDI – Plano Diretor de Desenvolvimento Integrado
PDLI – Plano de Desenvolvimento Local Integrado
PDOT – Plano Diretor de Ordenamento Territorial do DF
PDU – Plano Diretor Urbano
PEDUI-RMRJ – Plano Estratégico de Desenvolvimento Urbano Integrado da Região Metropolitana do Rio de Janeiro
PEOT – Plano Estrutural de Ordenamento Territorial do Distrito Federal
PLAMBEL – Superintendência da Região Metropolitana de Belo Horizonte
PLANASA – Plano Nacional de Saneamento
PMDLI – Plano Metropolitano de Desenvolvimento Local Integrado
PNAD – Pesquisa Nacional por Amostra de Domicílios
PND – Plano Nacional de Desenvolvimento
PNDLI – Política Nacional de Desenvolvimento Local Integrado
PNDU – Política Nacional de Desenvolvimento Urbano
PNT – Plano Nacional Territorial
POLURB – Programa de Apoio à Política Urbana
POT – Plano de Ocupação Territorial do DF
POUSO – Plano de Ocupação e Uso do Solo
PPA – Plano Plurianual
PR – Paraná
PRODEPO – Programa de Apoio ao Desenvolvimento de Polos Econômicos

PROFILURB – Programa de Financiamento de Lotes Urbanizados
PROHEMP – Programa Habitacional Empresa
PROMORAR – Programa de Erradicação da Subabitação
PUR – Programa de Pós-Graduação em Planejamento Urbano e Regional
RECON – Refinanciamento ou Financiamento do Consumidor de Materiais de Construção
RIDE – Região Integrada de Desenvolvimento Econômico
RP – Relatório Preliminar
RS – Rio Grande do Sul
SAGMACS – Sociedade para Análise Gráfica e Mecanográfica Aplicada aos Complexos Sociais
SAREM – Secretaria de Articulação com os Estados e Municípios
SBPE – Sistema Brasileiro de Poupança e Empréstimo
SC – Santa Catarina
SCI – Sociedade de Crédito Imobiliário
SE/CNPU – Secretaria Executiva da Comissão Nacional de Regiões Metropolitanas e Política Urbana
SEDU – Secretaria Especial de Desenvolvimento Urbano
SEMA – Secretaria Especial do Meio Ambiente
SERFHAU – Serviço Federal de Habitação e Urbanismo
SEPLAN-PR – Secretaria de Planejamento da Presidência da República
SEPURB – Secretaria de Política Urbana
SFH – Sistema Financeiro de Habitação
SG/MPCG – Secretaria Geral do Ministério de Planejamento e Coordenação Geral
SISPLAN – Sistema de Planejamento Territorial e Urbano do DF
SITURB – Sistema de Informação Territorial e Urbana do Distrito Federal
SNDUL – Sistema Nacional de Desenvolvimento Urbano e Local
SNIS – Sistema Nacional de Informações sobre Saneamento
SNPLI – Sistema Nacional de Planejamento Local Integrado
SUDAM – Superintendência do Desenvolvimento da Amazônia
SUDECO – Superintendência do Desenvolvimento da Região Centro-Oeste
SUDESUL – Superintendência do Desenvolvimento da Região Sul
SVO – Secretaria de Viação e Obras
TR – Termo de Referência
UNESCO – Organização das Nações Unidas para a Educação, a Ciência e a Cultura
UPC – Unidade Padrão de Capital
USAID – Agência dos Estados Unidos para o Desenvolvimento Internacional
USP – Universidade de São Paulo

ANEXOS

ANEXO 1 - Estatuto da Cidade

Lei nº 10.257, de 10 de julho de 2001

> Regulamenta os arts. 182 e 183 da Constituição Federal e estabelece diretrizes gerais da política urbana e dá outras providências.

O PRESIDENTE DA REPÚBLICA

Faço saber que o Congresso Nacional decreta e eu sanciono a seguinte Lei:

CAPÍTULO I
DIRETRIZES GERAIS

Art. 1º Na execução da política urbana, de que tratam os arts. 182 e 183 da Constituição Federal será aplicado o previsto nesta Lei.

Parágrafo único. Para todos os efeitos, esta Lei, denominada Estatuto da Cidade, estabelece normas de ordem pública e interesse social que regulam o uso da propriedade urbana em prol do bem coletivo, da segurança e do bem-estar dos cidadãos, bem como do equilíbrio ambiental.

Art. 2º A política urbana tem por objetivo ordenar o pleno desenvolvimento das funções sociais da cidade e da propriedade urbana, mediante as seguintes diretrizes gerais:

I - garantia do direito a cidades sustentáveis, entendido como o direito à terra urbana, à moradia, ao saneamento ambiental, à infraestrutura urbana, ao transporte e aos serviços públicos, ao trabalho e ao lazer, para as presentes e futuras gerações;
II - gestão democrática por meio da participação da população e de associações representativas dos vários segmentos da comunidade na formulação, execução e acompanhamento de planos, programas e projetos de desenvolvimento urbano;

III - cooperação entre os governos, a iniciativa privada e os demais setores da sociedade no processo de urbanização, em atendimento ao interesse social;

IV - planejamento do desenvolvimento das cidades, da distribuição espacial da população e das atividades econômicas do município e do território sob sua área de influência, de modo a evitar e corrigir as distorções do crescimento urbano e seus efeitos negativos sobre o meio ambiente;

V - oferta de equipamentos urbanos e comunitários, transporte e serviços públicos adequados aos interesses e necessidades da população e às características locais;

VI - ordenação e controle do uso do solo, de forma a evitar:

a) a utilização inadequada dos imóveis urbanos;

b) a proximidade de usos incompatíveis ou inconvenientes;

c) o parcelamento do solo, a edificação ou o uso excessivos ou inadequados em relação à infraestrutura urbana;

d) a instalação de empreendimentos ou atividades que possam funcionar como polos geradores de tráfego, sem a previsão da infraestrutura correspondente;

e) a retenção especulativa de imóvel urbano, que resulte na sua subutilização ou não utilização;

f) a deterioração das áreas urbanizadas;

g) a poluição e a degradação ambiental;

h) a exposição da população a riscos de desastres. (Incluido pela Lei nº 12.608, de 2012)

VII - integração e complementaridade entre as atividades urbanas e rurais, tendo em vista o desenvolvimento socioeconômico do município e do território sob sua área de influência;

VIII - adoção de padrões de produção e consumo de bens e serviços e de expansão urbana compatíveis com os limites da sustentabilidade ambiental, social e econômica do município e do território sob sua área de influência;

IX - justa distribuição dos benefícios e ônus decorrentes do processo de urbanização;

X - adequação dos instrumentos de política econômica, tributária e financeira e dos gastos públicos aos objetivos do desenvolvimento urbano, de modo a privilegiar os investimentos geradores de bem-estar geral e a fruição dos bens pelos diferentes segmentos sociais;

XI - recuperação dos investimentos do Poder Público de que tenha resultado a valorização de imóveis urbanos;

XII - proteção, preservação e recuperação do meio ambiente natural e construído, do patrimônio cultural, histórico, artístico, paisagístico e arqueológico;

XIII - audiência do Poder Público municipal e da população interessada nos processos de implantação de empreendimentos ou atividades com efeitos potencialmente negativos sobre o meio ambiente natural ou construído, o conforto ou a segurança da população;

XIV - regularização fundiária e urbanização de áreas ocupadas por população de baixa renda mediante o estabelecimento de normas especiais de urbanização, uso e ocupação do solo e edificação, consideradas a situação socioeconômica da população e as normas ambientais;

XV - simplificação da legislação de parcelamento, uso e ocupação do solo e das normas edilícias, com vistas a permitir a redução dos custos e o aumento da oferta dos lotes e unidades habitacionais;

XVI - isonomia de condições para os agentes públicos e privados na promoção de empreendimentos e atividades relativos ao processo de urbanização, atendido o interesse social.

XVII - estímulo à utilização, nos parcelamentos do solo e nas edificações urbanas, de sistemas operacionais, padrões construtivos e aportes tecnológicos que objetivem a redução de impactos ambientais e a economia de recursos naturais. (Incluído pela Lei nº 12.836/ 2013)

XVIII - tratamento prioritário às obras e edificações de infraestrutura de energia, telecomunicações, abastecimento de água e saneamento. (Incluído pela Lei nº 13.116/ 2015)

XIX - garantia de condições condignas de acessibilidade, utilização e conforto nas dependências internas das edificações urbanas, inclusive nas destinadas à moradia e ao serviço dos trabalhadores domésticos, observados requisitos mínimos de dimensionamento, ventilação, iluminação, ergonomia, privacidade e qualidade dos materiais empregados. (Incluído pela Lei nº 13.699/ 2018)

Art. 3º Compete à União, entre outras atribuições de interesse da política urbana:

I - legislar sobre normas gerais de direito urbanístico;

II - legislar sobre normas para a cooperação entre a União, os estados, o Distrito Federal e os municípios em relação à política urbana, tendo em vista o equilíbrio do desenvolvimento e do bem-estar em âmbito nacional;

III - promover, por iniciativa própria e em conjunto com os estados, o Distrito Federal e os municípios, programas de construção de moradias e melhoria das condições habitacionais, de saneamento básico, das calçadas, dos passeios públicos, do mobiliário urbano e dos demais espaços de uso público; (Redação dada pela Lei nº 13.146/ 2015 -v igência)

IV - instituir diretrizes para desenvolvimento urbano, inclusive habitação, saneamento básico, transporte e mobilidade urbana, que incluam regras de acessibilidade aos locais de uso público; (Redação dada pela Lei nº 13.146/ 2015 - vigência)

V - elaborar e executar planos nacionais e regionais de ordenação do território e de desenvolvimento econômico e social.

CAPÍTULO II
DOS INSTRUMENTOS DA POLÍTICA URBANA

Seção I
Dos instrumentos em geral

Art. 4º Para os fins desta Lei, serão utilizados, entre outros instrumentos:

I - planos nacionais, regionais e estaduais de ordenação do território e de desenvolvimento econômico e social;

II - planejamento das regiões metropolitanas, aglomerações urbanas e microrregiões;

III - planejamento municipal, em especial:
a) Plano Diretor;
b) disciplina do parcelamento, do uso e da ocupação do solo;
c) zoneamento ambiental;
d) plano plurianual;
e) diretrizes orçamentárias e orçamento anual;
f) gestão orçamentária participativa;
g) planos, programas e projetos setoriais;
h) planos de desenvolvimento econômico e social;

IV - institutos tributários e financeiros:
a) imposto sobre a propriedade predial e territorial urbana - IPTU;
b) contribuição de melhoria;
c) incentivos e benefícios fiscais e financeiros;

V - institutos jurídicos e políticos:
a) desapropriação;
b) servidão administrativa;

c) limitações administrativas;
d) tombamento de imóveis ou de mobiliário urbano;
e) instituição de unidades de conservação;
f) instituição de zonas especiais de interesse social;
g) concessão de direito real de uso;
h) concessão de uso especial para fins de moradia;
i) parcelamento, edificação ou utilização compulsórios;
j) usucapião especial de imóvel urbano;
l) direito de superfície;
m) direito de preempção;
n) outorga onerosa do direito de construir e de alteração de uso;
o) transferência do direito de construir;
p) operações urbanas consorciadas;
q) regularização fundiária;
r) assistência técnica e jurídica gratuita para as comunidades e grupos sociais menos favorecidos;
s) referendo popular e plebiscito;
t) demarcação urbanística para fins de regularização fundiária; (Incluído pela Lei nº 11.977/2009)
u) legitimação de posse. (Incluído pela Lei nº 11.977/2009)
VI – estudo prévio de impacto ambiental (EIA) e estudo prévio de impacto de vizinhança (EIV).

§1º Os instrumentos mencionados neste artigo regem-se pela legislação que lhes é própria, observado o disposto nesta Lei.

§2º Nos casos de programas e projetos habitacionais de interesse social, desenvolvidos por órgãos ou entidades da Administração Pública com atuação específica nessa área, a concessão de direito real de uso de imóveis públicos poderá ser contratada coletivamente.

§3º Os instrumentos previstos neste artigo que demandam dispêndio de recursos por parte do Poder Público municipal devem ser objeto de controle social, garantida a participação de comunidades, movimentos e entidades da sociedade civil.

Seção II
Do parcelamento, edificação ou utilização compulsórios

Art. 5º Lei municipal específica para área incluída no Plano Diretor poderá determinar o parcelamento, a edificação ou a utilização compulsórios do solo urbano não edificado, subutilizado ou não utilizado, devendo fixar as condições e os prazos para implementação da referida obrigação.

§1º Considera-se subutilizado o imóvel:

I – cujo aproveitamento seja inferior ao mínimo definido no Plano Diretor ou em legislação dele decorrente;

II – (VETADO)

§2º O proprietário será notificado pelo Poder Executivo municipal para o cumprimento da obrigação, devendo a notificação ser averbada no cartório de registro de imóveis.

§3º A notificação far-se-á:

I – por funcionário do órgão competente do Poder Público municipal, ao proprietário do imóvel ou, no caso de este ser pessoa jurídica, a quem tenha poderes de gerência geral ou administração;

II – por edital quando frustrada, por três vezes, a tentativa de notificação na forma prevista pelo inciso I.

§4º Os prazos a que se refere o *caput* não poderão ser inferiores a:

I – um ano, a partir da notificação, para que seja protocolado o projeto no órgão municipal competente;

II – dois anos, a partir da aprovação do projeto, para iniciar as obras do empreendimento.

§5º Em empreendimentos de grande porte, em caráter excepcional, a lei municipal específica a que se refere o *caput* poderá prever a conclusão em etapas, assegurando-se que o projeto aprovado compreenda o empreendimento como um todo.

Art. 6º A transmissão do imóvel, por ato inter vivos ou causa mortis, posterior à data da notificação, transfere as obrigações de parcelamento, edificação ou utilização previstas no art. 5º desta Lei, sem interrupção de quaisquer prazos.

Seção III
Do IPTU progressivo no tempo

Art. 7º Em caso de descumprimento das condições e dos prazos previstos na forma do caput do art. 5º desta Lei, ou não sendo cumpridas as etapas previstas no § 5º do art. 5º desta Lei, o município procederá à aplicação do imposto sobre a propriedade predial e territorial urbana (IPTU) progressivo no tempo, mediante a majoração da alíquota pelo prazo de cinco anos consecutivos.

§1º O valor da alíquota a ser aplicado a cada ano será fixado na lei específica a que se refere o *caput* do art. 5º desta Lei e não excederá a duas vezes o valor referente ao ano anterior, respeitada a alíquota máxima de quinze por cento.

§2º Caso a obrigação de parcelar, edificar ou utilizar não esteja atendida em cinco anos, o município manterá a cobrança pela alíquota máxima, até que se cumpra a referida obrigação, garantida a prerrogativa prevista no art. 8º.

§3º É vedada a concessão de isenções ou de anistia relativas à tributação progressiva de que trata este artigo.

Seção IV
Da desapropriação com pagamento em títulos

Art. 8º Decorridos cinco anos de cobrança do IPTU progressivo sem que o proprietário tenha cumprido a obrigação de parcelamento, edificação ou utilização, o município poderá proceder à desapropriação do imóvel, com pagamento em títulos da dívida pública.

§1º Os títulos da dívida pública terão prévia aprovação pelo Senado Federal e serão resgatados no prazo de até dez anos, em prestações anuais, iguais e sucessivas, assegurados o valor real da indenização e os juros legais de seis por cento ao ano.

§2º O valor real da indenização:

I – refletirá o valor da base de cálculo do IPTU, descontado o montante incorporado em função de obras realizadas pelo Poder Público na área onde o mesmo se localiza após a notificação de que trata o § 2º do art. 5º desta Lei;

II – não computará expectativas de ganhos, lucros cessantes e juros compensatórios.

§3º Os títulos de que trata este artigo não terão poder liberatório para pagamento de tributos.

§4º O município procederá ao adequado aproveitamento do imóvel no prazo máximo de cinco anos, contado a partir da sua incorporação ao patrimônio público.

§5º O aproveitamento do imóvel poderá ser efetivado diretamente pelo Poder Público ou por meio de alienação ou concessão a terceiros, observando-se, nesses casos, o devido procedimento licitatório.

§6º Ficam mantidas para o adquirente de imóvel nos termos do § 5º as mesmas obrigações de parcelamento, edificação ou utilização previstas no art. 5º desta Lei.

Seção V
Da usucapião especial de imóvel urbano

Art. 9º Aquele que possuir como sua área ou edificação urbana de até duzentos e cinquenta metros quadrados, por cinco anos, ininterruptamente e sem oposição, utilizando-a para sua moradia ou de sua família, adquirir-lhe-á o domínio, desde que não seja proprietário de outro imóvel urbano ou rural.

§1º O título de domínio será conferido ao homem ou à mulher, ou a ambos, independentemente do estado civil.

§2º O direito de que trata este artigo não será reconhecido ao mesmo possuidor mais de uma vez.

§3º Para os efeitos deste artigo, o herdeiro legítimo continua, de pleno direito, a posse de seu antecessor, desde que já resida no imóvel por ocasião da abertura da sucessão.

Art. 10. Os núcleos urbanos informais existentes sem oposição há mais de cinco anos e cuja área total dividida pelo número de possuidores seja inferior a duzentos e cinquenta metros quadrados por possuidor são suscetíveis de serem usucapidos coletivamente, desde que os possuidores não sejam proprietários de outro imóvel urbano ou rural. (Redação dada pela Lei nº 13.465/2017)

§1º O possuidor pode, para o fim de contar o prazo exigido por este artigo, acrescentar sua posse à de seu antecessor, contanto que ambas sejam contínuas.

§2º A usucapião especial coletiva de imóvel urbano será declarada pelo juiz, mediante sentença, a qual servirá de título para registro no cartório de registro de imóveis.

§3º Na sentença, o juiz atribuirá igual fração ideal de terreno a cada possuidor, independentemente da dimensão do terreno que cada um ocupe, salvo hipótese de acordo escrito entre os condôminos, estabelecendo frações ideais diferenciadas.

§4º O condomínio especial constituído é indivisível, não sendo passível de extinção, salvo deliberação favorável tomada por, no mínimo, dois terços dos condôminos, no caso de execução de urbanização posterior à constituição do condomínio.

§ 5º As deliberações relativas à administração do condomínio especial serão tomadas por maioria de votos dos condôminos presentes, obrigando também os demais, discordantes ou ausentes.

Art. 11. Na pendência da ação de usucapião especial urbana, ficarão sobrestadas quaisquer outras ações, petitórias ou possessórias, que venham a ser propostas relativamente ao imóvel usucapiendo.

Art. 12. São partes legítimas para a propositura da ação de usucapião especial urbana:

I - o possuidor, isoladamente ou em litisconsórcio originário ou superveniente;
II - os possuidores, em estado de composse;
III - como substituto processual, a associação de moradores da comunidade, regularmente constituída, com personalidade jurídica, desde que explicitamente autorizada pelos representados.

§1º Na ação de usucapião especial urbana é obrigatória a intervenção do Ministério Público.

§2º O autor terá os benefícios da justiça e da assistência judiciária gratuita, inclusive perante o cartório de registro de imóveis.

Art. 13. A usucapião especial de imóvel urbano poderá ser invocada como matéria de defesa, valendo a sentença que a reconhecer como título para registro no cartório de registro de imóveis.

Art. 14. Na ação judicial de usucapião especial de imóvel urbano, o rito processual a ser observado é o sumário.

Seção VI
Da concessão de uso especial para fins de moradia

Art. 15. (VETADO)
Art. 16. (VETADO)
Art. 17. (VETADO)
Art. 18. (VETADO)
Art. 19. (VETADO)
Art. 20. (VETADO)

Seção VII
Do direito de superfície

Art. 21. O proprietário urbano poderá conceder a outrem o direito de superfície do seu terreno, por tempo determinado ou indeterminado, mediante escritura pública registrada no cartório de registro de imóveis.

§1º O direito de superfície abrange o direito de utilizar o solo, o subsolo ou o espaço aéreo relativo ao terreno, na forma estabelecida no contrato respectivo, atendida a legislação urbanística.

§2º A concessão do direito de superfície poderá ser gratuita ou onerosa.

§3º O superficiário responderá integralmente pelos encargos e tributos que incidirem sobre a propriedade superficiária, arcando, ainda, proporcionalmente à sua parcela de ocupação efetiva, com os encargos e tributos sobre a área objeto da concessão do direito de superfície, salvo disposição em contrário do contrato respectivo.

§4º O direito de superfície pode ser transferido a terceiros, obedecidos os termos do contrato respectivo.

§5º Por morte do superficiário, os seus direitos transmitem-se a seus herdeiros.

Art. 22. Em caso de alienação do terreno, ou do direito de superfície, o superficiário e o proprietário, respectivamente, terão direito de preferência, em igualdade de condições à oferta de terceiros.

Art. 23. Extingue-se o direito de superfície:

I – pelo advento do termo;
II – pelo descumprimento das obrigações contratuais assumidas pelo superficiário.

Art. 24. Extinto o direito de superfície, o proprietário recuperará o pleno domínio do terreno, bem como das acessões e benfeitorias introduzidas no imóvel, independentemente de indenização, se as partes não houverem estipulado o contrário no respectivo contrato.

§1º Antes do termo final do contrato, extinguir-se-á o direito de superfície se o superficiário der ao terreno destinação diversa daquela para a qual for concedida.

§2º A extinção do direito de superfície será averbada no cartório de registro de imóveis.

Seção VIII
Do direito de preempção

Art. 25. O direito de preempção confere ao Poder Público municipal preferência para aquisição de imóvel urbano objeto de alienação onerosa entre particulares.

§1º Lei municipal, baseada no Plano Diretor, delimitará as áreas em que incidirá o direito de preempção e fixará prazo de vigência, não superior a cinco anos, renovável a partir de um ano após o decurso do prazo inicial de vigência.

§2º O direito de preempção fica assegurado durante o prazo de vigência fixado na forma do §1º, independentemente do número de alienações referentes ao mesmo imóvel.

Art. 26. O direito de preempção será exercido sempre que o Poder Público necessitar de áreas para:

I – regularização fundiária;
II – execução de programas e projetos habitacionais de interesse social;
III – constituição de reserva fundiária;
IV – ordenamento e direcionamento da expansão urbana;
V – implantação de equipamentos urbanos e comunitários;
VI – criação de espaços públicos de lazer e áreas verdes;
VII – criação de unidades de conservação ou proteção de outras áreas de interesse ambiental;
VIII – proteção de áreas de interesse histórico, cultural ou paisagístico;
IX – (VETADO)

Parágrafo único. A lei municipal prevista no § 1º do art. 25 desta Lei deverá enquadrar cada área em que incidirá o direito de preempção em uma ou mais das finalidades enumeradas por este artigo.

Art. 27. O proprietário deverá notificar sua intenção de alienar o imóvel, para que o município, no prazo máximo de trinta dias, manifeste por escrito seu interesse em comprá-lo.

§1º À notificação mencionada no *caput* será anexada proposta de compra assinada por terceiro interessado na aquisição do imóvel, da qual constarão preço, condições de pagamento e prazo de validade.

§2º O município fará publicar, em órgão oficial e em pelo menos um jornal local ou regional de grande circulação, edital de aviso da notificação recebida nos termos do caput e da intenção de aquisição do imóvel nas condições da proposta apresentada.

§3º Transcorrido o prazo mencionado no *caput* sem manifestação, fica o proprietário autorizado a realizar a alienação para terceiros, nas condições da proposta apresentada.

§4º Concretizada a venda a terceiro, o proprietário fica obrigado a apresentar ao Município, no prazo de trinta dias, cópia do instrumento público de alienação do imóvel.

§5º A alienação processada em condições diversas da proposta apresentada é nula de pleno direito.

§6º Ocorrida a hipótese prevista no § 5º o município poderá adquirir o imóvel pelo valor da base de cálculo do IPTU ou pelo valor indicado na proposta apresentada, se este for inferior àquele.

Seção IX
Da outorga onerosa do direito de construir

Art. 28. O Plano Diretor poderá fixar áreas nas quais o direito de construir poderá ser exercido acima do coeficiente de aproveitamento básico adotado, mediante contrapartida a ser prestada pelo beneficiário.

§1º Para os efeitos desta Lei, coeficiente de aproveitamento é a relação entre a área edificável e a área do terreno.

§2º O Plano Diretor poderá fixar coeficiente de aproveitamento básico único para toda a zona urbana ou diferenciado para áreas específicas dentro da zona urbana.

§3º O Plano Diretor definirá os limites máximos a serem atingidos pelos coeficientes de aproveitamento, considerando a proporcionalidade entre a infraestrutura existente e o aumento de densidade esperado em cada área.

Art. 29. O Plano Diretor poderá fixar áreas nas quais poderá ser permitida alteração de uso do solo, mediante contrapartida a ser prestada pelo beneficiário.

Art. 30. Lei municipal específica estabelecerá as condições a serem observadas para a outorga onerosa do direito de construir e de alteração de uso, determinando:

I – a fórmula de cálculo para a cobrança;
II – os casos passíveis de isenção do pagamento da outorga;
III – a contrapartida do beneficiário.

Art. 31. Os recursos auferidos com a adoção da outorga onerosa do direito de construir e de alteração de uso serão aplicados com as finalidades previstas nos incisos I a IX do art. 26 desta Lei.

Seção X
Das operações urbanas consorciadas

Art. 32. Lei municipal específica, baseada no Plano Diretor, poderá delimitar área para aplicação de operações consorciadas.

§1º Considera-se operação urbana consorciada o conjunto de intervenções e medidas coordenadas pelo Poder Público municipal, com a participação dos proprietários, moradores, usuários permanentes e investidores privados, com o objetivo de alcançar em uma área transformações urbanísticas estruturais, melhorias sociais e a valorização ambiental.

§2º Poderão ser previstas nas operações urbanas consorciadas, entre outras medidas:

I – a modificação de índices e características de parcelamento, uso e ocupação do solo e subsolo, bem como alterações das normas edilícias, considerado o impacto ambiental delas decorrente;

II – a regularização de construções, reformas ou ampliações executadas em desacordo com a legislação vigente.

III – a concessão de incentivos a operações urbanas que utilizam tecnologias visando à redução de impactos ambientais, e que comprovem a utilização, nas construções e uso de edificações urbanas, de tecnologias que reduzam os impactos ambientais e economizem recursos naturais, especificadas as modalidades de design e de obras a serem contempladas. (Incluído pela Lei nº 12.836/2013)

Art. 33. Da lei específica que aprovar a operação urbana consorciada constará o plano de operação urbana consorciada, contendo, no mínimo:

I – definição da área a ser atingida;
II – programa básico de ocupação da área;
III – programa de atendimento econômico e social para a população diretamente afetada pela operação;

IV - finalidades da operação;

V - estudo prévio de impacto de vizinhança;

VI - contrapartida a ser exigida dos proprietários, usuários permanentes e investidores privados em função da utilização dos benefícios previstos nos incisos I, II e III do § 2º do art. 32 desta Lei; (Redação dada pela Lei nº 12.836/2013)

VII - forma de controle da operação, obrigatoriamente compartilhado com representação da sociedade civil.

VIII - natureza dos incentivos a serem concedidos aos proprietários, usuários permanentes e investidores privados, uma vez atendido o disposto no inciso III do § 2º do art. 32 desta Lei. (Incluído pela Lei nº 12.836/2013)

§1º Os recursos obtidos pelo Poder Público municipal na forma do inciso VI deste artigo serão aplicados exclusivamente na própria operação urbana consorciada.

§2º A partir da aprovação da lei específica de que trata o *caput*, são nulas as licenças e autorizações a cargo do Poder Público municipal expedidas em desacordo com o plano de operação urbana consorciada.

Art. 34. A lei específica que aprovar a operação urbana consorciada poderá prever a emissão pelo município de quantidade determinada de certificados de potencial adicional de construção, que serão alienados em leilão ou utilizados diretamente no pagamento das obras necessárias à própria operação.

§1º Os certificados de potencial adicional de construção serão livremente negociados, mas conversíveis em direito de construir unicamente na área objeto da operação.

§2º Apresentado pedido de licença para construir, o certificado de potencial adicional será utilizado no pagamento da área de construção que supere os padrões estabelecidos pela legislação de uso e ocupação do solo, até o limite fixado pela lei específica que aprovar a operação urbana consorciada.

Art. 34 - A. Nas regiões metropolitanas ou nas aglomerações urbanas instituídas por lei complementar estadual, poderão ser realizadas operações urbanas consorciadas interfederativas, aprovadas por leis estaduais específicas. (Incluído pela Lei nº 13.089/2015)

Parágrafo único. As disposições dos arts. 32 a 34 desta Lei aplicam-se às operações urbanas consorciadas interfederativas previstas no *caput* deste artigo, no que couber. (Incluído pela Lei nº 13.089/2015)

Seção XI
Da transferência do direito de construir

Art. 35. Lei municipal, baseada no Plano Diretor, poderá autorizar o proprietário de imóvel urbano, privado ou público, a exercer em outro local, ou alienar, mediante escritura pública, o direito de construir previsto no Plano Diretor ou em legislação urbanística dele decorrente, quando o referido imóvel for considerado necessário para fins de:

I – implantação de equipamentos urbanos e comunitários;
II – preservação, quando o imóvel for considerado de interesse histórico, ambiental, paisagístico, social ou cultural;
III – servir a programas de regularização fundiária, urbanização de áreas ocupadas por população de baixa renda e habitação de interesse social.

§1º A mesma faculdade poderá ser concedida ao proprietário que doar ao Poder Público seu imóvel, ou parte dele, para os fins previstos nos incisos I a III do *caput*.

§2º A lei municipal referida no *caput* estabelecerá as condições relativas à aplicação da transferência do direito de construir.

Seção XII
Do Estudo de Impacto de Vizinhança

Art. 36. Lei municipal definirá os empreendimentos e atividades privados ou públicos em área urbana que dependerão de elaboração de estudo prévio de impacto de vizinhança (EIV) para obter as licenças ou autorizações de construção, ampliação ou funcionamento a cargo do Poder Público municipal.

Art. 37. O EIV será executado de forma a contemplar os efeitos positivos e negativos do empreendimento ou atividade quanto à qualidade de vida da população residente na área e suas proximidades, incluindo a análise, no mínimo, das seguintes questões:

I – adensamento populacional;

II - equipamentos urbanos e comunitários;
III - uso e ocupação do solo;
IV - valorização imobiliária;
V - geração de tráfego e demanda por transporte público;
VI - ventilação e iluminação;
VII - paisagem urbana e patrimônio natural e cultural.

Parágrafo único. Dar-se-á publicidade aos documentos integrantes do EIV, que ficarão disponíveis para consulta, no órgão competente do Poder Público municipal, por qualquer interessado.

Art. 38. A elaboração do EIV não substitui a elaboração e a aprovação de estudo prévio de impacto ambiental (EIA), requeridas nos termos da legislação ambiental.

CAPÍTULO III
Do Plano Diretor

Art. 39. A propriedade urbana cumpre sua função social quando atende às exigências fundamentais de ordenação da cidade expressas no Plano Diretor, assegurando o atendimento das necessidades dos cidadãos quanto à qualidade de vida, à justiça social e ao desenvolvimento das atividades econômicas, respeitadas as diretrizes previstas no art. 2º desta Lei.

Art. 40. O Plano Diretor, aprovado por lei municipal, é o instrumento básico da política de desenvolvimento e expansão urbana.

§1º O Plano Diretor é parte integrante do processo de planejamento municipal, devendo o plano plurianual, as diretrizes orçamentárias e o orçamento anual incorporar as diretrizes e as prioridades nele contidas.
§2º O Plano Diretor deverá englobar o território do município como um todo.
§3º A lei que instituir o Plano Diretor deverá ser revista, pelo menos, a cada dez anos.
§4º No processo de elaboração do Plano Diretor e na fiscalização de sua implementação, os Poderes Legislativo e Executivo municipais garantirão:
I - a promoção de audiências públicas e debates com a participação da população e de associações representativas dos vários segmentos da comunidade;

II - a publicidade quanto aos documentos e informações produzidos;

III - o acesso de qualquer interessado aos documentos e informações produzidos.

§5º (VETADO)

Art. 41. O Plano Diretor é obrigatório para cidades:

I - com mais de vinte mil habitantes;
II - integrantes de regiões metropolitanas e aglomerações urbanas;
III - onde o Poder Público municipal pretenda utilizar os instrumentos previstos no § 4º do art. 182 da Constituição Federal;
IV - integrantes de áreas de especial interesse turístico;
V - inseridas na área de influência de empreendimentos ou atividades com significativo impacto ambiental de âmbito regional ou nacional.
VI - incluídas no cadastro nacional de municípios com áreas suscetíveis à ocorrência de deslizamentos de grande impacto, inundações bruscas ou processos geológicos ou hidrológicos correlatos. (Incluído pela Lei nº 12.608/2012)

§1º No caso da realização de empreendimentos ou atividades enquadrados no inciso V do *caput*, os recursos técnicos e financeiros para a elaboração do Plano Diretor estarão inseridos entre as medidas de compensação adotadas.

§2º No caso de cidades com mais de quinhentos mil habitantes, deverá ser elaborado um plano de transporte urbano integrado, compatível com o Plano Diretor ou nele inserido.

§3º As cidades de que trata o *caput* deste artigo devem elaborar plano de rotas acessíveis, compatível com o Plano Diretor no qual está inserido, que disponha sobre os passeios públicos a serem implantados ou reformados pelo poder público, com vistas a garantir acessibilidade da pessoa com deficiência ou com mobilidade reduzida a todas as rotas e vias existentes, inclusive as que concentrem os focos geradores de maior circulação de pedestres, como os órgãos públicos e os locais de prestação de serviços públicos e privados de saúde, educação, assistência social, esporte, cultura, correios e telégrafos, bancos, entre outros, sempre que possível de maneira integrada com os sistemas de transporte coletivo de passageiros. (Incluído pela Lei nº 13.146/2015 - em vigência)

Art. 42. O Plano Diretor deverá conter no mínimo:

I - a delimitação das áreas urbanas onde poderá ser aplicado o parcelamento, edificação ou utilização compulsórios, considerando a existência de infraestrutura e de demanda para utilização, na forma do art. 5º desta Lei;
II - disposições requeridas pelos arts. 25, 28, 29, 32 e 35 desta Lei;
III - sistema de acompanhamento e controle.

Art. 42-A. Além do conteúdo previsto no art. 42, o Plano Diretor dos municípios incluídos no cadastro nacional de municípios com áreas suscetíveis à ocorrência de deslizamentos de grande impacto, inundações bruscas ou processos geológicos ou hidrológicos correlatos deverá conter: (Incluído pela Lei nº 12.608/2012)

I - parâmetros de parcelamento, uso e ocupação do solo, de modo a promover a diversidade de usos e a contribuir para a geração de emprego e renda; (Incluído pela Lei nº 12.608/2012)
II - mapeamento contendo as áreas suscetíveis à ocorrência de deslizamentos de grande impacto, inundações bruscas ou processos geológicos ou hidrológicos correlatos; (Incluído pela Lei nº 12.608/2012)
III - planejamento de ações de intervenção preventiva e realocação de população de áreas de risco de desastre; (Incluído pela Lei nº 12.608/2012)
IV - medidas de drenagem urbana necessárias à prevenção e à mitigação de impactos de desastres; e (Incluído pela Lei nº 12.608/2012)
V - diretrizes para a regularização fundiária de assentamentos urbanos irregulares, se houver, observadas a Lei nº 11.977, de 7 de julho de 2009, e demais normas federais e estaduais pertinentes, e previsão de áreas para habitação de interesse social por meio da demarcação de zonas especiais de interesse social e de outros instrumentos de política urbana, onde o uso habitacional for permitido. (Incluído pela Lei nº 12.608/2012)
VI - identificação e diretrizes para a preservação e ocupação das áreas verdes municipais, quando for o caso, com vistas à redução da impermeabilização das cidades. (Incluído pela Lei nº 12.983/2014)
§1º A identificação e o mapeamento de áreas de risco levarão em conta as cartas geotécnicas. (Incluído pela Lei nº 12.608/2012)
§2º O conteúdo do Plano Diretor deverá ser compatível com as disposições insertas nos planos de recursos hídricos, formulados

consoante a Lei nº 9.433, de 8 de janeiro de 1997. (Incluído pela Lei nº 12.608/2012)

§3º Os municípios adequarão o Plano Diretor às disposições deste artigo, por ocasião de sua revisão, observados os prazos legais. (Incluído pela Lei nº 12.608/2012)

§4º Os municípios enquadrados no inciso VI do art. 41 desta Lei e que não tenham Plano Diretor aprovado terão o prazo de 5 (cinco) anos para o seu encaminhamento para aprovação pela Câmara Municipal. (Incluído pela Lei nº 12.608/2012)

Art. 42-B. Os Municípios que pretendam ampliar o seu perímetro urbano após a data de publicação desta Lei deverão elaborar projeto específico que contenha, no mínimo: (Incluído pela Lei nº 12.608/2012)

I – demarcação do novo perímetro urbano; (Incluído pela Lei nº 12.608/2012)

II – delimitação dos trechos com restrições à urbanização e dos trechos sujeitos a controle especial em função de ameaça de desastres naturais; (Incluído pela Lei nº 12.608/2012)

III – definição de diretrizes específicas e de áreas que serão utilizadas para infraestrutura, sistema viário, equipamentos e instalações públicas, urbanas e sociais; (Incluído pela Lei nº 12.608/2012)

IV – definição de parâmetros de parcelamento, uso e ocupação do solo, de modo a promover a diversidade de usos e contribuir para a geração de emprego e renda; (Incluído pela Lei nº 12.608/2012)

V – a previsão de áreas para habitação de interesse social por meio da demarcação de zonas especiais de interesse social e de outros instrumentos de política urbana, quando o uso habitacional for permitido; (Incluído pela Lei nº 12.608/2012)

VI – definição de diretrizes e instrumentos específicos para proteção ambiental e do patrimônio histórico e cultural; e (Incluído pela Lei nº 12.608/2012)

VII – definição de mecanismos para garantir a justa distribuição dos ônus e benefícios decorrentes do processo de urbanização do território de expansão urbana e a recuperação para a coletividade da valorização imobiliária resultante da ação do poder público.

§1º O projeto específico de que trata o *caput* deste artigo deverá ser instituído por lei municipal e atender às diretrizes do Plano Diretor, quando houver. (Incluído pela Lei nº 12.608/2012)

§2º Quando o Plano Diretor contemplar as exigências estabelecidas no *caput*, o município ficará dispensado da elaboração do projeto específico de que trata o *caput* deste artigo. (Incluído pela Lei nº 12.608/2012)

§3º A aprovação de projetos de parcelamento do solo no novo perímetro urbano ficará condicionada à existência do projeto específico e deverá obedecer às suas disposições. (Incluído pela Lei nº 12.608/2012)

CAPÍTULO IV
DA GESTÃO DEMOCRÁTICA DA CIDADE

Art. 43. Para garantir a gestão democrática da cidade, deverão ser utilizados, entre outros, os seguintes instrumentos:

I – órgãos colegiados de política urbana, nos níveis nacional, estadual e municipal;
II – debates, audiências e consultas públicas;
III – conferências sobre assuntos de interesse urbano, nos níveis nacional, estadual e municipal;
IV – iniciativa popular de projeto de lei e de planos, programas e projetos de desenvolvimento urbano;
V – (VETADO)

Art. 44. No âmbito municipal, a gestão orçamentária participativa de que trata a alínea f do inciso III do art. 4º desta Lei incluirá a realização de debates, audiências e consultas públicas sobre as propostas do plano plurianual, da lei de diretrizes orçamentárias e do orçamento anual, como condição obrigatória para sua aprovação pela Câmara Municipal.

Art. 45. Os organismos gestores das regiões metropolitanas e aglomerações urbanas incluirão obrigatória e significativa participação da população e de associações representativas dos vários segmentos da comunidade, de modo a garantir o controle direto de suas atividades e o pleno exercício da cidadania.

CAPÍTULO V
DISPOSIÇÕES GERAIS

Art. 46. O poder público municipal poderá facultar ao proprietário da área atingida pela obrigação de que trata o *caput* do art. 5º desta Lei, ou objeto de regularização fundiária urbana para fins de regularização fundiária, o estabelecimento de consórcio imobiliário como forma de viabilização financeira do aproveitamento do imóvel. (Redação dada pela Lei nº 13.465/2017)

§1º Considera-se consórcio imobiliário a forma de viabilização de planos de urbanização, de regularização fundiária ou de reforma, conservação ou construção de edificação por meio da qual o proprietário transfere ao poder público municipal seu imóvel e, após a realização das obras, recebe, como pagamento, unidades imobiliárias devidamente urbanizadas ou edificadas, ficando as demais unidades incorporadas ao patrimônio público. (Redação dada pela Lei nº 13.465/2017)

§ 2º O valor das unidades imobiliárias a serem entregues ao proprietário será correspondente ao valor do imóvel antes da execução das obras. (Redação dada pela Lei nº 13.465/2017)

§ 3º A instauração do consórcio imobiliário por proprietários que tenham dado causa à formação de núcleos urbanos informais, ou por seus sucessores, não os eximirá das responsabilidades administrativa, civil ou criminal. (Incluído pela Lei nº 13.465/2017)

Art. 47. Os tributos sobre imóveis urbanos, assim como as tarifas relativas a serviços públicos urbanos, serão diferenciados em função do interesse social.

Art. 48. Nos casos de programas e projetos habitacionais de interesse social, desenvolvidos por órgãos ou entidades da Administração Pública com atuação específica nessa área, os contratos de concessão de direito real de uso de imóveis públicos:

I – terão, para todos os fins de direito, caráter de escritura pública, não se aplicando o disposto no inciso II do art. 134 do Código Civil;

II – constituirão título de aceitação obrigatória em garantia de contratos de financiamentos habitacionais.

Art. 49. Os estados e municípios terão o prazo de noventa dias, a partir da entrada em vigor desta Lei, para fixar prazos, por lei, para a expedição de diretrizes de empreendimentos urbanísticos, aprovação de projetos de parcelamento e de edificação, realização de vistorias e expedição de termo de verificação e conclusão de obras.

Parágrafo único. Não sendo cumprida a determinação do *caput*, fica estabelecido o prazo de sessenta dias para a realização de cada um dos referidos atos administrativos, que valerá até que os Estados e Municípios disponham em lei de forma diversa.

Art. 50. Os Municípios que estejam enquadrados na obrigação prevista nos incisos I e II do *caput* do art. 41 desta Lei e que não tenham Plano Diretor aprovado na data de entrada em vigor desta Lei deverão aprová-lo até 30 de junho de 2008. (Redação dada pela Lei nº 11.673/2008 - vigência)

Art. 51. Para os efeitos desta Lei, aplicam-se ao Distrito Federal e ao governador do Distrito Federal as disposições relativas, respectivamente, a município e a prefeito.

Art. 52. Sem prejuízo da punição de outros agentes públicos envolvidos e da aplicação de outras sanções cabíveis, o prefeito incorre em improbidade administrativa, nos termos da Lei nº 8.429, de 2 de junho de 1992, quando:

    I - (VETADO)
    II - deixar de proceder, no prazo de cinco anos, o adequado aproveitamento do imóvel incorporado ao patrimônio público, conforme o disposto no § 4º do art. 8º desta Lei;
    III - utilizar áreas obtidas por meio do direito de preempção em desacordo com o disposto no art. 26 desta Lei;
    IV - aplicar os recursos auferidos com a outorga onerosa do direito de construir e de alteração de uso em desacordo com o previsto no art. 31 desta Lei;
    V - aplicar os recursos auferidos com operações consorciadas em desacordo com o previsto no § 1º do art. 33 desta Lei;
    VI - impedir ou deixar de garantir os requisitos contidos nos incisos I a III do § 4º do art. 40 desta Lei;
    VII - deixar de tomar as providências necessárias para garantir a observância do disposto no § 3º do art. 40 e no art. 50 desta Lei;
    VIII - adquirir imóvel objeto de direito de preempção, nos termos dos arts. 25 a 27 desta Lei, pelo valor da proposta apresentada, se este for, comprovadamente, superior ao de mercado.

ANEXO 1 - ESTATUTO DA CIDADE

Art. 53 - REVOGADO pela Medida Provisória nº 2.180-35, de 24.08.2001.

Art. 54. O art. 4º da Lei nº 7.347, de 1985, passa a vigorar com a seguinte redação:

Art. 4º Poderá ser ajuizada ação cautelar para os fins desta Lei, objetivando, inclusive, evitar o dano ao meio ambiente, ao consumidor, à ordem urbanística ou aos bens e direitos de valor artístico, estético, histórico, turístico e paisagístico (VETADO). (NR)

Art. 55. O art. 167, inciso I, item 28, da Lei nº 6.015, de 31 de dezembro de 1973, alterado pela Lei nº 6.216, de 30 de junho de 1975, passa a vigorar com a seguinte redação:
 Art. 167. ....
 I - ....
 ....
 28) das sentenças declaratórias de usucapião, independente da regularidade do parcelamento do solo ou da edificação; ....
 .... (NR)

Art. 56. O art. 167, inciso I, da Lei nº 6.015, de 1973, passa a vigorar acrescido dos seguintes itens 37, 38 e 39:
 Art. 167. ....
 I - ....
 37) dos termos administrativos ou das sentenças declaratórias da concessão de uso especial para fins de moradia, independente da regularidade do parcelamento do solo ou da edificação;
 38) (VETADO)
 39) da constituição do direito de superfície de imóvel urbano; (NR)

Art. 57. O art. 167, inciso II, da Lei nº 6.015, de 1973, passa a vigorar acrescido dos seguintes itens 18, 19 e 20:
 Art. 167. ....
 II - ....
 18) da notificação para parcelamento, edificação ou utilização compulsórios de imóvel urbano;
 19) da extinção da concessão de uso especial para fins de moradia;
 20) da extinção do direito de superfície do imóvel urbano. (NR)

Art. 58. Esta Lei entra em vigor após decorridos noventa dias de sua publicação.

Brasília, 10 de julho de 2001; 180º da
Independência e 113º da República.

Este texto não substitui o publicado no Diário Oficial da União de 11/07/2001 e retificado em 17/07/2001.

ANEXO 2 – Estatuto da Metrópole

Lei nº 13.089, de 12 de Janeiro de 2015

Institui o Estatuto da Metrópole, altera a Lei n° 10.257, de 10 de julho de 2001, e dá outras providências.

A PRESIDENTA DA REPÚBLICA

Faço saber que o Congresso Nacional decreta e eu sanciono a seguinte Lei:

CAPÍTULO I
DISPOSIÇÕES PRELIMINARES

Art. 1º Esta Lei, denominada Estatuto da Metrópole, estabelece diretrizes gerais para o planejamento, a gestão e a execução das funções públicas de interesse comum em regiões metropolitanas e em aglomerações urbanas instituídas pelos estados, normas gerais sobre o plano de desenvolvimento urbano integrado e outros instrumentos de governança interfederativa, e critérios para o apoio da União a ações que envolvam governança interfederativa no campo do desenvolvimento urbano, com base nos incisos XX do art. 21, IX do art. 23 e I do art. 24, no §3º do art. 25 e no art. 182 da Constituiçào Federal.

§1º Além das regiões metropolitanas e das aglomerações urbanas, as disposições desta Lei aplicam-se, no que couber:
I – às microrregiões instituídas pelos estados com fundamento em funções públicas de interesse comum com características predominantemente urbanas;
II – (VETADO).
§2º Na aplicação das disposições desta Lei, serão observadas as normas gerais de direito urbanístico estabelecidas na Lei nº 10.257, de 10 de julho de 2001 – Estatuto da Cidade, que regulamenta os arts. 182 e 183 da Constituição Federal, estabelece diretrizes gerais da política urbana e dá outras providências, e em outras leis federais, bem como as regras que disciplinam a política nacional de desenvolvimento urbano,

a política nacional de desenvolvimento regional e as políticas setoriais de habitação, saneamento básico, mobilidade urbana e meio ambiente.

Art. 2º Para os efeitos desta Lei, consideram-se:

I – aglomeração urbana: unidade territorial urbana constituída pelo agrupamento de 2 (dois) ou mais municípios limítrofes, caracterizada por complementaridade funcional e integração das dinâmicas geográficas, ambientais, políticas e socioeconômicas;
II – função pública de interesse comum: política pública ou ação nela inserida cuja realização por parte de um município, isoladamente, seja inviável ou cause impacto em municípios limítrofes;
III – gestão plena: condição de região metropolitana ou de aglomeração urbana que possui:
a) formalização e delimitação mediante lei complementar estadual;
b) estrutura de governança interfederativa própria, nos termos do art. 8º desta Lei; e
c) plano de desenvolvimento urbano integrado aprovado mediante lei estadual;
IV – governança interfederativa: compartilhamento de responsabilidades e ações entre entes da Federação em termos de organização, planejamento e execução de funções públicas de interesse comum;
V – metrópole: espaço urbano com continuidade territorial que, em razão de sua população e relevância política e socioeconômica, tem influência nacional ou sobre uma região que configure, no mínimo, a área de influência de uma capital regional, conforme os critérios adotados pela Fundação Instituto Brasileiro de Geografia e Estatística – IBGE;
VI – plano de desenvolvimento urbano integrado: instrumento que estabelece, com base em processo permanente de planejamento, as diretrizes para o desenvolvimento urbano da região metropolitana ou da aglomeração urbana;
VII – região metropolitana: aglomeração urbana que configure uma metrópole.

Parágrafo único. Os critérios para a delimitação da região de influência de uma capital regional, previstos no inciso V do *caput* deste artigo considerarão os bens e serviços fornecidos pela cidade à região, abrangendo produtos industriais, educação, saúde, serviços bancários, comércio, empregos e outros itens pertinentes, e serão disponibilizados pelo IBGE na rede mundial de computadores.

CAPÍTULO II
DA INSTITUIÇÃO DE REGIÕES METROPOLITANAS E DE AGLOMERAÇÕES URBANAS

Art. 3º Os estados, mediante lei complementar, poderão instituir regiões metropolitanas e aglomerações urbanas, constituídas por agrupamento de municípios limítrofes, para integrar a organização, o planejamento e a execução de funções públicas de interesse comum.
Parágrafo único. Estados e municípios inclusos em região metropolitana ou em aglomeração urbana formalizada e delimitada na forma do *caput* deste artigo deverão promover a governança interfederativa, sem prejuízo de outras determinações desta Lei.

Art. 4º A instituição de região metropolitana ou de aglomeração urbana que envolva municípios pertencentes a mais de um estado será formalizada mediante a aprovação de leis complementares pelas assembleias legislativas de cada um dos estados envolvidos.
Parágrafo único. Até a aprovação das leis complementares previstas no *caput* deste artigo por todos os estados envolvidos, a região metropolitana ou a aglomeração urbana terá validade apenas para os municípios dos estados que já houverem aprovado a respectiva lei.

Art. 5º As leis complementares estaduais referidas nos arts. 3º e 4º desta Lei definirão, no mínimo:

I - os municípios que integram a unidade territorial urbana;
II - os campos funcionais ou funções públicas de interesse comum que justificam a instituição da unidade territorial urbana;
III - a conformação da estrutura de governança interfederativa, incluindo a organização administrativa e o sistema integrado de alocação de recursos e de prestação de contas; e
IV - os meios de controle social da organização, do planejamento e da execução de funções públicas de interesse comum.

§1º No processo de elaboração da lei complementar, serão explicitados os critérios técnicos adotados para a definição do conteúdo previsto nos incisos I e II do *caput* deste artigo.
§2º Respeitadas as unidades territoriais urbanas criadas mediante lei complementar estadual até a data de entrada em vigor desta Lei, a instituição de região metropolitana impõe a observância do conceito estabelecido no inciso VII do *caput* do art. 2º.

CAPÍTULO III
DA GOVERNANÇA INTERFEDERATIVA DE REGIÕES METROPOLITANAS E DE AGLOMERAÇÕES URBANAS

Art. 6º A governança interfederativa das regiões metropolitanas e das aglomerações urbanas respeitará os seguintes princípios:

I - prevalência do interesse comum sobre o local;
II - compartilhamento de responsabilidades para a promoção do desenvolvimento urbano integrado;
III - autonomia dos entes da Federação;
IV - observância das peculiaridades regionais e locais;
V - gestão democrática da cidade, consoante os arts. 43 a 45 da Lei nº 10.257, de 10 de julho de 2001;
VI - efetividade no uso dos recursos públicos;
VII - busca do desenvolvimento sustentável.

Art. 7º Além das diretrizes gerais estabelecidas no art. 2º da Lei nº 10.257, de 10 de julho de 2001, a governança interfederativa das regiões metropolitanas e das aglomerações urbanas observará as seguintes diretrizes específicas:

I - implantação de processo permanente e compartilhado de planejamento e de tomada de decisão quanto ao desenvolvimento urbano e às políticas setoriais afetas às funções públicas de interesse comum;
II - estabelecimento de meios compartilhados de organização administrativa das funções públicas de interesse comum;
III - estabelecimento de sistema integrado de alocação de recursos e de prestação de contas;
IV - execução compartilhada das funções públicas de interesse comum, mediante rateio de custos previamente pactuado no âmbito da estrutura de governança interfederativa;
V - participação de representantes da sociedade civil nos processos de planejamento e de tomada de decisão, no acompanhamento da prestação de serviços e na realização de obras afetas às funções públicas de interesse comum;
VI - compatibilização dos planos plurianuais, leis de diretrizes orçamentárias e orçamentos anuais dos entes envolvidos na governança interfederativa;

VII - compensação por serviços ambientais ou outros serviços prestados pelo município à unidade territorial urbana, na forma da lei e dos acordos firmados no âmbito da estrutura de governança interfederativa.

Parágrafo único. Na aplicação das diretrizes estabelecidas neste artigo, devem ser consideradas as especificidades dos municípios integrantes da unidade territorial urbana quanto à população, à renda, ao território e às características ambientais.

Art. 8º A governança interfederativa das regiões metropolitanas e das aglomerações urbanas compreenderá em sua estrutura básica:

I - instância executiva composta pelos representantes do Poder Executivo dos entes federativos integrantes das unidades territoriais urbanas;
II - instância colegiada deliberativa com representação da sociedade civil;
III - organização pública com funções técnico-consultivas; e
IV - sistema integrado de alocação de recursos e de prestação de contas.

CAPÍTULO IV
DOS INSTRUMENTOS DE DESENVOLVIMENTO URBANO INTEGRADO

Art. 9º Sem prejuízo da lista apresentada no art. 4º da Lei nº 10.257, de 10 de julho de 2001, no desenvolvimento urbano integrado de regiões metropolitanas e de aglomerações urbanas serão utilizados, entre outros, os seguintes instrumentos:

I - plano de desenvolvimento urbano integrado;
II - planos setoriais interfederativos;
III - fundos públicos;
IV - operações urbanas consorciadas interfederativas;
V - zonas para aplicação compartilhada dos instrumentos urbanísticos previstos na Lei nº 10.257, de 10 de julho de 2001;
VI - consórcios públicos, observada a Lei nº 11.107, de 6 de abril de 2005;
VII - convênios de cooperação;
VIII - contratos de gestão;

IX - compensação por serviços ambientais ou outros serviços prestados pelo município à unidade territorial urbana, conforme o inciso VII do *caput* do art. 7º desta Lei;
X - parcerias público-privadas interfederativas.

Art. 10. As regiões metropolitanas e as aglomerações urbanas deverão contar com plano de desenvolvimento urbano integrado, aprovado mediante lei estadual.

§1º Respeitadas as disposições do plano previsto no *caput* deste artigo, poderão ser formulados planos setoriais interfederativos para políticas públicas direcionadas à região metropolitana ou à aglomeração urbana.

§2º A elaboração do plano previsto no *caput* deste artigo não exime o município integrante da região metropolitana ou aglomeração urbana da formulação do respectivo Plano Diretor, nos termos do §1º do art. 182 da Constituiçào Federal e da Lei nº 10.257, de 10 de julho de 2001.

§3º Nas regiões metropolitanas e nas aglomerações urbanas instituídas mediante lei complementar estadual, o município deverá compatibilizar seu Plano Diretor com o plano de desenvolvimento urbano integrado da unidade territorial urbana.

§4º O plano previsto no *caput* deste artigo será elaborado no âmbito da estrutura de governança interfederativa e aprovado pela instância colegiada deliberativa a que se refere o inciso II do *caput* do art. 8º desta Lei, antes do envio à respectiva assembleia legislativa estadual.

Art. 11. A lei estadual que instituir o plano de desenvolvimento urbano integrado de região metropolitana ou de aglomeração urbana deverá ser revista, pelo menos, a cada 10 (dez) anos.

Art. 12. O plano de desenvolvimento urbano integrado de região metropolitana ou de aglomeração urbana deverá considerar o conjunto de municípios que compõem a unidade territorial urbana e abranger áreas urbanas e rurais.

§1º O plano previsto no *caput* deste artigo deverá contemplar, no mínimo:
I - as diretrizes para as funções públicas de interesse comum, incluindo projetos estratégicos e ações prioritárias para investimentos;
II - o macrozoneamento da unidade territorial urbana;

III – as diretrizes quanto à articulação dos municípios no parcelamento, uso e ocupação no solo urbano;

IV – as diretrizes quanto à articulação intersetorial das políticas públicas afetas à unidade territorial urbana;

V – a delimitação das áreas com restrições à urbanização visando à proteção do patrimônio ambiental ou cultural, bem como das áreas sujeitas a controle especial pelo risco de desastres naturais, se existirem; e

VI – o sistema de acompanhamento e controle de suas disposições.

§2º No processo de elaboração do plano previsto no *caput* deste artigo e na fiscalização de sua aplicação, serão assegurados:

I – a promoção de audiências públicas e debates com a participação de representantes da sociedade civil e da população, em todos os municípios integrantes da unidade territorial urbana;

II – a publicidade quanto aos documentos e informações produzidos; e

III – o acompanhamento pelo Ministério Público.

CAPÍTULO V
DA ATUAÇÃO DA UNIÃO

Seção I
Do Apoio da União ao Desenvolvimento Urbano Integrado

Art. 13. Em suas ações inclusas na política nacional de desenvolvimento urbano, a União apoiará as iniciativas dos estados e dos municípios voltadas à governança interfederativa, observados as diretrizes e os objetivos do plano plurianual, as metas e as prioridades fixadas pelas leis de diretrizes orçamentárias e o limite das disponibilidades propiciadas pelas leis orçamentárias anuais.

Art. 14. Para o apoio da União à governança interfederativa em região metropolitana ou em aglomeração urbana, será exigido que a unidade territorial urbana possua gestão plena, nos termos do inciso III do *caput* do art. 2º desta Lei.

§1º Além do disposto no *caput* deste artigo, o apoio da União à governança interfederativa em região metropolitana impõe a observância do inciso VII do *caput* do art. 2º desta Lei.

§2º Admite-se o apoio da União para a elaboração e a revisão do plano de desenvolvimento urbano integrado de que tratam os arts. 10 a 12 desta Lei.

§3º Serão estabelecidos em regulamento requisitos adicionais para o apoio da União à governança interfederativa, bem como para as microrregiões e cidades referidas no §1º do art. 1º desta Lei e para os consórcios públicos constituídos para atuação em funções públicas de interesse comum no campo do desenvolvimento urbano.

Art. 15. A região metropolitana instituída mediante lei complementar estadual que não atenda o disposto no inciso VII do *caput* do art. 2º desta Lei será enquadrada como aglomeração urbana para efeito das políticas públicas a cargo do Governo Federal, independentemente de as ações nesse sentido envolverem ou não transferência de recursos financeiros.

Art. 16. A União manterá ações voltadas à integração entre cidades gêmeas localizadas na faixa de fronteira com outros países, em relação à mobilidade urbana, como previsto na Lei nº 12.587, de 3 de janeiro de 2012, e a outras políticas públicas afetas ao desenvolvimento urbano.

Seção II
Do Fundo Nacional de Desenvolvimento Urbano Integrado

Art. 17. (VETADO)
Art. 18. (VETADO)

CAPÍTULO VI
DISPOSIÇÕES FINAIS

Art. 19. (VETADO)

Art. 20. A aplicação das disposições desta Lei será coordenada pelos entes públicos que integram o Sistema Nacional de Desenvolvimento Urbano - SNDU, assegurando-se a participação da sociedade civil.

§1º O SNDU incluirá um subsistema de planejamento e informações metropolitanas, coordenado pela União e com a participação dos Governos estaduais e municipais, na forma do regulamento.
§2º O subsistema de planejamento e informações metropolitanas reunirá dados estatísticos, cartográficos, ambientais, geológicos e outros relevantes para o planejamento, a gestão e a execução das funções públicas de interesse comum em regiões metropolitanas e em aglomerações urbanas.

ANEXO 2 – ESTATUTO DA METRÓPOLE

§3º As informações referidas no § 2º deste artigo deverão estar preferencialmente georreferenciadas.

Art. 21. Incorre em improbidade administrativa, nos termos da Lei nº 8.429, de 2 de junho de 1992:

I – o governador ou agente público que atue na estrutura de governança interfederativa que deixar de tomar as providências necessárias para:
a) garantir o cumprimento do disposto no *caput* do art. 10 desta Lei, no prazo de 3 (três) anos da instituição da região metropolitana ou da aglomeração urbana mediante lei complementar estadual;
b) elaborar e aprovar, no prazo de 3 (três) anos, o plano de desenvolvimento urbano integrado das regiões metropolitanas ou das aglomerações urbanas instituídas até a data de entrada em vigor desta Lei mediante lei complementar estadual;
II – o prefeito que deixar de tomar as providências necessárias para garantir o cumprimento do disposto no § 3º do art. 10 desta Lei, no prazo de 3 (três) anos da aprovação do plano de desenvolvimento integrado mediante lei estadual.

Art. 22. As disposições desta Lei aplicam-se, no que couber, às regiões integradas de desenvolvimento que tenham características de região metropolitana ou de aglomeração urbana, criadas mediante lei complementar federal, com base no art. 43 da Constituição Federal, até a data de entrada em vigor desta Lei.

Parágrafo único. A partir da data de entrada em vigor desta Lei, a instituição de unidades territoriais urbanas que envolvam municípios pertencentes a mais de um estado deve ocorrer na forma prevista no art. 4º, sem prejuízo da possibilidade de constituição de consórcios intermunicipais.

Art. 23. Independentemente das disposições desta Lei, os municípios podem formalizar convênios de cooperação e constituir consórcios públicos para atuação em funções públicas de interesse comum no campo do desenvolvimento urbano, observada a Lei nº 11.107, de 6 de abril de 2005.

Art. 24. A Lei nº 10.257, de 10 de julho de 2001, passa a vigorar acrescida do seguinte art. 34-A:

"Art. 34-A. Nas regiões metropolitanas ou nas aglomerações urbanas instituídas por lei complementar estadual, poderão ser realizadas operações urbanas consorciadas interfederativas, aprovadas por leis estaduais específicas.

Parágrafo único. As disposições dos arts. 32 a 34 desta Lei aplicam-se às operações urbanas consorciadas interfederativas previstas no *caput* deste artigo, no que couber."

Art. 25. Esta Lei entra em vigor na data de sua publicação.

Brasília, 12 de janeiro de 2015; 194º da Independência e 127º da República.

DILMA ROUSSEFF
Joaquim Levy
Nelson Barbosa
Gilberto Kassab
Gilberto Vargas

OS AUTORES

Arquiteta-urbanista, Mestra em Planejamento Urbano, sôniahelena atuou em comitês técnicos ou missões internacionais na República Popular de Angola para o SENAI/Itamarati, Ministério da Indústria; em Guiné-Bissau, para o Centro de Aperfeiçoamento da OIT (Turim); para o Banco Mundial, Programa de Desenvolvimento das Nações Unidas – PNUD/MET e MTur, PNUD/IBAMA, PNUD/IPEA, Organização das Nações Unidas para a Educação e a Cultura – UNESCO/IPHAN – Programa MONUMENTA, Fundação Getúlio Vargas – FGV e diversas empresas de consultoria.

Coordenou ou participou, entre outros, da elaboração de dezenas de Planos Diretores para municípios no Pará, Rondônia, Tocantins, Minas Gerais e Rio de Janeiro; da estruturação do Programa de Desenvolvimento Turístico da Região Sul do Brasil – PRODETUR-SUL; do Plano de Uso Público para o Parque Nacional de Aparados da Serra – RS; de Planos Estratégicos de Desenvolvimento Turístico para o Litoral Norte do Espírito Santo, Sergipe, Serra da Bodoquena – MS, Polos Costa Branca, Seridó e Costa das Dunas, no RN; da análise dos aspectos urbanísticos no EIA-RIMA da UHE de Belo Monte – PA; do Programa de Gerenciamento Ambiental da AHE Simplício – Queda Única, no rio Paraíba do Sul, entre MG e RJ; de Estudos Comparativos e Planos de Revitalização do Centro Histórico de João Pessoa – PB, da Orla de Belém – PA e das Zonas Especiais de Interesse Cultural do Centro de Campo Grande – MS.

Escritora, com diversos livros publicados, participa da Associação Nacional de Escritores – ANE (Brasília - BR) e da Associação Casa Álvaro de Campos (Tavira - PT).

Divide seu tempo entre o Algarve, Washington e Brasília.

Arquiteto-urbanista, Jorge Guilherme Francisconi é formado pela FAU/UFRGS (1966), com mestrado em Regional Planning (MRP, 1968) e PhD pela Maxwell School of Public Administration and Citizenship dos EUA (1972). Dedicou sua carreira profissional à integração do saber acadêmico com a prática e a gestão profissional. Participou da fundação e coordenou o primeiro mestrado interdisciplinar no país (PROPUR/UFRGS, 1970). Dirigiu a equipe que estabeleceu os fundamentos básicos e, depois, coordenou a implantação da única Política Nacional de Desenvolvimento Urbano (PNDU) aprovada pelos poderes Executivo e Legislativo Federal, que reforçava o Plano Nacional de Desenvolvimento (II PND - 1975/1979). Foi Secretário Executivo da Comissão Nacional de Regiões Metropolitanas e Política Urbana - CNPU e Presidente da Empresa Brasileira dos Transportes Urbanos - EBTU, entre várias outras funções relevantes ocupadas no Poder Executivo Federal, Estadual e do Distrito Federal. Lecionou em universidades nacionais (UnB, FGV) e estrangeiras (CNAM e Universidade de Paris/Créteil). Prestou consultorias técnicas no exterior (Panamá, Moçambique, Equador) e coordenou programas de investimento promovidos pelo BID e Banco Mundial na Venezuela. É membro do Instituto Histórico e Geográfico do Distrito Federal - IHGDF e colaborador no Núcleo Cidade e Regulação do Laboratório Arq. Futuro de Cidades, do INSPER.

Com Maria Adélia de Souza divide a autoria do livro *A Política Nacional de Desenvolvimento - Estudo e Proposições Alternativas*, e foi um dos organizadores, com Suely F. N. Gonzales e Aldo Paviani, do livro *Planejamento e urbanismo na atualidade brasileira - objeto teoria prática*. Tem inúmeros artigos publicados em diferentes revistas e jornais no Brasil e no exterior.